金融危机后的国际经济关系变革研究

谢法浩 ⊙ 著

中山大學出版社
SUN YAT-SEN UNIVERSITY PRESS
·广州·

图书在版编目（CIP）数据

金融危机后的国际经济关系变革研究/谢法浩著. —广州：中山大学出版社，2023.9
ISBN 978-7-306-07909-1

Ⅰ. ①金…　Ⅱ. ①谢…　Ⅲ. ①国际经济关系-研究　Ⅳ. ①F114

中国国家版本馆CIP数据核字（2023）第174269号

金融危机后的国际经济关系变革研究
Jinrong Weiji hou de Guoji Jingji Guanxi Biange Yanjiu

出 版 人　王天琪
责任编辑　熊锡源　何　娴
责任校对　邱紫妍　马　洁
封面设计　广州玖思文化
出 版 社　中山大学出版社
（地址：广州市新港西路135号　邮政编码：510275）
电　　话　编辑部020-84111997，84111996，84113349　传　　真　020-84036565
网　　址　http://www.zsup.com.cn　E-mail:zdcbs@mail.sysu.edu.cn
发　　行　广州市朗声图书有限公司（电话：020-34297719）
印　　刷　广东虎彩云印刷有限公司
规　　格　787mm×1092mm　1/16　15.5印张　254千字
版次印次　2023年9月第1版　2023年9月第1次印刷
定　　价　48.00元

自序

ZI XU

距离博士毕业已有近八年，然过往时光仍历历在目。倒不是说对读博士有多怀念，而是有些事我一直认为应该去做完的，却成了烂尾工程。当时的毕业论文题目是《国际经济关系变革》，着重阐述2008年全球金融危机后国际经济关系的变革趋势。2008年全球金融危机后，主要国际组织——世界贸易组织、国际货币基金组织和世界银行等都在酝酿变革，中国等新兴经济体的影响力呈上升趋势，是以提出“国际经济关系变革”之说。然而现在看来，2013年的国际经济关系变革趋势并未成事实或显像并不明显，美国仍是世界最大经济体，美国及其盟友的影响力仍相当巨大，所以“变革”的立论是不成立的。

时移世易，经过多年的发展，新兴经济体尤其是中国在经济上高歌猛进，再加上中国“一带一路”倡议的提出，使得国际经济关系的发展理念、发展模式等都有了可选择性。而新冠疫情的发生，作为偶然事件对国际格局的影响可能是深远的。国际经济关系正处在裂变之中，当然这种裂变并不是马上会成为一种事实，只是对现在这种趋势的加速而已。

初稿当然难免有问题，当时我应该继续深刻挖掘其中的蛛丝马迹，细想起来还是自己的立论视角和论证能力不足才导致初稿的不完善。事过多年，我的学术能力未有多大进益，但是对一些事实的认知是有更新的，当年的观点对于现在国际格局的分析依然具有一定的借鉴意义，而且对于其他人撰写论文也有一定的参考价值。毕竟学术的本身就是争论，是可以不断完善的事。

身处百年未有之大变局，蹭此热点，整理既往学习研究的成果，将其尽量完善并出版。

谢法浩

2021年5月

目录

MULU

摘 要

随着世界经济格局的演变，国际经济旧秩序的局限性在新兴经济体的发展和崛起背景下日益凸显，以合作共赢为核心、以平等为基础原则、以构建人类命运共同体为最终目标的新型国际经济关系成为国际经济秩序演进的必然趋势。作为新兴经济体的典型代表，中国已经进入由开放促进经济发展（生产力）转向促进新型国际经济关系（生产关系）构建的新阶段。中国的改革实践始终致力于在挑战中寻求机遇。对于推动构建新型国际经济关系，我国在理论引领和实践创新两个维度均做出了贡献，不仅形成了“理念—制度—路径”的系统理论体系，还在构建全球经济伙伴关系、积极参与全球经济治理以及推动国际经济秩序变革等方面取得了实践成效。

党的十九大报告指出，中国将“推动建设相互尊重、公平正义、合作共赢的新型国际关系”①。党的十九届四中全会也强调了这一点，并进一步指出，我国将建设更高水平开放型经济新体制，实施更大范围、更宽领域、更深层次的全面开放，推动构建新型国际经济关系是中国新一轮高水平对外开放的重要方面。

新型国际关系的经济学维度是合作共赢，即新型国际经济关系的核心是合作共赢，最终目标是构建人类命运共同体。从理念来看，它体现了以中国为代表的发展中国家和新兴经济体对于新型国际经济关系的渴求；从实践来看，它体现了对冷战以来旧式国际经济关系的一种超越。遵循新型国际经济关系之“形成逻辑—理论内涵—中国贡献”的思路，本书从国际经济旧秩序的形成逻辑出发，分析在新兴经济体崛起的背景下，国际经济旧秩序与新兴经济体利益诉求之间的矛盾，进而阐明构建新型国际经济关

①习近平. 决胜全面建成小康社会　夺取新时代中国特色社会主义伟大胜利[N].人民日报，2017-10-28(1).

系的客观要求；在此基础上分析新型国际经济关系的理论逻辑；进一步探究中国在世界经济格局转折性变化过程中，推动构建新型国际经济关系面临的新挑战、新机遇；最后，从理论和实践两个层面梳理中国对推动构建新型国际经济关系的贡献。

2008年全球金融危机后，国际经济关系由量的积累向质的变化发生改变，欧美经济体在全球经济体系中的比重相对下降，新兴经济体的分量相对上升，世界经济的版图在重构中实现可持续发展。尤其是中国“一带一路”倡议的提出，对国际经济关系产生溢出效应，加速国际经济关系变革，从思想意识到发展模式再到发展路径都提出新的要求。

当今的世界经济格局是以美国为首的西方发达国家在第二次世界大战（“二战”）后建立起来的，世界贸易组织（World Trade Organization，WTO)、国际货币基金组织（International Monetary Fund，IMF）和世界银行（The World Bank）等国际组织是国际经济关系正常运行的重要支撑，这些国家、国际组织通过相关国际协议，建立以国际贸易、国际金融关系为主的国际经济管理规则和世界经济治理模式。然而，这些规则和模式本质上是以发达国家为中心的国际经济关系的反映，虽然经历了修修补补，但是仍然没有什么根本性的变化。经历了全球金融危机后，国际经济关系正在发生变革，即金融危机成为一个导火索，国际经济关系的内容、结构和体系都进入了一个新的阶段。

本书研究了国际经济关系变化的诸多影响因素——科技革命及其引起的国家实力的变化，主要国际经济机制如世界贸易和国际金融体系安排、国际政治和意识形态等，在分析“二战”后国际经济关系变化的基础上，对当前国际经济关系运行的贸易规则、金融规则以及投资规则进行总结，并指出其发展的困境，再通过分析美国和欧洲债务危机后国际经济关系的运行，指出世界经济在国际金融、国际贸易以及世界治理等方面都有了显著变化，发达国家与新兴经济体正在为危机后的世界经济关系进行博弈，从由西方国家主导过渡到有更多的世界经济主体参与到政策的制定中来。虽然西方国家仍然居于中心地位，但是以金砖国家（BRICS)(巴西、俄罗斯、印度、中国和南非）为首的新兴经济体正在崛起，这给世界经济发展带来了机遇和挑战。

新兴经济体的发展为全球经济的进一步前进提供了动力。本书分析了金砖国家在全球金融危机后的表现，以及其在国际经济关系变革中的诉求。新兴经济体开始积极参与国际经济发展、国际金融体系改革以及世界经济治理，这标志着越来越多的国家参与到世界经济规则的制定中来，并且随着这些经济体实力的壮大，整个国际经济关系正在发生变革。发展中国家与发达国家在商品、贸易、资金、债务、货币、金融等重要领域的调整、改革与沟通，推动着国际经济关系向更加公平、公正的方向前进。虽然道路仍然漫长，但是国际经济关系的变革序幕已在美国和欧洲债务危机后进一步打开。

导 论

第一节 研究的目的与意义

美国国家情报委员会于2008年发布的《2025年的全球趋势：一个经过改造的世界》报告认为："由于新兴国家的崛起、日益全球化的经济、相对财富和经济实力由西方向东方具有历史意义的转移，以及非洲国家行为体不断增强的影响力，'二战'后构建的国际体系到2025年将变得难以辨认。届时，国际体系将成为一个全球性的多极体系，发达国家与发展中国家间的国力差距将继续缩小。"2008年全球金融危机后，国际经济关系正在发生变革，即金融危机成为一个导火索，国际经济关系的内容、结构和体系都进入了一个新的阶段。美国、日本等发达国家和欧洲对世界经济的控制力正在减弱，新兴经济体的作用越来越大，世界经济权力正在进行转移。2007年美国次贷危机引发的全球金融危机动摇了美国的经济发展模式，并引起世界范围内的经济衰退；同样，美国和欧洲债务危机也不是一次孤立的危机，它在很大程度上是2008年全球金融危机的延续，反映了欧美发达经济体在政策应对经济发展方式以及国内政治结构等方面的重大缺陷，是发达经济体经济发展上的"高收入陷阱"和政治发展中的"民主赤字"制度性反映。[①] 相反，以中国为首的新兴经济体在世界经济中的占比逐渐提升，全球经济发展格局正在由量的积累向质的变化发生改变，世界经济的版图在重构中实现可持续发展。面对国际经济关系的外部环境变革，各国政府特别是大国政府间的政策博弈，将影响历史的进程。加上不同国家民主力量、民主政治推进程度的不同，其博弈后政策偏离经济规则的不确定性也在加大。

①郭纪.西方正在经历深刻的制度危机[J].求是，2011(17)：60-62.

当今的世界经济格局是以美国为首的西方发达国家在“二战”后建立起来的，WTO、IMF和世界银行是其制度运行的重要支撑，这些国家、国际组织通过相关国际协议，建立以国际贸易、国际金融关系为主的国际经济管理规则和世界经济治理模式。然而，这些国际组织已经运行了半个多世纪，虽然随着国际经济关系的变化经历了修修补补，但是仍然没有什么根本性的改变。两极格局解体后，国际政治体系发生了根本性的变化，但在国际经济关系范围内，由于苏联、东欧等转轨经济体只能默认现存的国际经济运行规则，国际经济关系并没有发生根本性的改变。在国际经济关系演变过程中，影响各国经济力量剧烈变化的已不仅仅局限于一些最基本的经济规则（当然最终的决定力量必然是经济因素），个别事件的发生、偶然因素的累积，同样不可忽视。美国和欧洲债务危机延长了全球金融危机后发达国家的经济恢复时间，给深陷危机中的世界经济带来了又一次打击，发达国家的经济仍在持续调整中。而新兴经济体由于受危机冲击较小，整体经济实力仍处于扩张阶段，和发达国家呈现出经济周期的不同步性，全球金融危机后无论是在经济实力、经济增长还是参与世界经济治理等方面都逐渐进入国际经济关系的主流中来。世界经济的权力中心正在从发达国家向以新兴经济体为代表的更多的国家转移，虽然这个过程会相当漫长，但是国际经济关系的变革大幕已经拉开。

本书的研究目的和意义主要体现在以下两个方面。

一、从实践角度来看

探索2008年全球金融危机后国际经济关系的变化，定位新兴经济体（以中国及“一带一路”沿线国家和地区为主）在国际经济体系中的地位，寻找中国经济发展与世界经济运行的关系的新互动模式，认识中国等新兴经济体在国际经济关系变革中发挥的作用。

始于2007年的美国次贷危机破坏了金融机构之间正常的信贷机制，造成了全球金融市场动荡，并最终演变为一场全球性金融危机，进而发展为全球经济危机，对实体经济造成了巨大伤害。虽然由其引发的全球经济衰退早在2009年已经结束，但世界经济复苏仍然是在不平衡中进行的，并进而产生了其他危机，其后发生的欧元区债务危机就是例证。这种变化在国际经济发展、国际货币体系竞争、全球经济治理以及世界经济再平衡等方面均有体现，其根本指向不仅确认了2008年全球金融危机以来国际经济格局已经显现的发达经济体相对衰落和新兴经济体地位相对上升的结构性变化，而且加速推进了这一进程。从今后的发展趋势看，发达国家的经济将进入一个大的调整期，主要国家在债务重组、金融市场和金融机构调整、经济结构和发展方式转变等方面，会面临巨大的压力和困难。新兴经济体受金融危机的直接影响较小，一直保持较高的增长率，它们成为拉动世界经济增长的主要动力。从今后的发展趋势看，这些国家仍然具有巨大的发展潜力，特别是一些大国，其潜力和影响都是非常巨大的。这样的发展正在和将进一步改变世界经济的结构，无论是在存量结构还是在增量结构上都是如此。

世界经济发展的这种大转变，给世界各国提出了新的全球治理需求：一是需要对长期积累的矛盾进行治理；二是国际治理需要反映新的变化，需要新的力量参与。以往，国际经济的协调主要由代表发达国家的七国集团（G7）进行。美国次贷危机发生后，由发达国家和新兴经济体共同参加的二十国集团（G20）应运而生，IMF、世界银行的管理由发达国家主导和垄断的局面开始发生变化，新兴经济体在这些国际机构的份额开始增加。同时，国际治理的重点转向了新的国际治理规则和应对新的挑战。G20被认为是新的国际治理机制，但是，这个机制能否真正成为有效的国际治理机制，还有待于未来的发展实践。① 国际格局向多极化的方向发展对于打破美国一家独霸的国际秩序有着积极的意义，使得世界格局变得更为均衡、更为合理。但是，在向多极化转换的进程中，也存在不稳定、不确定的因素，甚至会发生新的冲突。这是由传统超级大国对新兴经济体崛起的反应所引起的，以美国为首的西方国家在国际经济政治中仍然占有统治地位，而新兴经济体虽然力量有所上升，但是仍不能负责体系的建立。本书的实践意义就是探讨在新的国际经济格局下，不同经济体在经济力量平衡、国际贸易、国际金融以及世界经济治理模式方面的互动，分析不同经

①何曜．全球经济治理视角下的G20：发展历程与未来的挑战[J]．国际关系研究，2010(4)：12.

济体在国际经济关系中的地位和作用，从不同的角度来探索世界经济的发展前景。

二、从理论角度来看

本书拟通过对以往相关文献和资料的比较分析，全面展示国际经济关系的变革历史和当代变化，在既有的国际经济关系的基本理论、基本方法和主要研究范围内，探讨美国和欧洲债务危机下的国际经济关系变革因素，并从中寻找国际经济变革的支撑体系和框架模式。在分析层次上，本书侧重于通过分析新旧制度、新旧力量、新旧体系的影响因素，来解释国际经济关系变革，并通过分析美国和欧洲债务危机下国际经济交往中国家间的权力与利益来探究变革的途径。最后，再通过“中国—新兴经济体—国际经济关系力量对比—世界经济治理产生的影响”的框架来阐释未来国际经济关系的演变。

国际经济关系在“二战”后经历了从分离到相互依赖再到全球经济一体化的过程，在这个过程中，各国经济实力的对比起着决定性的作用。“二战”后的初期，美国依靠其经济实力，建立了以美元为核心的世界经济体系；随着西欧以及日本经济的恢复，在资本主义世界范围内出现了三足鼎立的格局。东欧剧变、苏联解体后，世界经济进入新的发展时期：全球经济一体化进程加速，美国在新经济革命中实现了长期经济繁荣，日本陷入“失去的十年”，东欧国家经历转型的阵痛。进入21世纪后，新兴经济体经历了快速的经济成长，以中国为首的金砖国家在世界经济的舞台上崭露头角，尤其是全球金融危机后，借助G20的世界治理平台，对国际金融体系、世界治理模式和世界经济的发展问题逐渐提出不同的见解，一个不同于发达国家的发展集团正在悄悄地改变着国际经济关系的运行。

美国和欧洲债务危机后，资本主义国家的负债发展模式走到了尽头，世界经济面临结构性调整，发达国家开始“再工业化”进程，而新兴经济体由于受到危机冲击也展开了经济结构的转变过程，不同类型的国家在世界经济的舞台上展开了竞争。本书着重分析国际经济关系的表现形式——国际经济规则面临的问题和情况，结合中国提出的“一带一路”倡议对国际经济关系的影响来揭示当今国际经济关系的变化，并从经济力量对比、世界经济治理等微观角度来阐释这些变化。

第二节 国内外研究现状

金融危机对国际经济关系的变革往往会产生推动作用。历史上的金融危机多发生在发展中国家。由于发展中国家由于国内金融市场、银行系统不健全，外部借款规模过大，在遭遇外部冲击时无法还债，进而引发危机，导致经济陷入严重衰退，拉美主权债务危机（20世纪80年代）、墨西哥经济危机（1994年）、俄罗斯金融危机（1998年）、阿根廷债务重建（2002年）等都归因于此。但2008年全球金融危机不同，是发生于处在世界经济核心的国家——美国和欧元区，此次金融危机和美国次贷危机紧密相连，因此产生的影响和破坏性远超历次金融危机，使得西方经济的发展模式面临拷问，从而引发思考：国际经济关系应如何协调以适应经济增长？

总体来看，世界经济的发展出现两个结构性变化：其一，以2007年的美国次贷危机为触发点，发达国家长期积累的问题集中爆发出来，造成发达国家的经济陷入低速增长，其作为拉动世界经济增长主动力的作用大大减弱，主要国家政府管理和企业、金融机构经营面临非常艰难的调整。其二，从长远看，新兴经济体在世界经济中的比重进一步增加，将会提升其在国际经济治理中的作用，但就现阶段而言，新兴经济体的经济实力提升并不代表其在全球经济治理中的作用随之同步提高。本次金融危机同样暴露了新兴经济体缺乏将经济实力转化为国际规则影响力以及全球货币影响力的有效途径。新兴经济体目前更多的仍是作为分散的经济力量，还没有发展为整合的政治力量，在参与全球经济治理以及与发达经济体协调中仍存在相当多的障碍。中国提出的“一带一路”倡议以及人类命运共同体建设为国际经济关系提供了发展目标和发展模式，对旧的国际经济关系调整起到了引领作用。由于各个领域制度存在惯性，现有国际经济治理机制尚不能完全反映新兴经济体在其中的作用和代表性，因此需要进一步改革。然而，国际经济治理机制的未来改革方向尚未确定，仍需要包括中国在内的新兴经济体进行有效沟通和积极探索。

一、关于国际经济关系的研究

自20世纪80年代末期以来，中国国内陆续有一些学者把反映国际经济关系运行规律的理论称为国际经济关系学，主张把国际经济关系学作为一门相对独立的学科来研究，并在他们的文章和著作中对这一学科的性质及其与邻近学科的关系进行了分析。直至目前为止，这些学者的观点和分析还没有被国内主流学者所接受，但是不能忽视的是，随着全球化的深入发展，越来越多的国际经济现象突破单纯经济规律的支配，与国际社会、国际政治中的诸多因素交织在一起，往往牵动整个世界的神经，甚至影响到国家间的关系和政治局势的变化。

关于国际经济关系的概念，郭丁在《国际经济关系学》中指出："国际经济关系就是世界范围内各国经济之间的联系媒介，它表现为各种形式，如国际贸易、国际金融、世界市场、国际资本和资金流动、劳动力的国际移动、国际经济组织、国际经济联合等。"[①]周启元、姜圣复在《当代国际经济关系学》中指出，国际经济关系的概念指的是世界范围内超越于国家界限的各个领域、各种形式、各个层次的经济联系的总和。[②]柳剑平在《当代国际经济关系析论》中认为，国内从西方引进了国际经济学、国际经济关系学，但是国际经济学只涉及国际经济关系中的国际贸易关系和国际金融关系，对国际经济关系的分析不具有广泛性[③]；并指出，国际经济关系是国家之间、国际经济组织之间、国家与国际经济组织之间、不同国家的私人（包括公司法人和自然人）之间，以及它们与他国或国际经济组织之间在国际贸易、国际金融、国际资本和资金流动、劳动力的国际移动、世界市场、国际经济组织、国际经济联合等领域里的经济联系和交往[④]。虽然定义不同，但都大致把国际经济关系分为两种，一种是不同国际经济关系主体超过国家界限的横向交往，另一种是同一主体在纵向上的国际经济联系。国际经济关系是由各国经济外交活动和国际经济协调活动安排下的一

①郭丁.国际经济关系学［M］.北京：中国人民大学出版社，1992：2.

②周启元，姜圣复.当代国际经济关系学［M］.北京：中国财政经济出版社，1990：36.

③柳剑平.当代国际经济关系析论［M］.武汉：湖北人民出版社，2004：2.

④柳剑平.当代国际经济关系析论［M］.武汉：湖北人民出版社，2004：3.

种超越国家界限，主要表现在生产过程中的各个领域、各种类型和各个层次的经济联系的总和。[①]深入研究国际经济关系的自然属性和政治属性有助于我们正确认识国际经济关系的运行规律，制定国际发展的战略。

从国际经济关系的研究内容上看，国际经济关系的相关研究虽然早已起步，但在内容涵盖方面鲜有突破其他学科的限制。国外如美国学者J.E.斯贝茹著的*The Politics of International Economic Relations*（译为《国际经济关系学》，1989），由于注重国际经济关系中的政治因素，已成为国际政治经济学的一部重要作品；苏联学者梅尼希科夫的《当代国际经济关系》则囿于冷战因素的考虑将研究领域狭隘化，没有充分意识到全球经济形势出现的新变化和新特点，观念较为陈旧；英国学者佩克的《国际经济关系：1850年以来国际经济体系的演变》一书则主要注重国际经济体系的划分和走势研究，很大程度上是针对一种经济史的研究；除此之外的相关文章或著述较为零散且大多比较单一片面，没有形成统一且全面分析的内容架构。从国内看，如郭丁的《国际经济关系学》，全书的主要内容很少涉及国家间的政治因素，实质上描述的是一种国际贸易关系。除此之外，周启元、姜圣复的《当代国际经济关系学》，柳剑平的《当代国际经济关系析论》等著作或限于学科的界定而研究内容趋于重复单一，或由于理论基础薄弱而内容结构混乱且流于形式，无法真正意义上深刻解读国际经济关系的内涵要义。

关于国际经济关系与国际政治的关系，较有代表性的是斯贝茹的观点，他认为：①国际经济关系受国际政治的影响，国际经济的生产、分配和消费都受到外交和战略的影响；②国际经济政策的制定通常受到国际政治利益的支配，贸易制裁与禁运以及经济援助等都作为实现一国政治目的的外交手段；③国际经济关系本身就是国际政治关系，是国际关系行为主体解决相互矛盾和冲突的过程，是追求财富目标进行合作和斗争的过程。[②]国内有学者甚至认为"国际经济关系就是国际政治关系"[③]，"国际经济关系

① 柳剑平.当代国际经济关系析论[M].武汉：湖北人民出版社，2004：280.

② J. E. 斯贝茹.国际经济关系学[M].储祥银，李同忠，谢岷，译.北京：对外贸易教育出版社，1989：1-3.

③金应忠，倪世雄.国际关系理论比较研究[M].北京：中国社会科学出版社，1992：374.

的本质是在国际交往中的利益和比较经济利益”[1]。马克思主义认为，一切社会现象的最深厚的基础和根源在于经济，只有世界范围内的经济关系才是经常起作用的，国际经济关系最能从世界纷繁复杂的现象中揭示国际政治发展的内在动力：①各国在国际经济关系中的力量对比的变化决定着它们在国际政治格局中的地位，即当代国际经济的各个组成部分（区域、集团、国家）之间的经济发展速度和不平衡决定了其经济实力不平衡，从而导致其政治实力、地位和权益的不平衡。②世界各国不同时期面临的经济状况变化，制约着他们的对外政策选择。国家间资本、贸易纽带的加强和相互渗透促进了各国在政治上的协调、合作。同样，金融危机后各国面临的情况不同也会在经济政策领域中有所体现。③经济因素作为实现政治目的的手段作用不断加强，如危机中的IMF贷款条件、对伊朗的经济制裁等都是经济政治化的表现。④经济利益上的利害冲突是国际政治斗争最深刻的根源。各国在经济利益上的冲突与矛盾，其发展程度或积累水平不仅会在量上而且必然亦会在质上调节着国家与国家之间、集团与集团之间的斗争水平。国际经济关系始终处于竞争、矛盾、协调与合作的“4C”规律［国际经济竞争（competition）、国际经济矛盾（contradiction）、国际经济协调（coordination）、国际经济合作（cooperation）[2]］的混合状态之中，呈现出相互交织、相互渗透与错综复杂的关系。

二、关于金融危机后国际经济关系发展变革的研究

事物总是处于不断的发展变化之中，国际经济关系亦不例外，国际经济体系的结构与运行在很大程度上取决于国际政治体系的结构与运行，生产、分配和消费都受到外交和战略因素的影响。[3]从时间跨度上看，“二战”后国际经济关系经历了四个阶段：“二战”后到1971年布雷顿森林货币体系解体；1971年到1991年冷战结束；冷战结束，全球市场形成；2008年全球金融危机爆发，新兴经济体登上世界经济的历史舞台，开启国际经济关

①周启元，姜圣复.当代国际经济关系学［M］.北京：中国财政经济出版社，1990：33.

②王世浚.国际经济合作理论与实务［M］.北京：中国对外经济贸易出版社，1997：54.

③J. E. 斯贝茹.国际经济关系学［M］.储祥银，李同忠，谢岷，译.北京：对外贸易教育出版社，1989：5.

系的另一场变革。

1. 全球金融危机前的研究

（1）“二战”后到1971年布雷顿森林货币体系解体。20世纪下半叶的大部分时间里，冷战及其联盟结构提供了世界经济在其中的运作框架，美国及其主要盟国通常让潜在的经济冲突服从于维持政治和安全合作的需要。[①]因此，资本主义国家的世界经济关系主要体现在美国在经济上的支配地位，并由美国主导建立国际体系。这个时期主要是冷战后西欧和日本的重新崛起，恢复了其在世界经济中的地位。而相对的是从20世纪50年代后期开始，随着美国经济竞争力逐渐削弱，其国际收支开始趋向恶化，出现了全球性“美元过剩”的情况，各国纷纷抛出美元兑换黄金，美国黄金开始大量外流。到了1971年，美国的黄金储备再也支撑不住日益泛滥的美元，尼克松政府被迫于当年8月宣布放弃按35美元一盎司的官价兑换黄金的美元“金本位制”，实行黄金与美元比价的自由浮动。

（2）1971年到1991年冷战结束。这一时期交通运输、计算机、电信技术等的技术变革使全球化市场成为可能。世界工业的分布有了重大变化，经济中心从美国、西欧和日本向亚太、拉美和迅速工业化的其他国家和地区转移。[②]西欧、日本、美国多个经济中心并存，全球经济进入“相互依存”的时代。经济政治问题比权力政治问题显得更加重要，以武力或武力威胁为基础的权力在解决各种问题中的作用日渐被削弱，经济政治往往成为最后的解决力量。[③]各国通过对外经济活动政策和经济外交活动，以及国家之间的经济协调和经济管理活动，谋求的是本国在国际分工和国际市场中的有利地位，实现的是对本国经济利益的最大化。经济要素正式成为国际关系的研究之重，国际经济关系成为国际关系研究课题之一。从世界经济横向分布上，J. E. 斯贝茹把国际经济体系分为三个分支体系：相互依存的西

①吉尔平.全球政治经济学：解读国际经济秩序［M］.杨宇光，杨炯，译.上海：上海人民出版社，2003：3.

②吉尔平.全球政治经济学：解读国际经济秩序［M］.杨宇光，杨炯，译.上海：上海人民出版社，2003：9.

③罗伯特·基欧汉，约瑟夫·奈.权力与相互依赖——转变中的世界政治［M］.林茂辉，等，译.北京：中国人民公安大学出版社，1992：12-15.

方体系、依附性的南北方体系和相互独立的东方体系。[①]

（3）冷战结束到金融危机前。这个时期主要的世界经济关系有三个。一是以中国为首的新兴经济体的崛起。二是原来东方阵营的市场融入世界经济，国际贸易与全球化飞速推进。三是发达国家全球金融深化、跨境资本流动金额迅速上升，发达国家在世界经济中的地位攀至顶峰：美元成为各国中央银行最为倚重的储备货币，事实上成为超级货币；欧元快速崛起；美国货币政策以及美元货币条件对全球经济具有巨大影响力和冲击力。

2. 全球金融危机后的研究

关于国际经济关系，中国人民银行货币政策委员会原委员、清华大学经济管理学院教授李稻葵认为：到2008年，世界实际上已经分化成三个主要板块——以美国、英国、西班牙等为主的金融和消费板块，以德国、日本、中国、韩国为主的制造业和出口板块，以及其他资源和农业国家板块。他认为，发达国家主要包括美国、英国、德国、希腊、西班牙、爱尔兰等，这部分国家的基本利益还是相同的。发展中国家包括中国、印度、巴西、俄罗斯等新兴经济体，还包括大量经济没有起飞的国家，这部分国家的利益也是基本一致的，都需要发达国家让出更多的市场和技术，也希望国际金融、经济体系更加稳定。中国既具有发展中国家的很多特点，比如人均国内生产总值（gross domestic product，GDP）水平低；同时在全球劳动分工中的地位非常特殊，比如我国有巨大的生产能力，消耗了全球一半以上的铁矿石，还有3万亿美元外汇储备，可以把英国的股市全买下来，可以买下美国股市的1/5。中国在应对全球金融危机中的表现非常突出，让全球的经济体开始真正反思，中国的崛起对世界意味着什么？西方人的战略思维在改变，这当然会对中国的政策以及中国的国际环境带来巨大影响。

杰弗里·法兰克尔在《论全球货币》[②] 中通过论述什么是“流行的”和

①J. E. 斯贝茹. 国际经济关系学［M］. 储祥银，李同忠，谢岷，译. 北京：对外贸易教育出版社，1989：15.

②杰弗里·法兰克尔. 论全球货币［J］. 比较，2009（4）：85.

什么是“落伍的”，分析了世界经济关系的转变。他认为，G7、全球储蓄过剩、过度特权、布雷顿森林货币体系2、货币操作等概念已经落伍，而G20、特别提款权、中间汇率制度、商品货币、多元货币体系等正在成为流行的概念。通过对全球货币的一些关键概念进行讨论，可以看出世界经济关系朝着一种变革的方向发展。

肖炼主编的《世界经济格局变化的动力学——兼论美国的地位和作用》从经济运行的内在机制来分析引起世界经济变化的动因，从微观、中观、宏观三个层次来分析、研究此机制对世界经济格局变动的影响。该书认为，世界经济格局处于重新分化、组合及不断变化的过程中，超越国家疆界，正在走向集团化。该书尝试从微观竞争机制（企业创新在产品价值链上的地位）、中观竞争机制（产业竞争层次）以及宏观竞争机制（主要包括生产条件、需求条件、相关产业支撑、企业战略四个因素①和政府作用、机遇两个辅助因素）来探讨国际经济关系变化的内在动因。

上海社会科学院世界经济研究所金芳通过对全球经济增长、国际金融、国际贸易、国际投资、国际生产和国际协调六大领域的动态考察，全面地分析金融危机后世界经济格局的变化特征，并认为：在全球经济增长方面，世界经济的增长重心进一步向新兴经济体转移，“金砖四国”和新崛起的中等发展中国家将成为与发达国家并驾齐驱，甚至是更主要的全球增长发动机；在国际金融领域，控制金融风险、加强金融监管尤其是对衍生金融工具的监管成为主流，金融业发展和创新能力被严重削弱，以美元为主导的国际货币体系酝酿变革；在国际贸易方面，发达国家市场主导的全球贸易流向发生转向，新兴经济体的国际贸易拉动作用有所上升，贸易领域的逆全球化和贸易保护主义抬头；在世界经济治理问题上，“二战”后确立的主流协调机制面临改革压力，建立多元参与的全球经济共治机制成为时代主题。②

IMF原副总裁朱民认为，世界经济发展面临三个主要趋势：第一个是

①Micheal E. Porter.*The competitive advantage of nation*[M].London：The MaCmillan Press，1990：71-124.

②金芳.金融危机后的世界经济格局变化及其对美国经济的影响[J].世界经济研究，2010（10）：3-9.

全球经济的关联性以及由经济结构变化带来的全球经济格局正在改变，第二个是全球经济增长中心正在从发达国家转向新兴经济体，第三个是全球经济正在经历去杠杆化。他还认为，全球经济在金融、货币、贸易等方面的版图变化，使得当今世界形成了三大板块，即发达国家版块、“泛亚洲的全球垂直供应链”板块和能源板块。①

不管从哪个角度来看，国际贸易领域、国际金融体系都在经历变革。尤其是在全球金融危机后，美国和欧洲债务危机持续影响着国际经济关系的发展，对各国的经济发展造成剧烈冲击，这将在一定程度上重塑原来由发达国家主导国际经济关系的格局。

三、关于全球金融危机后国际经济关系变革的表现研究

世界经济关系处于变革之中，这点也能从2012年冬季达沃斯论坛的主题中看出来。论坛认为当今世界正处于“大转型：塑造新模式”的时代，这个时代是一个极为复杂、相互依存又快速发展的时代，探索新的发展模型，为解决全球金融危机制定方案，并针对面临的风险和机遇展开合作，是国际经济快速发展面临的主要问题。全球金融危机后，变革速度在全世界范围内仍在加快，全球化进程加快，日益先进、复杂的技术产生了更多的经济、政治和社会问题。全球经济再平衡和去杠杆化现象在重塑全球经济，具体而言就是发达国家如何在不重陷衰退的前提下去杠杆化，以及新兴经济体国家将如何抑制通货膨胀并避免未来的经济泡沫。因此，论坛围绕“大转型：塑造新模式”的主题来探讨世界经济的核心目标——定义和规划未来，使各利益相关者围绕该主题进行合作，并促进其执行机构来实现这一愿景。增长和就业模式、领导力和创新模式、可持续发展和资源模式、社会和技术模式等的模式塑造将会成为解决问题的关键。

金融危机后国际经济关系的管理秩序将是一个多变的管理体系，权力将会在核心国家之间进行分配，新兴经济体逐渐参与到世界经济治理中来。但是，仍将看到多边管理是困难的，对于多边协调的领导权争夺将非

---

①朱民.变化中的世界[J].国际经济评论，2012(6)：9-19.

常激烈，不同国家的多种利益诉求使得国际经济协调异常艰辛。“然而，在某些情况下和某些领域内，管理集团将不得不扩大。未来的管理，如果要发挥有效作用，就必须考虑新的权力中心。”① 这一方面说明会有更多的国家参与到国际经济协调中；另一方面说明了当前世界经济管理的困难，即美国等发达国家的主导作用下降导致国际协调混乱。不同力量的兴衰转移，预示着世界经济的发展变革。这些新兴国家必须完全进入这个体系，既作为合作伙伴，又作为领导者，尤其是像中国这样的国家。世界经济成功依赖于国际经济体系的健康发展，而国际经济体系的健康发展又依赖于通过国际金融组织、WTO以及其他组织稳定而健康的国际合作。② 世界经济（由于全球化的原因，相互依赖程度不断提高）运行的体制应当进行根本性修改，当前的国际制度助长了混乱而不是规范了全球秩序，未来的世界经济，将是一个相互关联的全球经济，因此需要促进全球政治合作制度的建立。③ 世界经济运作的方式取决于市场和国家政策，特别是强大国家的政策，市场和经济力量无法单独解释全球经济的结构和运作。各国的经济政策相互影响，合作与竞争的多方博弈确立了市场和经济力量在其中的运作框架。④ 分析国际经济关系离不开对当前各主要国际经济政策的分析，这些政策的争锋主要体现在以下五个方面。

1. 发展模式之争，美国的全球负债增长模式和欧洲的福利国家模式

金融危机后，“大政府”取代“大市场”，在经济治理上再次占上风，但美国的市场经济模式难以发生实质性变化。美国经济以“消费导向型”为主要特征，居民消费是美国经济的支柱。而欧洲的经济发展模式、高福利政策、人口老龄化以及结构性矛盾等困扰欧洲的问题也不能一蹴而就得到解决。欧元区单一的货币政策与多元的财政政策并存的制度缺陷也需要欧洲的进一步融合才能从根本上得到解决。

---

①J. E. 斯贝茹. 国际经济关系学［M］. 储祥银，李同忠，谢岷，译. 北京：对外贸易教育出版社，1989：421.

②安格·克鲁格.21世纪国际经济政策探析［J］. 比较，2009(3)：46.

③格热戈日·科勒德克. 新自由主义、全球危机及其出路［J］. 比较，2010(3)：116. 詹姆斯·多尔蒂等. 争论中的国际关系理论［M］. 阎学通，等，译. 北京：世界知识出版社，2003：495.

④吉尔平. 全球政治经济学：解读国际经济秩序［M］. 杨宇光，杨炯，译. 上海：上海人民出版社，2003：9.

2. 世界经济治理的磋商与政策协调平台，G20、IMF等的改革

G20框架自1999年设立以来，基本上还是一个松散的国际组织。在2008年金融危机后，G20成为国际经济关系的重要协调机构。特别是匹兹堡峰会确定了G20代替G8，在促进世界经济增长及改革国际金融体系等方面取得了实质性进展。G20作为全球经济治理的重要和有效平台的地位，具有划时代的重大意义。正如会后英国前首相布朗所说："旧的国际经济合作体系已结束，新的体系已开始。"这种表现体现在三个方面：首先，主要发展中国家和发达国家平等地坐在了一起讨论世界经济事务，这是国际经济关系民主化的巨大进步。发展中国家首次平等参与全球经济治理，打破了长期以来西方发达国家，如G7或G8主导国际经济事务的局面，标志着全球经济治理进入新阶段。其次，G20可以比G7更好地反映世界经济基本面，也能更加有效地履行全球经济治理的职能（其成员人口占全球人口的2/3，国内生产总值占全球的90%，贸易占全球的80%，在IMF和世界银行所占的股权份额约70%）。随着中国、印度等新兴经济体实力的增强，这些国家对世界经济事务的影响力增强，如果没有它们的参与，许多重大全球性经济金融问题都难以得到解决。再次，G20的任务和内部关系也发生根本性变化。过去发达国家通过G20加强对新兴国家风险的监控，而此次危机以来，发达国家作为危机的策源地和中心，也就成为新兴国家监督和推动改革的对象。当然，仍要看到G20是政策协调平台或者说是个论坛，而非决策机构，不具备实施行动的约束力，机制化建设尚处于不断探索阶段，在机制职能、运作程序、成员范围等方面仍未达成共识，而且以美国为首的西方国家的决策话语权仍占据主导地位。

国际金融机构民主化问题上，尽管新兴经济体在IMF和世界银行的投票权有所提高，但西方国家仍占主导地位，特别是美国仍拥有一票否决的特权（按IMF的规则，重大问题的表决需要85%的赞成票，而美国一家就拥有约17%的投票权，这就意味着美国对任何决议拥有一票否决权）。金融危机中关于国际货币体系的争论也是最多的。那么，什么样的国际储备货币才能保持全球金融稳定、促进世界经济发展成为改革核心。历史上的银本位、金本位、金汇兑本位、布雷顿森林体系都是解决该问题的不同制度安排，但此次金融危机表明，这一问题不仅远未解决，而且以美元为核心

的现行国际货币体系的内在缺陷反而愈演愈烈，因此，有必要建立新的国际货币制度来解决现有的金融危机。

3. 国家经济地位变化

总体上看，新兴经济体在世界经济的地位进一步提升，但全面超越传统大国仍有很长的路要走；美国、欧盟等经济实力进一步遭受损失，但其地位较长时期内仍难撼动。新兴经济体与发达国家间的经济差距不断缩小，新兴经济体尤其是亚洲新兴经济体成为世界经济增长新引擎，新兴经济体的国际经济地位逐渐提高。在后危机时代，伴随着自身经济实力的不断加强，新兴经济体将更多地参与到全球经济事务的决策中来。新兴经济体的崛起，将打破南北方的传统界限，促进经济多极化的发展，彻底改变全球经济版图。

4. 对美元霸权的冲击

对美元进行监管进而制衡美元霸权是最重要也是最困难的一项改革。美国对新兴经济体关于改革国际货币体系的主张并不感兴趣，不愿意放弃美元在国际储备体系中的主导地位。此外，美国和欧洲都想通过其经济金融实力维护自身既得利益，不可能对现行金融货币体系进行大刀阔斧的改革。随着发展中国家经济的发展，像美国这样的发达国家的贸易保护主义还会进一步抬头。在气候、环境保护等方面，发达国家和发展中国家的矛盾、摩擦还会进一步增加。发达国家必然会把它们自身所存在的问题转嫁于发展中国家，这是发展中国家将来可能会面临的一个重大挑战。

5. 国际经济界的重大改革就是要使国际上的金融交易和世界实体经济的规模和格局相配合

五年、十年以后，未来世界金融交易、贸易交易结算的货币一定要和实体经济相配合。也就是说未来一段时间，美元也好、欧元也好、日元也好，国际地位一定会逐步下降。因此，要提升其他重要经济体的货币的国际地位，包括人民币，这是大趋势，这是一个促进世界经济稳定的趋势。[①]由美元承担最主要的国际金融投资、国际贸易结算的作用，这样的国际经济是不可能稳定的。一旦美国内部出现问题，全球经济都必须跟着走、跟

①李稻葵. 富国、穷国和中国——全球治理与中国的责任[J]. 国际经济评论，2011(4): 10-16.

着波动，这是不合理的。例如在伊朗核问题中，美国就滥用美元的国际货币结算地位，限制中国以及欧洲的企业与伊朗正常的贸易。

受到美国和欧洲债务危机困扰的国际经济关系正在发生转变，“这次全球性转变使世界回归到没有哪个国家能够单方面稳定世界经济，21世纪的前25年将是一个‘非霸权合作’的时代”[①]。21世纪前10年的世界发展强化了这一转变趋势，伴随着中国的发展和其他新兴经济体的成长，这些国家从增长动力到在世界经济中的比重，都对国际经济关系变革产生了新的动力。国际金融危机及其后的美国和欧洲债务危机加快了世界经济重心由大西洋向亚洲地区转移的速度。

四、中国与国际经济关系变革研究

自2008年全球金融危机爆发以来，中国经济维持强劲增长趋势，成为全球经济复苏的主要拉动力。现在许多国内外学者和国际机构研究认为，中国经济很有可能继续保持快速增长，到2030年成为全球最大经济体，其他不同文化体系的新兴经济体也将充满活力，共同引领全球经济增长，21世纪将会是全球经济多极增长的世纪。[②] 林毅夫、蔡昉、李周在1994年所著的《中国的奇迹：发展战略与经济改革》一书中就曾预测到2030年中国有可能超过德、日、美成为全球最大经济体。当时少有人相信，现在这个预测已成为国际上许多学者和研究机构的共识。李稻葵认为，在中国加入WTO十年后，世界经济和金融发生了革命性的变化，这十年的变化可能不亚于“二战”之后的很多国际金融和经济的变化。[③]

随着以中国为代表的新兴经济体融入全球国际分工链条当中，传统发达国家的经济地位相对在减弱，新兴经济体对全球经济的影响越来越突出，中国已经成为世界第二大经济体和世界第一大消费国，制造业及货物贸易也居于世界首位，这使中国在处理世界经济事务时拥有一定的话语权。中国将成为塑造世界经济新格局的一支重要力量。英国学者马丁·雅

---

①巴里·艾肯格林.大国兴衰录［J］.比较，2012(1)：44，49.

②林毅夫.21世纪全球多极增长格局中的中国经济发展和文化复兴［J］.北京大学学报(哲学社会科学版)，2012(1)：21-28.

③李稻葵.富国、穷国和中国——全球治理与中国的责任［J］.国际经济评论，2011(4)：10-16.

克（Martin Jacques）认为：经过三十年的经济增长和实力积累，中国的国家能力得到全面提升；国际金融危机进一步提升了中国的战略地位，崛起态势进一步明朗化。基于中国的洲级大国规模、巨大能量和文化特性，中国的崛起不仅将影响世界的经济发展和战略格局走向，更塑造着人类对社会发展模式和现代性的理解。① 随着“一带一路”倡议在世界范围内获得更多响应，中国应当增强自信心，担当起与自身地位和实力相称的国际责任和义务。后危机时代，国际经济格局的演变应该是一个长期的过程。新兴经济体的经济强劲增长态势对整个世界经济格局会产生一定的冲击，并从中赢得一定的发展空间，但并不意味着它就能够根本地颠覆目前的这种国际经济体系。

与各种各样的理论分析不同，金融危机作为一个综合性事件，用单一的思维和理论是无法解释的，也不具有“经验有效性”，上一次的经验往往会成为下一次危机发生的源头，这启示我们必须用新的思维，从更大的时间维度和更广的视角来全面审视探讨国际经济关系的发展。然而，也不能忽视一些偶然性事件，如2019年年末的新冠疫情。因此，本书认为，只有在广阔的国际经济关系变革的背景下来研究当前国际经济关系面临的问题，才能从根本上理清世界经济的发展变化规律。

第三节　研究方法、创新之处及内容安排

一、研究方法

不断变化中的国际经济关系是国际关系的研究重点内容之一。2008年全球金融危机一定程度上影响着全球经济发展的格局，以美国和欧洲为代表的西方经济体在全球经济体系中的比重将相对下降，新兴经济体的分量将相对上升，中国提出的“一带一路”倡议为世界经济的发展提供了新的模式。在面对未来不确定的研究中，本书采用的主要研究方法包括以下

① 马丁·雅克.当中国统治世界：中国的崛起和西方世界的衰落［M］.张莉，刘曲，译.北京：中信出版社，2010.

四种。

1. 演绎与归纳法以及马克思主义的辩证分析法始终是本书一以贯之的基本研究方法

通过研究“二战”后国际经济关系的变革，本书从中归纳出国际经济关系变化的潜在规律，并以此来分析金融危机后国际经济关系变革的表现和呈现出的特点。

2. 政治学、经济学相结合的方法

国际经济关系变革离不开跨学科的问题分析，本书以政治学和经济学的分析方法为主，采用多学科视角分析美国和欧洲债务危机对国际经济关系变革产生的影响，并从国家政策、国际制度安排等方面来阐释国际经济关系的变化。

3. 宏观把握与历史研究相结合的方法

在宏观上，本书需要对国际经济关系的本质和变化及其相互影响进行宏观性整体分析与把握，并对国际经济关系的表象——国际经济规则进行充分的阐释，以呈现国际经济关系面临的发展困境，并指出其存在的问题。在历史研究方面，以金融危机为契机，展现“二战”后国际经济关系的变革，从历史角度来看待重大事件对国际经济关系变革的作用。

4. 文献分析法

通过对和本书相关的有代表性的、专业的机构或个人的研究资料的搜集、整理和分析，来确定当前研究中存在的需改进之处，并以此为基础建立本书的整体框架、内容，并明确研究目的及意义。

二、创新之处

国际经济关系是国际关系的研究重点内容之一，它处于不断变化之中，个别事件的发生、偶然因素的累积对国际经济关系可能产生全局的影响，如美国和欧洲债务危机。美国和欧洲债务危机不是一次孤立的危机，它在很大程度上是2008年全球金融危机的延续，反映了欧美发达经济体在应对经济发展方式以及国内政治结构等方面的重大缺陷。面对未来动荡的外部环境，只有在新的全球一体化范围内认识世界各国经济关系，才能适应当代的国际关系变革，并不失时机地抓住机遇，推进中国融入世界的新的局面。本书的学术创新方向具体有以下三个方面。

1. 从相关的国际经济关系研究出发

在新的基础上尝试对“二战”后国际经济关系重新进行阶段划分，以及从一个更加广阔的背景来研究此次美国和欧洲债务危机及其在历史过程中产生的影响，并试图从中找出国际经济关系变革的影响因素，如经济实力、治理规则等，为进一步分析国际经济关系的变革提供基础。

2. 建立相关的分析框架

从不同的角度来认识此次美国和欧洲债务危机对全球经济的影响，从发展模式、力量对比、国际经济关系治理等诸多方面来揭示此次美国和欧洲债务危机对国际经济关系的冲击，并以此来论证国际经济关系变革的开启。

3. 按照中国—新兴经济体—国际经济关系力量对比—利益格局重塑四层来阐述未来国际经济关系变革的因素

从世界治理角度来分析变革中的国际经济关系演变，从新兴经济体的角度来分析国际贸易、国际金融、国际经济协调等世界经济治理问题，并最终落脚到中国未来在世界经济中的发展，来说明国际经济关系变革的意义。

三、基本思路与内容安排

1. 基本思路

本书首先以国际经济关系的相关研究为基础，在分析“二战”后国际经济关系变化的基础上，总结出引起国际经济关系变革的主要因素，并注意从理论角度来探讨国际经济关系变化的内在机理。其次，对美国和欧洲债务危机的前因后果进行分析，展现当代国际经济关系的发展脉络，从中寻找美国和欧洲债务危机对国际经济关系的冲击表现，并对危机后的国际经济关系的特点做出相应的总结。最后，通过对新兴经济体，特别是金砖国家的经济表现及其对世界经济的冲击来回应当今国际经济关系的变革趋势，并从中国的角度来认识新兴经济体在未来国际经济关系中发挥的作用。

2. 内容安排

本书主要分为导论、正文和结论三个部分，其中正文部分分为七章。

导论部分介绍了本书的选题背景和意义、国内外研究状况、本书的研究方法、研究思路、学术创新和写作内容安排。

第一章，提出一个命题即“国际经济关系：一个不断变革的关系”，然后从分析国际经济关系的概念入手，把“二战”后的国际经济关系分为三个时期：“二战”后初期到20世纪60年代，美国经济占主导地位和两大经济阵营的对立期；20世纪70年代到苏联解体，美、苏、欧、日四极格局；20世纪90年代以来，冷战结束，全球市场形成，国际经济关系进入新的发展时期。归纳出对国际经济关系变革的影响因素，并考察这些因素对国际经济关系的影响。

第二章，首先通过对历史上发生的债务危机进行回顾和分析，探讨债务危机形成的主要根源；其次通过对美国次贷危机和全球金融危机的分析，对美国和欧洲债务危机前的国际经济关系进行分析铺垫；最后落脚到对美国和欧洲债务危机的分析，从深层次来分析美国和欧洲债务危机的根源与表现，并对美国和欧洲债务危机对世界经济的影响进行分析。

第三章，从现行国际经济关系的困境入手，重点分析当前国际经济关系中的贸易、投资和金融关系的状况，找出国际经济关系发展面临的困境。国际经济规则是国际经济关系的重要表现形式，国际贸易、国际投资以及国际金融体系是国际经济关系的重要体现，从规则的变化困境揭示国际经济关系面临的发展问题。

第四章，对现行国际经济关系的特征进行分析。首先，虽然美国和欧洲债务危机使得资本主义国家主导的国际经济关系发生变化，但是要看到美国和欧洲等西方国家仍是主导，它们在经济总量、国际分工体系中仍占有绝对地位，是当今国际经济关系的主要力量。其次，国际规则对国际经济关系的稳定有着重要作用，一方面要肯定既有的国际规则对国际经济的发展起到了推进作用；另一方面要认识到现行的国际规则对国际关系的发展也表现出一定的不适应性，阻碍了世界经济的进步。现行的国际经济关系变革需要新的模式、动力和增长源。

第五章，从新兴经济体的角度来展现它们对国际经济关系变革中的利益诉求，如金融货币领域要求改革国际金融体系、贸易领域要求改变不合理的国际经济秩序之争以及在国际政治领域要求突进国际经济的民主化进程。最后分析未来国际经济规则可能为国际经济关系发展带来的变化。

第六章，以“一带一路”倡议为切入点，分析“一带一路”的起源及沿线国家的经济状况，并以此为基础，说明倡议对当前国际经济关系重构产生的影响。“一带一路”倡议的实施对国际规则的完善有着重要意义，但对其中的困难如与大国战略、国际组织功能的冲突等都要有足够的认识。

第七章，讲述重大突发公共事件与国际经济关系变革。新冠疫情于2020年年初在中国集中爆发，围绕着疫情起源的政治斗争以及疫情造成的波及效应深刻且持续地影响着国际经济关系的走势。本章立足重大突发公共事件，展望疫情后国际经济关系的变化情况。

最后的结论，回归本源，即研究的目的仍是中国经济的发展，从国际经济关系的中国立场出发，提出对中国国际经济关系发展前景的展望。

第一章

国际经济关系：一个不断变革的关系

第一节 国际经济关系概念辨析

国际关系“是一个历史的定义”[①]，是资本主义生产方式的必然结果，是指社会发展到一定历史条件下（即国际分工、世界市场和世界经济形成条件下，或确切地讲，是在统一过程中）形成的世界范围内的经济关系。16世纪资本主义生产方式最早在欧洲确立后，由于科技和生产力的发展，国际分工的范围拓展到全世界，国际贸易的边界随之延伸，“过去那种地方的和民族的自给自足和闭关自守状态，被各民族的各方面相互往来和相互依赖所代替了”[②]。随着世界市场的形成，现代意义上的国际关系随之产生。国际关系是跨越国界而发生的各种社会关系的总和，从内容上看，国际关系应包括政治关系、经济关系、军事关系、文化关系、政党关系、民族关系以及意识形态等多方面关系。马克思主义认为，经济是政治的基础，政治是经济的反映，决定政治现象的往往是经济利益，即不同主体间的经济关系。因此，研究国际经济关系问题成为研究国际关系形成和发展的基本问题之一。

在西方国际关系理论研究中，经济因素的上位是在20世纪70年代，是时国际形势发生了重大变化，美国的世界经济主导权受到挑战，欧洲、日本经济全面恢复和发展，国家间的贸易摩擦和金融政策分歧频繁，国际关

①周启元，姜圣复.当代国际经济关系学［M］.北京：中国财政经济出版社，1990：4.

②马克思恩格斯列宁斯大林著作中共中央编译局.马克思恩格斯选集：第1卷［M］.北京：人民出版社，1995：237.

系中经济与政治的互动成为一种趋势。在这一背景下，西方学者认识到，经济因素尤其是国际经济关系已经上升为国际关系的影响因素，只有充分考虑国际经济关系才能理解国际政治的发展脉络。在此之前，国际关系领域的政治现实主义和经济自由主义的发展在一定程度上造成了国际关系研究中经济和政治的分割，1997年美国哥伦比亚大学的J. E. 斯贝茹认为："这种理论上的割裂导致了当代学术的专门化，而学术的专门化又进一步强化了理论上的分割……在许多地方，经济学家们忽视了国际经济过程和经济过程中政治因素的作用，而国际政治领域的学者们则在研究国家间关系时有意避开了对经济问题的分析。"[①] 罗伯特·基欧汉、约瑟夫·奈在《权力与相互依赖》中指出："我们生活在一个相互依赖的时代。"[②] 斯坦利·霍夫曼把战后国际关系理论的发展概括为"三个浪头"。他指出，从20世纪40年代末到50年代初是关于外交史、战争和和平问题；从50年代到60年代是关于核时代的冷战、均势、威慑、决策理论；70年代是强调国际经济关系。[③] J. E. 斯贝茹在《国际经济关系学》一书中提出了"国际经济关系就是国际政治关系"的著名论断。以上学者的论断表明，国际经济关系已经成为国际关系的重要研究内容之一，研究国际贸易政策、国际金融体系并理解它们对国际经济关系的影响成为必然。

J. E. 斯贝茹在《国际经济关系学》中指出：国际经济体系的结构和运动在很大程度上影响着国际政治体系的结构和运动；经济政策的制定，尤其是重大的经济决策通常是由压倒一切的政治利益决定的；经济实力是国际政治权力的重要来源。丹尼斯·皮雷奇斯在《世界经济政治学——国际关系理论新内容》一书中指出，新技术革命及其产生的经济效果对国际关系产生了重要影响，给国际社会带来了一系列新概念、新准则和新规律；全球相互依存趋势的不断发展，国际冲突中东西方关系转变为南北关系，

① J. E. 斯贝茹. 国际经济关系学[M]. 储祥银，李同忠，谢岷，译. 北京：对外贸易教育出版社，1989: 2.

②罗伯特·基欧汉，约瑟夫·奈. 权力与相互依赖——转变中的世界政治[M]. 林茂辉，等，译. 北京：中国人民公安大学出版社，1992: 1.

③程毅，夏安凌，郭红霞，等. 国际关系中的经济因素[M]. 武汉：华中师范大学出版社，2001: 148.

标志着国际经济关系在国际关系中的影响因素在不断提升。罗伯特·吉尔平认为，主权国家的控制力及其范围受到了明显的削弱，全球化和经济一体化的出现日益影响国际关系的发展，一个国家采取什么行动，不仅仅出于追求政治权力的需要，而是由多种因素决定的，其中经济考虑占有重要的分量。[①] 上述学者的观点反映了20世纪70年代以来经济因素、国际经济关系以及国际经济与政治的互动关系越来越成为国际关系的研究重点。

经济因素在国际关系领域内重要性的上升在中国亦得到了重视。20世纪80年代以来，国内学者如周启元、姜圣复、郭丁、柳剑平、周林等主张把国际经济关系作为一门独立的学科来研究，并在相关文章和著作中对学科的性质及其与相邻学科的关系进行了分析。虽然这些观点仍未被国内主流学者广泛接受，但是并不妨碍我们将国际经济关系作为一个研究方向和视角来解释国际关系的变化，亦不妨碍一个事实——随着全球化的深入发展，越来越多的国际经济现象突破单纯经济规律的支配，与国际社会、国际政治中的诸多因素交织在一起，影响到国家间关系和政治局势的变化。

广义上讲，国际经济关系就是指超越国家界限的各种经济关系的总和。国际经济关系对任何一个国家都有影响，在一定情况下成为经济发展的决定因素，对国际政治关系也起着作用。关于国际经济关系的概念，从主体方面讲，郭丁认为国际经济关系的主体有“国家、公司企业、机构团体和个人”[②]，周启元、姜圣复认为还包括“国家集团（主要是国际经济组织）”[③]。

从内容方面来看，国际经济关系“表现为各种形式，如国际贸易、国际金融、世界市场、国际资本和资金流动、劳动力的国际移动、国际经济组织、国际经济联合等”[④]，或“超越于国家界限的各个领域、各种形式、各个层次的经济联系的综合”[⑤]。根据国际经济关系的不同客体在历史上出现的顺序和经济行为主体活动的目的，国际经济关系的表现形式有：用于满足

①王逸舟.西方国际政治学：历史与理论[M].上海：上海人民出版社，1998.

②郭丁.国际经济关系学[M].北京：中国人民大学出版社，1992：6.

③周启元，姜圣复.当代国际经济关系学[M].北京：中国财政经济出版社，1990：36.

④郭丁.国际经济关系学[M].北京：中国人民大学出版社，1992：2.

⑤周启元，姜圣复.当代国际经济关系学[M].北京：中国财政经济出版社，1990：33.

经济行为消费需要的国际经济联系，包括商品的国际贸易、国际劳务和国际金融，是较为传统的国际经济关系表现形态；用于满足经济行为主体生产需要的国际经济联系，包括国际资本转移、国际技术转让和国际信息转移等，它直接反映着生产要素的国际关系，是各国生产领域里的联系和合作；用于协调经济行为主体之间的经济政策的国际经济关系，它包括国际经济关系某一领域的协调和全面协调，其特点是借助于上层建筑的职能，实现经济行为主体之间的经济联系；其他表现形态是经济行为主体为了某种目的，而让渡本身一部分经济利益的对外经济联系，包括为支援和急救受灾国家和地区而进行的国际间的经济联系。①

从管理关系来讲，既包括横向的国际经济流转关系，即国家与国际经济组织等不同主体间的经济联系和交往；又包括纵向的国际经济统治关系，即国家与私人以及国际经济组织与其成员国在不同领域里的纵向管理关系。②

从发展层次来讲，其一是世界上国家与国家之间在横向上的相互联系、相互影响和相互依赖的经济往来关系；其二是指各国之间在经济合作上的经济关系，这种合作经历了从单一商品、资源的合作到部门的合作和企业的合作各种形式；其三是指各国之间在经济上的一体化，各国为了共同的经济利益通过签订广泛的国际条约或协定建立超国家机构，共同协调和制定行动准则，使各国经济互为渗透，融为一体，通常有自由贸易同盟、关税同盟、经济同盟和经济一体化等形式。这三种形式，从历史上看是相互交织、错综复杂的。

本书认为，研究国际经济关系应该从国际经济关系的主要方面着手，对国际经济关系做狭义定义：超出一国范围内的国家及国际组织间的贸易、金融及其他经济联系，通过分析主要国家及国际组织的相关经济关系来揭示国际经济关系的运行趋势。

当然，在研究分析过程中，本书会借鉴相邻学科，如国际政治学、世界经济学以及国际政治等相关学科的经验来做研究。国际经济关系中的一

①周启元，姜圣复.当代国际经济关系学［M］.北京：中国财政经济出版社，1990：41-44.

②柳剑平.当代国际经济关系析论［M］.武汉：湖北人民出版社，2004：4-5.

些具体经济行为，如国际援助、国际贸易摩擦、国际经济协调、国际监管等被赋予政治功能，从而使国际经济关系越来越成为国际关系中的主角，并且越来越呈现出国际经济关系政治化的趋势。国家政策对国际经济活动的全面管理，这点在国际贸易方面尤为突出，如一国运用贸易手段对另一个国家的事物进行强制性的干预，施加影响并企图控制其行为或结果。通过在贸易问题上附加与贸易无关的限制性要求、进行单方面的贸易制裁或制裁威胁，甚至赋予国内立法以域外效力，如美国的著名“301条款”就是将中国和日本作为不公平贸易伙伴，采取“管制性贸易政策”。1979年墨西哥因国内反对而未能加入关税及贸易总协定（General Agreement on Tariffs and Trade，GATT），法国因国内农民的压力而采取与欧盟国家不同的农产品政策，美国在奥巴马与罗姆尼的大选中对中国的贸易以及货币的强硬姿态等，都揭示了国际经济关系在国际政治尤其是政策制定方面的作用。

在国际关系研究中，国际经济关系时刻影响着政治关系、军事关系、文化关系等，国际经济关系的变革也对国际政治格局产生了重要影响，经济优先、国际经济关系成为一种现实选择。“经济的确越来越成为当今国际关系中最重要的关键因素。”科技革命引领着社会生产力的发展，决定着社会经济生活的结构，造成国际间经济的发展不平衡，这成为推动国际关系发展与变化的基本动力。虽然国际经济关系不是研究国际关系的核心问题，并且国际经济关系能否成为一门学科仍有争论，但这都不妨碍国际经济关系学会的建立，也不妨碍国际经济关系的存在与发展，相关研究人员在国际经济关系的研究上达成如下共识。

1. 经济领域的竞争是国际关系的核心竞争领域之一

国家的稳定、公民的幸福都离不开经济的发展和经济实力的提高，以财富为核心的竞争直接关系到一个国家在国际社会中的地位。经济利益的追逐成为国际关系发展的强大动力。无论是国家行为主体还是非国家行为主体，利益诉求都是其目的之一，虽然各自追求的利益不同，但都追求在国际经济关系中的有利地位，也就是从这些出发，在国际舞台上形成了摩擦、冲突、妥协、合作的错综复杂的相互依存关系，推动着国际关系朝着多元化的方向发展。

2. 经济安全、金融安全成为合作重点

各国为了自身经济利益、经济发展，在世界范围内进行博弈；同时，为了全球经济秩序的稳定和共同的经济利益，也为了解决全球性危机，各国也要采取共同的行动。

3. 国际经济协调是国际关系的重要内容之一

国家间的经济合作、经济外交、经济制裁等都是国际关系的重要表现。全球各国的经济合作为各国的发展架起了一座桥梁，增进了国家间的了解，同时也为缓解彼此间的矛盾和冲突提供了良好而有效的途径。

4. 对全球问题的关注

环境、资源、能源和人口等问题使得国际经济关系成为重大的社会问题。

第二节　国际经济关系的变革动因

纵观“二战”后世界经济的发展，国际经济关系的变革总是在不间断地发生，国家实力的变化、国际贸易的拓展、国际金融体系的修整以及不断发展的世界经济联系都在迅速改变着国际经济关系的发展趋势。国际经济关系主体追求的利益日益呈现多样性，不仅表现为追求本国在国际交往中的绝对利益和比较经济利益，还表现为追求某些特殊利益，如政治利益、安全利益等。国际经济关系行为主体追求什么样的利益、代表哪个阶级、采取什么手段，这些都影响着国际经济关系的发展，“在每个历史阶段，这些关系都反映着国际交往参与国代表的阶级利益”。① 相比较其他学科，国际经济关系侧重于从经济联系的角度来呈现国际经济的结构或态势，侧重于从国际贸易、国际金融角度来分析国际经济领域的关系，它反映国家的经济实力，受到国际政治、军事以及文化的影响。经济学家雅各布·维纳认为，权力和财富不过是一个硬币的两面，权力和财富都是国际关系行为体的目标所在。一方面，权力表现为自身的能力；另一方面，权力表现为对他人的影响力。国际经济关系就是从财富方面来探讨国际关系的变化。

①C. M. 梅尼希科夫. 当代国际经济关系[M]. 张拙，等，译. 北京：社会科学文献出版社，1987：6.

变化不是体系本身的变化，而主要是体系构成单位内部发生的变化。[①]同样，国际经济关系的变化，也是构成国际经济关系的主要国家间经济实力的变化，而且调节国际经济的相关机制也会发生变化，这些机制包括国际贸易机制、国际金融体系和全球经济治理体制。国际制度是实力分配的反映[②]，这点在国际经济关系领域的反映更加明显。“二战”后影响国际经济关系变化的主要因素有以下四个方面。

一、以科技为基础的国家间经济实力的变化

历史证明，国际经济地位的变化是引起国际经济关系的根本原因，包括科技实力、经济开放度（国际贸易占比）、国际金融等。国家经济实力是国际经济关系变革的基础，科学技术是获得物质生产的重要保证。“二战”后，欧洲、日本经济的恢复导致其经济实力大增，从而导致资本主义内部相互依赖的程度加强，美国无法单独控制世界经济，这引起了国际贸易和国际金融领域的政策调整。各国的经济地位、权益变化，使各国在国际经济关系中发生易位和要素重组。

科学技术进步，尤其是全面系统的科学技术革命，会极大地推动经济的迅速发展，改变经济运行的模式。如工业革命时期的英国由于其科技水平和整体经济力量的强大，成为当时的国际经济关系中心，控制着世界范围内的贸易与金融；又如“二战”后的美国，凭借着经济的一枝独秀始终占据着世界经济的主导地位。20世纪90年代，高科技的发展对美国经济的繁荣发挥了重要作用，对美国的科技研发、生产和经营管理的效率提升作用明显。美国借此夺回了在传统制造业的优势，直接导致其制造业成本比日本和欧洲降低40%。[③]科学技术创新对世界经济和国际经济关系的发展起着重大的推动作用；同时，世界经济和国际经济关系的发展也加速了科学技术的进步和发展。国家间相互依赖关系的加强为各国在联合基础上研究

①詹姆斯·多尔蒂，小罗伯特·普法尔茨格拉夫. 争论中的国际关系理论［M］.阎学通，陈寒溪，等，译. 5版. 北京：世界知识出版社，2004：90.

②詹姆斯·多尔蒂，小罗伯特·普法尔茨格拉夫. 争论中的国际关系理论［M］.阎学通，陈寒溪，等，译. 5版. 北京：世界知识出版社，2004：98.

③孙敬水. 美国集约型经济增长方式的经验及借鉴［J］. 世界经济与政治，1997（6）：35-39.

开发和利用新技术创造了条件，欧洲的“尤里卡”计划就是国际科技合作的范例。国际关系的发展促进了科技的国际转移，使国际技术转移更加的商品化和经常化，这又带来了科技人才的国际流动。同样，这带来了美国国际经济政策方面的变革，如提出“公平贸易原则”，要求其他国家降低贸易壁垒，推进GATT乌拉圭回合谈判，最终促进WTO建立。科技革命、经济发展直接导致各国综合国力的强弱变化，从而影响到国际经济关系的变革。

这些国际经济关系中的主要国家在实施经济政策方面相对独立性高，可以直接决定国际事务，如美国凭借美元的国际储备货币地位，其量化宽松政策产生了全球性影响。另外，主要影响国家也可以是一个联合体，即主要国家和国家联合力量间的关系，如金砖国家正在成为新兴经济体的代表，其在国际贸易、国际金融体系中的话语权也正在提高，这也影响到国际经济关系的运行。科技革命及其引起的国家实力的变化以及对国际贸易、国际金融的改变已然成为国际经济关系变革最重要的表现。

二、全球性经济制度

当前的国际经济制度是在“二战”后国际社会为恢复战后世界经济而制定的各种经济制度。这些制度并非完整和有效的实施制度，只是国际社会在无政府状态下对各国经济所进行的一种协调管理，并不具有超国家性质，是为参加国所认可的有限约束机制；国际经济关系制度化的根本目的在于规范国际经济关系，提高各国交往的效率，促进全球经济福利的增长。这些制度性的安排主要包括三个：一是WTO，二是国际货币体系，三是全球经济全面协调组织。“二战”后，美国便是凭着对全球主要经济组织的控制来影响西方国家，主导了当时的国际经济关系运作。如IMF，其主要职能之一就是对受到经济危机的国家进行救助，但由于这个组织的主导权掌握在发达国家手中，在墨西哥金融危机中，美国积极对墨西哥进行救助，适时切断其传染途径，使墨西哥金融危机迅速得到化解；而在亚洲金融危机中，IMF却对需救助的国家提出诸多附加贷款条件，以致延误了救助，甚至起到了反效果。这种国际组织在不同情况下的表现充分说明了国际组织的主导权取向对国际经济走势的意义，也说明在国际经济关系的变革中要重视国际组织作用的职能发挥和运作改进。

三、意识形态因素

意识形态是指某一社会制度或生活方式的一系列根本的政治、经济及社会的价值观念。它是人们判断是非的价值尺度，是评判现实问题的依据之一。社会主义和资本主义在“二战”后的对立就是不同生产方式和政治经济制度在意识形态领域的对抗。这种意识形态的对立导致资本主义阵营与社会主义阵营的集团对抗，最终形成了冷战。意识形态因素分割了统一的世界市场，人为阻碍了相关国家的正常来往，对国际经济关系的长远发展带来了不利的影响。同样，随着多元主义、全球主义[①]等多种意识因素在20世纪后期得到发展，国际经济关系主体对其经济利益的认知和考量影响着国际经济关系的变化。全球化成为一种趋势，引领着更多的国家参与到世界经济发展中来。面临美国和欧洲债务危机的全球冲击，各种利益矛盾运动，西方国家只有抛弃以西方为中心的意识形态，才能从根本上促进国际经济关系的变革，克服金融危机带来的冲击，为全球经济的发展注入新的活力。美国和欧洲债务危机后，各个行为体为了自己的利益形成各自意愿，力图支配世界，在更广阔的范围内追求安全与经济利益；利益的激化会导致战略的调整，危机就是一个契机，为世界范围内各国力量的重新洗牌提供了机会。G20、IMF改革、世界银行改革等都为新兴经济体参与到主流的世界经济舞台提供了机会，只有主要参与方改变认识，形成共识，才能够重塑世界经济的发展模式，促进共同发展。

四、国际政治因素

马克思列宁主义认为，在政治与经济的互动中，经济是政治的基础，经济决定政治，政治对经济具有反作用。20世纪70年代以来，国际经济政治成为研究重点，谋求本国在国际分工和国际市场上的有利地位，实现本国经济利益最大化成为国际政治的一大特点。具体形式就是以“权力政治”影响“经济政治”，影响国家的对外经济政策和经济外交活动，以及国家

①蔡拓.全球主义与国家主义[J].中国社会科学，2003(3)：16-37.

之间的经济协调原则和经济活动。国际政治是在国际经济关系的发展基础上形成的，国际政治的变化必然反作用于国际经济关系，重大的政治事件是导致国际经济关系变革的直接因素。如苏联的解体，直接导致“二战”后全球统一市场的形成。

其他的因素如自然条件对国际经济关系的影响，这点主要表现在对资源的控制，重点体现在20世纪70年代石油输出国组织的提价问题。1973—1974年，世界原油价格提高了4倍，造成了世界范围内的通货膨胀，加剧了发达国家的财政问题，使一些资源匮乏的欠发达国家深受其害。另外，在当时阿以战争中，阿拉伯国家运用“石油武器”对荷兰实行禁运，使美国和欧洲国家陷入了能源危机，打击了资本主义。当代，石油美元问题更是成为国际金融领域需要考虑的重要议题。因此，重要资源的控制以及重要地理位置也成为影响国际经济关系的重要组成部分。

从多方面来看，影响国际经济关系变化的因素很多，各种因素互相交织、互相制约、错综复杂，但主要还是国家间经济力量的对比、国际贸易体制安排、国际金融体系变化、世界经济治理等。本书将着重从以上几个角度来分析美国和欧洲债务危机前后国际经济关系的变化，并就未来国际经济关系的发展尝试给出自己的展望。

第三节　“二战”后国际经济关系演变分析

国际经济关系处在不断的变化当中，第二次世界大战结束后西欧经历了深刻的经济和政治演变过程……法国、英国和其他一些欧洲国家都经历了非殖民化浪潮；曾经不可一世地君临天下的民族如此快就沦为二流国家，这在历史上是罕见的。[①]“二战”后的半个多世纪里，国际经济关系无论在形式上还是内容上，无论是在地域范围上还是经济发展模式上都发生了巨大变化。随着国际经济关系的发展，各国间的经济交往越来越密切，

①伊弗·B. 诺伊曼，奥勒·韦弗尔.未来国际思想大师［M］.肖锋，石泉，译.北京：北京大学出版社，2003：169.

相互间的依赖也越来越强。大致来看，“二战”后的国际经济关系经历了三个不同时期。

一、分裂期：两个市场

受到第二次世界大战的冲击，世界主要国家的经济力量发生了根本变化。在资本主义国家中，美国由于战争的刺激作用，其工业生产、进出口贸易以及黄金储备等都飞速增长，占据着世界经济中心的位置；西欧的英法以及德国、日本的经济处于战争创伤修复期，美国拥有他国难以比拟的经济实力，这一时期的国际经济关系表现为美国“单极独霸”。1950年，美国国民生产总值（Gross National Product，GNP）为2868亿美元（按1980年美元计算），而日本、联邦德国、英国、法国和意大利五国GNP总计为1052亿美元，五国之和相当于美国的37%。[①] 在对外贸易方面，美国在全球经济中的份额曾高达40%～50%，1947年美国的出口额占资本主义世界的1/3，1946—1949年美国平均每年的贸易顺差达到61亿美元。[②] 在外汇储备方面，1950年美国黄金外汇储备高达228.6亿美元，而同期日本、英国、法国和意大利四国的黄金外汇储备总额仅38亿美元，仅相当于美国的16.6%。美国凭借其强大的经济实力建立了以美元为中心的国际金融体系和自由贸易为中心的GATT，通过国际经济体制的制约来影响资本主义世界，树立起以美国为中心的世界经济体系。[③]

1. 以美元为中心的国际货币体系

1944年7月，联合国货币金融会议在美国的布雷顿森林召开，美国凭借超强的经济政治优势，在各国的妥协下签订了以美国方案为基础的《联合国货币金融会议的最后议定书》及其附件《国际货币基金协定》《国际复兴开发银行协定》，统称为《布雷顿森林协议》。协议建立了两个金融机构，一个是处理暂时性的、短周期的国际收支问题的机构，即IMF；另一个是提供长期性发展贷款的机构，即世界银行，主要对那些促进经济发展

①刘慧华.论国际政治中的经济主义挑战[J].世界经济与政治，1993(6)：49-53.

②李长久.调整中的中美日关系[J].世界经济与政治，1997(6)：39-44.

③黄琪轩.另一个世界是可能的——后危机时代的中国与世界发展[J].世界经济与政治，2011(1)：25-45.

的项目提供资助。这个货币体系为国际贸易和国际投资的稳定发展提供了便利条件，确立了美元的世界货币地位。由此，美国获得了世界范围内的“铸币税”收益，以及利用美元主导国际货币金融事务，并随时转嫁比如通货膨胀等矛盾的优势地位。

2. 关税贸易总协定

1947年10月31日，美国、英国和法国等23个国家签订了《关于关税减让的一般协定》，该协定与此前的《国际贸易组织宪章》中关于贸易政策的内容组合在一起形成了《关税与贸易总协定》。这个协定虽然不是正式的组织，但是对协调各国的贸易政策、相互关税减让谈判等促进贸易自由化等都起到了重要作用。美国借助GATT推动了国际贸易自由化，也促进了其对外贸易扩张，并利用“入关”谈判和享受“最惠国待遇”条件来达到对世界其他国家的外贸制衡。

3. 对外援助

美国通过施行对西欧国家的“马歇尔计划”和对亚非等落后国家的“第四点计划”，稳定了西欧政局并控制和影响了落后国家的经济政治走向，这为美国主导西方联盟建立了重要的物质基础，并增强了西方的经济安全感，强化了美国的经济领导地位。

美国按照制度和多边框架架设了各种协定，如GATT、国际金融协定等，通过这些协定，美国确立了以自己为核心的国际经济关系，也建立了由美国领导的国际经济秩序；苏联和东欧、东亚的社会主义国家建立了社会主义的世界经济体系，于1949年1月成立“欧洲经济互助委员会”（以下简称“经互会”），苏联在东欧主导社会主义国家经济关系，世界范围内则形成“两个平行世界市场”[①]。这种斗争人为地割裂了统一的世界市场，阻碍了相关国家间的正常往来，对正常的世界经济交往产生了长期的不利影响。但是两个市场的并行并没有完全割裂其经济联系，特别是东欧国家与西方国家间的经济贸易仍存在。1970年，与发达资本主义国家的贸易在经互会国家的比重为23.7%。[②]

①斯大林.斯大林文选[M].北京：人民出版社，1962：593.

②蔡中兴，漆光瑛.世界经济发展历史纲要[M].上海：复旦大学出版社，1999：195.

这一时期国际经济关系正处于东方和西方两大阵营的政治对立期，对抗性、独立性非常明显，二者在经济关系通行原则和交往手段上都存在很大不同。在西方，美国一国独大，其依靠GATT和布雷顿森林体系主导西方主要工业国家间的商业关系、金融关系，领导对社会主义国家的集体经济封锁和禁运，主导两大阵营的经济对抗。在东方，苏联通过一体化措施，将其他成员国的经济纳入苏联发展当中。这影响着苏联和其他社会主义国家之间的关系，削弱了社会主义阵营内部的团结和统一，并最终导致社会主义阵营和社会主义国际市场的瓦解。广大亚洲、非洲、拉美地区在政治上赢得了独立，但由于历史原因，其经济仍不能摆脱对西方资本主义国家的依赖，仍然同他们保持密切的经济联系，经济贸易条件持续恶化。

二、融和期：美、苏、欧、日四极格局

20世纪70年代以来，以信息技术、新能源新材料以及生物技术为代表的新科技革命成为推动全球化的重要力量，并深刻改变了全球经济结构和国际分工体系。经济要素的全球性流动，使得国家间的经济相互依赖性增强，不断重塑着国家间的经济关系。在国际经济关系方面，出现了几个明显的变化。

美、欧、日三足鼎立，苏联与美国差距显著缩小。列宁指出："经济政治发展不平衡是资本主义的绝对规律。"[①]经过20年的经济发展，欧洲、日本等国家和地区与美国的经济差距逐渐缩小，美国出现了相对衰落。从GNP所占比重看，1960年美国占世界GNP的比重为33.7%，1965年下降为31.3%，1974年下降为24.4%，而日本、联邦德国上升到7.8%和6.6%。特别是日本，由于其经济上的发展，逐渐要求其与美国的平等经济地位。各国在国际经济关系中力量对比的变化，决定了他们在国际经济中政策制定的地位，不同时期经济状况的变化也制约着他们对外政策的选择。1961年6月，日本首相池田勇人访美时，明确建立美国与日本两国的"平等伙伴关系"，要求取得平等的经济地位。其后的1965年1月，美国与日本发表《佐藤—约翰逊联合声明》，美国要求日本支持其亚洲政策，建立以支援韩

①列宁.列宁选集（第2卷）[M].北京：人民出版社，1965：686.

国和越南为主要内容的“太平洋”伙伴关系。这都标志着在国际经济关系领域，由于国家经济实力的变化，美国与日本等国家的国际经济关系的调整。70年代到80年代末，欧洲、日本经济迅速发展，美国的国际经济竞争力逐步下降，国际收支失衡，相对于西欧、日本的经济优势迅速被削弱，西方经济出现美、欧、日三足鼎立的局面。

在国际贸易领域方面，美国由于其经济实力的衰弱，先后通过了《1962年贸易扩展法》《1974年贸易法》《1979年贸易协定法》，试图通过制定这些法案影响其对世界贸易的控制权。但是，其效果并不明显。1971年，美国出现了自1888年以来的第一次贸易逆差，其在全球经济中的地位下降已是不争的事实。相反，1972年，日本成为第一大贸易顺差国，当年达到51.7亿美元。在国际金融领域，美国第一大出口国的地位也被联邦德国所取代，美国的黄金外汇储备总量占全球的比重下降为29.9%，而欧共体六国上升为36.9%。美国经济的不良状况最终反映到以美元为核心的国际金融体系上，导致美元危机，从1960年到1973年，先后爆发过11次美元危机。为了缓解危机，美国多次要求其西方盟友采取拯救措施，但最终无法挽救美元的超级霸主地位。1971年8月，美国总统尼克松单方面放弃了美国对布雷顿森林体系的责任，停止以美国的黄金储备兑换债务，取消了美元和其他国家货币间的固定汇率。国际金融市场进入浮动汇率时代，以美元为中心的国际货币体系瓦解，美元、日元、德国马克成为国际货币体系的主角。所有这些，都昭示着美国经济实力的衰弱和欧洲、日本等国的经济竞争力的增强。

在资本主义国家内部，美国已经不能主宰整个国际经济关系，布雷顿森林体系的崩溃、石油危机以及越南战争的失败都迫使美国重新考虑与西欧、日本的关系。库伯在其著作《相互依存经济学——大西洋社会的经济政策》（1968）中指出，相互依存是20世纪60年代现代工业化国家的强劲趋势，它的出现和发展反映了战后国际关系的一个突出变化，其特征表现为国家间增长的对外经济发展的敏感性。他强调说，研究国家间关系，特别是国家间经济关系的关键在于了解国家间以及一国经济发展的敏感性关系。当时的背景是，美国的经济霸主地位发生动摇，由于西欧、日本经济崛起，其对美国经济的从属性开始瓦解，随着全球范围内的经济联系不断加强，以及新技术革命的推动，美国、欧洲、日本以相互依存的趋势发展。另外，两大阵营的交流与合作的增加和跨国公司、国际组织、国际制度的发展都为国际经济关系的变革互动增添了力量。

在社会主义阵营中，苏联经济迅速发展，到了1970年，苏联的国民收入上升到美国的65%左右，苏联的工业生产总值升至美国的89%，并有二十多种主要工业产品产量超过美国居世界首位，[①] 成为仅次于美国的世界第二大经济强国。虽然从绝对的经济实力对比上看，苏联与美国差距较大，但苏联仍然不失为另一个经济中心，在社会主义国家中具有显赫地位。

发展中国家经济在这一时期初步兴起，一方面，他们与以不平等的国际分工为基础的国际生产体系斗争，形成了如不结盟运动及其后来的“77国集团”；另一方面，他们呼吁建立国际经济新秩序，并在部分地区加强区域组织建设，促进本地区国家间的合作，诸如东南亚国家联盟、石油输出国组织、非洲统一组织等区域国际制度，在促进各自地区的区域化进程中发挥了重大作用。在亚洲，以“亚洲四小龙”（中国台湾、中国香港、新加坡和韩国）为代表的新兴经济体崛起，无论是增长速度还是产业结构发展都为其他发展中国家提供了新的参考模式。

这一时期，世界经济多极化初具雏形，世界市场的分割正在不断被打破，“所有这些对世界市场的人为分割均基本消除，从而基本上消除了阻碍生产要素在各国间流通的制度障碍。各宗主国的殖民体系瓦解，到20世纪80年代基本完成；第二次世界大战前成立的各货币集团（英镑区、法郎区、美元区）战后大大削弱，20世纪80年代前都名存实亡”[②]。1991年苏联宣布解体，经互会解散，国际经济关系进入了一个新的历史阶段。多种国际经济力量，如苏联的经济发展、新兴经济体的转型以及发达国家间的经济协调等，都在昭示着世界经济进入多元发展中。

三、加速期：全球市场初步形成

1990年之前，整个世界被分成了两种相互竞争的经济体制：一种主要是在东欧地区实行的计划经济体制；另一种是在世界其他地区实行的混合

①郭吴新.世界经济[M].2版.北京：高等教育出版社，1989：86.

②李琮.世界经济学新编[M].北京：经济科学出版社，2000：512.

经济体制。社会主义国际经济关系和资本主义国际经济关系，反映了两种不同社会制度、不同社会形态的国际经济关系，随着苏联解体，"两个平行市场"理论早已过去，国际经济关系进入一个全新的发展时期。国际经济关系受制于世界经济发展不平衡的规律，呈现出以下几个变化。

首先，美、欧、日竞争出现新的变化，各国经济发展互有得失，竞争也更加激烈。进入20世纪90年代以来，美国通过大力发展信息等新兴产业并加快改造传统产业，经济实力迅速恢复。实现了从1991年4月复苏开始的长达120个月的经济增长，年均增长速度达到3.82%，不仅高于同期日本的0.98%和欧盟的2.11%(其中，德国为1.76%、法国为2.13%、英国为2.94%)，也高于3.3%的世界平均水平。欧洲经济一体化加速推进，从实现四大要素自由流动的欧洲统一大市场到发行单一货币——欧元，推动欧洲经济进入到一个新的发展阶段。与此形成强烈反差的是，日本经济在进入20世纪90年代后随着泡沫的崩溃，陷入长达20年之久的衰退与低迷。

其次，世界经济呈现出区域化、集团化的发展趋势，世界经济形成了三大中心，即欧盟、北美和东亚。世界各国的经济联系日益紧密，国际市场竞争加剧，区域的贸易保护成为世界经济发展的趋势，经济集团化竞争开始出现。随着1993年《马斯特里赫特条约》的生效，欧洲经济一体化迈入一个新阶段，欧盟正式诞生。为了应对欧洲的挑战，1992年12月，美国、加拿大和墨西哥三国签订了《北美自由贸易区协定》，对各协约国的商品、服务和投资领域的关税以及非关税壁垒作出了严格限制。在亚洲，由于其经济政治的复杂性，出现了亚太区域经济合作以及亚洲西太平洋地区内部合作，并伴随着亚太次区域双边经济一体化组织的合作多种集团化并存的现象。日本、中国、韩国以及东盟都积极参与到亚洲区域合作中。2002年1月，日本与新加坡缔结了第一个自由贸易协定，并积极与中国、韩国以及东盟进行区域贸易合作的谈判；2010年，中国—东盟自由贸易区建成；中、日、韩的自由贸易区建设也在加紧谈判中。

区域经济集团的合作加速了区域内生产要素的自由流通和优化配置，促进各国经济的发展。鲁特瓦克、曼德等人提出"三大经济区"模式，此种模式引申于地缘经济理论，认为冷战结束后世界政治力量出现了重新组合，原先的地缘政治被地缘经济所取代，军事集团的冷战让位于经济集团的竞争，即以日本为首的环太平洋经济区，包括韩国、东南亚；以美国为首的西半球经济区，基础是北美自由贸易协定（或将延伸到拉丁美洲）；以德国为中心的欧洲经济区，将逐渐覆盖苏联和东欧。塞罗强调："在未来的竞争中，三个经济霸权中的每一个都倾向于超过其他两个。无论哪一个实现了这样的超越，都会位居领先，都会像英国主导19世纪，美国主导20世纪那样，主导21世纪。"① 他们认为，三大经济集团的竞争优势，最终主要取决于各个集团的规模、地理位置、人口、文化等因素。"三大经济区"模式从竞争的角度来考察和分析三大经济集团的优势和劣势，但是却忽视了当今世界各国之间、地区与地区之间的相互依赖和交流的现实。由于区域经济集团化的一系列合作和优惠主要限于区内成员，对区外成员造成了客观上的歧视，这又与全球经济一体化是矛盾的。

最后，金融虚拟经济已经成为国际经济联系和交往的中心。随着两极格局的解体，世界经济全球化和一体化迅速发展，各国普遍实行经济开放政策，对金融的管制逐渐放松，金融自由化取得了很大发展，以金融活动为中心，以金融市场为纽带，以金融政策协调为特征的国际经济关系逐渐呈现。虚拟金融资产，如债券、股票、认股权证、掉期交易等金融活动成为国际经济活动的核心，根据国际清算银行统计，全球外汇市场的交易量从1989年的5900亿美元上升为1998年的15000亿美元。国际金融交易仅有极小比例与生产、贸易等直接投资相关，其他的均在自我循环，进行"钱生钱"的游戏，脱离实体经济。

1991年两极格局解体以来，经济全球化迅速发展，统一的全球市场初步形成，世界经济快速发展。美国和欧洲等国家和地区将扩大海外市场作为确保其经济竞争力和国际地位的基础，大力推动全球贸易自由化和投资便利化。以信息技术为核心的新一轮科技革命推进了国际间交往的合作，也促进了国际经济关系的发展。在WTO的推动下，参加自由贸易的国家和地区空前扩大，全球主要产品关税壁垒不断下降，国际贸易总量大幅增加；国际投资迅速发展，国际投资保护和自由化不断完善，一些新兴经济体逐渐参与到对外投资中去，这样也促进了国际投资主义的多元化；全球

①Lester Thurow. *Head to head: The coming economic battle among Japan, Europe and America* [J]. Morrow, 1992: 246.

金融一体化趋势明显，金融创新，24小时不间断的金融交易网络成为联系全球生产和贸易的载体。全球经济在科技革命的推动下，商品、资本、技术和服务等生产要素的全球自由流动的各种制度性障碍和技术性壁垒正在不断被削弱。

四、变革期：新兴经济体群体性崛起

20世纪90年代以来，以中国为首的印度、巴西、南非等一批新兴国家群体性崛起，日益成为影响国际经济关系的重要因子，成为国际经济多元化发展的重要推动力量。尤其是21世纪第一个十年，新兴经济体的平均增长速度超过6%，其中中国超过10%，印度超过7%，俄罗斯超过6%。按照IMF的测算，发达国家对全球经济增长的贡献率从1990年的88.6%下降到2000年的76.6%、2008年的20.8%和2010年的30%，而以金砖国家为代表的新兴经济体的贡献率则上升到60%。[①] 国际上一些著名机构的研究报告认为，全球经济正在经历自工业革命以来规模最大的转型，经济中心正在从发达国家转移到亚洲、东欧、中东与拉美等新兴市场。

全球金融危机后，美国、欧洲等传统西方国家和地区陷入债务危机，影响了其经济复苏。而新兴经济体由于受到的冲击较小，经济率先实现复苏。在世界经济治理方面，如G20代替G8成为世界经济协调的主要组织、国际金融体系、世界银行等都需要更多的新兴经济体的参与，因此，本书认为美国和欧洲债务危机后，国际经济关系正在开启一场新的变革，即新兴经济体的作用发挥改变原来发达国家主导世界经济的局面。

小　结

国际经济关系的变革是一个整体的过程，这个过程包括实力分布的变化、维护国际经济关系的制度发生变化等；变化还应该包括国际经济关系内部要素的重组，这种重组主要包括国际贸易、国际金融、国际经济关系

①林跃勤，周文.新兴经济体蓝皮书：金砖国家经济社会发展报告（2011）[M].北京：社会科学文献出版社，2011.

的协调等。罗伯特·吉尔平认为，导致国际关系变化的基本动力，就行为体而言已体现在对权力和财富的追逐上；就体系层次而言，这个体现在有关的市场机制和技术演进上。在现代社会里，技术、效率和权力已经内在地联系在了一起。[①]“二战”后国际经济关系在世界范围内不断地发展、变化、组合，经历了从两个市场并行到相互融合再到全球统一市场建立的过程。当前的国际经济关系的表现形态呈多样化、复杂化的发展趋势，已经从一般商品贸易演变到服务贸易，从商品交换到人员、资金、技术、信息等全方位转移，从提供满足人类物质享受的一般商品发展到满足人类精神上的享受的精神产品。各国的国家实力也经历了不同的增长速度，这引起了不同国家的对外贸易、金融政策等的变化，这些变化由于经济的边界扩展影响到其他国家的经济运行，给世界经济带来深远影响，呈现出波澜壮阔的发展局面。进入新的世纪，美国次贷危机爆发，引起全球金融危机，进而波及实体经济，造成世界范围内的经济衰退。由于美国和欧洲债务危机的影响，国际经济关系正在经历另一场变革。中国社会科学院世界经济与政治研究所张宇燕研究员指出，世界格局进入了一个转型变化期，通过历史观察可以看到，真正的革命都是静悄悄地发生。国际经济关系的变革主要体现在世界主要经济体之间的力量对比及其背后蕴藏的利益关系，其表现形式为国际规则和国际制度。面对新一轮的世界经济增长，各国都在精心安排，从战略和政策等各个方面争取有利的国际经济关系地位，新兴经济体与发达国家的长期互动博弈正在世界范围内展开。[②]

---

①伊弗·B.诺伊曼，奥勒·韦弗尔.未来国际思想大师[M].肖锋，石泉，译.北京：北京大学出版社，2003：170.

②张宇燕，等.国际经济新变化与中国对外经济政策[J].国际经济评论，2011(6)：28–37.

第二章

世界历史的变迁与国际关系

世界历史的出现，就意味着国际社会的形成。[①]资本主义的生产方式发展到一定程度相对应的必然是世界历史的形成。人类社会是一个极其复杂多变且外向的系统，对外界事物的探索是一个必然的时间和实践过程，地理大发现标志着人类社会从封闭走向开放，也是国际社会得以形成的基础条件。但这只是外在因素，资本才是推动国际社会形成的根本内在动力因素，从而使得大工业与世界市场应运而生，构成了国际社会形成所需的物质基础。马克思也从"分工—工场手工业的产业—殖民地的开拓"这一线索论证过世界市场的诞生，"各个相互影响的活动范围在这个发展进程中越是扩大，各民族的原始封闭状态由于日益完善的生产方式、交往以及因交往而自然形成的不同民族之间的分工消灭得越是彻底，历史也就越是成为世界历史"。[②]

国内经济的发展需求决定了国内政治的形式，国内政治经济的变化也会影响国际政治经济的变化，国际政治与国际经济两者是一个对立统一的关系。

国际经济关系的变革源于国际体系内权力的变化。因此，国际经济关系的变革有两层含义：一是当下的国际经济关系发生了哪些实力性变化，即重要国际经济行为体或集团的变化；二是国际经济关系发展方式的变化，即国际经济的发展模式变革。其中主要的分水岭是2008年全球金融危

①李爱华，等.马克思主义国际关系理论［M］.北京：人民出版社，2006：57-67.

②马克思，恩格斯.马克思恩格斯选集：第1卷［M］.北京：人民出版社，1995：68，168，166.

机和中国"一带一路"倡议的提出。

2008年全球金融危机前的全球治理主要由西方国家主导，金融危机发生后，随着G20机制的兴起，全球治理开始了新一轮改革历程。[①] 金融危机发生前，尽管部分新兴经济体已经群体性崛起，并建立了金砖机制，但是这一权力的变化并未及时传导至全球治理安排中。西方发达国家主导的八国集团（G8）仍旧在全球经济事务中掌握绝对话语权，在气候变化等治理领域，发展中国家的影响力也难以与发达国家比肩。

而金融危机发生后，G20机制的建立标志着在全球经济治理领域，发达国家与新兴国家开始平等协作，原有的经济治理格局被打破，进而开创了发达国家集团与新兴国家集团集体治理的局面。[②] 这标志着全球治理的机制开始反映国际权力的变化，并进一步增强了自身的合法性与有效性。但是随着后危机时代的到来，G20机制的定位及其作用开始模糊，全球治理机制尤其是经济治理机制面临倒退风险。推动全球治理机制变革，使之适应国际力量格局的变化，进而形成新的更加公正、公平、合理的国际秩序，成为当前全球治理变革的方向。

第一节　观念的转变

国际体系的转型不仅表现为权力的变化，也体现在观念分布上，意味着新的观念的出现与观念分布的改变。国际事务的管理观念受到国际社会主导观念的影响，观念分布的改变也会带动治理观念的更新，促使治理理念的及时更新，从而推动全球治理的发展。

一、国际体系转型带来的观念压力

观念作为国际体系的构成要素之一，在国际关系与对外政策中起着重要作用。在理性主义分析范式作为国际关系研究主流范式的情况下，对观

---

①何亚非.选择：中国与全球治理［M］.北京：中国人民大学出版社，2015：19–21.

②韦宗友.非正式集团、大国协调与全球治理［J］.外交评论（外交学院学报），2010（6）：105–116.

念的作用及其机制的讨论并未停止，反而被视为国际体系中不可或缺的组成部分，甚至产生了以观念为重要分析对象的建构主义学派。在理论上，观念可以划分为世界观类观念、原则性观念和因果性观念。观念发挥作用有三条路径，一是当分析的单元产生了目标、利益、偏好后，观念可以发挥路线图作用；二是个体间的博弈过程、结果存在多样性，没有统一的解决方案，导致个体间存在协调难题，观念可以充当焦点和黏合剂，产生特定的博弈预期；三是观念能够嵌入制度以及组织设计，巩固和扩大其影响力，实现观念的制度化。①

综上可见，观念能够通过影响国家的利益与偏好，对国家的对外行为产生影响，从而在全球事务中发挥作用。

二、观念的改变与治理机构的完善

观念的改变对全球治理的影响还体现在对治理组织的影响。观念的改变使得嵌套着旧观念的组织、机制难以适应，治理效果低下。新的治理行为体的出现、新的治理问题，都需要组织和机制的创新，从而体现新的观念特征，从而实现治理机构的更新。

例如在工业、经济标准化领域，20世纪早期人们认为基于自愿达成的标准(voluntary consensus standard)是万能的，能够解决国际交往中的政治、经济、贸易等各类问题。然而，至20世纪中叶，随着“二战”结束，经济全球化加速发展，国际经济领域中自由主义思想“抬头”，经济交往的加深促使国际社会意识到，需要在经济贸易领域建立统一的衡量、测验、评估、认证等标准。并且，主要的经济强国美国、英国等发现此类标准不可能基于自愿原则达成，只能通过国际合作加以创制。市场导向的自由主义经济思潮推动了国际标准化组织（International Organization for Standardization）的产生。冷战时期全球化进程加速，制定各类标准的主导权开始从国家转移到全球层面，国际标准化组织成为全球经济、贸易治理领域主要的标准制定方。冷战后，经济全球化进一步深化，不仅开始涉及国家间的交往，

---

① 朱迪斯·戈尔茨坦，罗伯特·O. 基欧汉.观念与外交政策：信念、制度与政治变迁[M].刘东国，于军，译.北京：北京大学出版社，2005：8-26.

更影响到社会间的沟通，多层级的全球治理模式和观念出现。在此前提下，国际标准化组织改进了制定标准的方式，推出了新的治理方案，适应了多层次经济全球化的需要。[1]

观念对治理机构、组织建立的作用，也是观念固化与机制化的过程。自维也纳体系以来，各类全球治理机制的建立，包括欧洲协调机制、国际联盟、联合国的建立，以及其他领域治理机制，如经济领域的IMF、世界银行、WTO等，都是对当时主导的国际观念的机制化。当国际体系中的主导观念改变时，治理组织和机制也会相应作出调整。观念的机制化中最典型的案例是联合国。“二战”后，国际社会强烈要求建立新的和平与安全机制，以应对共同的安全挑战。但是，联合国的治理实践与其最初的理想观念存在两个不同之处。

其一，尽管多数国家已经意识到在应对全球问题时，采取集体行动比单边行动更加有效，但是，在冷战初期阶段，除了安全、军事、政治领域的议题外，国家有能力单独应对绝大多数议题，因此集体行动的效果在联合国创立早期并未如预期般理想。然而，20世纪70年代以来，随着经济相互依赖的加深、经济全球化程度空前，由经济全球化带来的全球问题日渐增多，集体行动的必要性再次凸显。冷战结束后，单极体系下国际社会更加呼吁多边主义而非单边主义，尽管存在诸多不足之处，但是联合国作为全球首要的多边平台被赋予了更大的预期。

其二，在冷战时期，现实主义是主导的国际理念，这一理念坚持国家中心主义，不承认其他非国家行为体的作用。但是，随着20世纪80年代后期非政府组织的发展，及其在人权、环境、经济等领域逐渐发挥重要作用，联合国开始承认其地位并将非政府组织逐步纳入其体系内。冷战后，非政府组织呈爆发式增长，国家社会也重新审视其作用与地位。联合国设立新的治理机制如非政府组织委员会，加强对非政府组织的管理，并更加积极地与非政府组织一道，对全球事务进行治理。

---

①Craig N. Murphy, Joanne Yates. *The International Organization for Standardization (ISO): Global governance through voluntary consensus* [M]. New York: Routledge Press, 2009: 105-107.

三、观念的改变与治理效果的提高

在国际体系转型与全球治理变革的互动历程中，国际体系转型带来的观念变化具有深刻的国际社会现实基础，也会对全球治理实践产生影响。观念分布的改变伴随着两个利益的协调，即国家利益与全球利益的关系的变化。观念分布能够影响大国对治理机制的选择、全球治理实践的效果，进而改善全球治理，主要原因在于以下两个方面。

一是调和国家利益与全球利益的关系。20世纪70年代后，贸易、环境等全球挑战开始涌现，对作为整体的人类构成了威胁，对此类威胁做出有效回应成为人类在全球层面的公共利益。同时，经济全球化的发展及其所代表的西方资本主义的全球化，跨国市场形成、跨国公司大量涌现，使得各国的利益联系日益密切。各国利益越来越具有整体性，尤其是经济利益的零和属性大大降低，而一国的危机容易传导至其他国家，利益的共损与共荣趋势显著，在维护和实现共同利益的基础上实现各国自身的利益，成为国际社会的主流诉求。因此，尽管国家主义依然具有存在的合理性，全球主义的出现和推广却是必然的发展趋势。当经济全球化与国家的领土发生冲突时，传统的基于领土的国家主义观念必然要让位于经济全球化所代表的全球主义。国家主义对全球主义的妥协、国家利益与全球利益的调整，正是通过观念的转变实现的。观念的调整使得国家能够接受全球利益，并主动将全球利益与国家利益相协调。因为国家利益的实现在一定程度上有赖于全球利益的实现，全球利益的破坏也是国家利益的损害。

二是引领治理方式的变革。在国际体系转型后，国际社会观念的变化领先并引导全球治理实践的变化。在应对传统的安全治理议题上，治理的观念随着体系的转变不断更新，在维也纳会议后巩固和改良了大国的“均势”理念，“一战”后出现了理想主义引领下的国际联盟，“二战”后国际社会在反思理想主义的同时依据现实主义建立了联合国，冷战后全球主义发展迅速并对联合国提出了更高的要求。在应对新出现的议题上，例如20世纪70年代以来，环境破坏问题受到了全球范围内从地方到国家、全球各层面的重视，全球范围内尤其是欧美国家产生了众多以保护环境为目标的社会团体，冷战后此类团体声势浩大的运动以及运动的政治化，引领了全球环境治理的改变，促进了全球范围内环境保护机制的建立与完善。随着全球化和全球治理的发展，基于全球主义的理念将进一步推动全球治理方式的进步。

权力是体系的基石，新兴经济体与发达国家经济体表现不同，交替引领世界经济增长。总体来看，新兴国家经济更具优势，经济实力和国际地位大大提升；发达国家相较于新兴经济体，经济增长缓慢，经济实力和国际地位相对下降，“南升北降”的基本态势不断延续，国际经济权力结构渐趋均衡化。但目前，美国和欧洲等发达国家和地区的经济实力依然占据绝对优势地位，其主导国际经济体系发展演变的地位和作用无可替代，它们在国际经济体系中的主导权得以延续。

第二节　世界经济增长引擎的新旧轮替

进入21世纪以来，世界经济延续冷战后高速增长的态势，但经济增长的引擎发生轮替，实现了由美国和欧洲推动向新兴经济体引领的历史性转换，世界经济格局朝着有利于新兴经济体和发展中国家的方向转变。21世纪至金融危机期间，新兴经济体和发展中国家迎来了快速增长势头，中国继续保持高速增长，印度也显现出持续增长的趋势。而经常发生“金融危机”的拉美地区也开始以全新的姿态呈现在世界经济舞台中，巴西人均GDP维持5%以上的增长幅度。俄罗斯经济在全球能源价格不断跃升的背景下重振雄风，经济维持快速增长的势头。金砖国家成了新兴经济体中的杰出代表，在2005—2015年，全球经济增长总量中金砖国家的贡献率与前十年相比提高了50个百分点。随着中国等新兴大国经济先后崛起，其引领作用和溢出效应逐渐扩散至全球发展中国家和地区，推动广大发展中国家积极参与经济全球化进程，从经济市场化、贸易自由化、投资国际化、社会信息化中获益，形成你追我赶的良性互动与竞争局面。

而在美国、欧洲等发达国家和地区，经济形势又是另一番景象。随着“新经济”周期的结束，美国经济享受的技术红利消退，经济全球化和贸易自由化在扩大美国市场的同时，也带来了产业外移、贸易赤字攀升的困局，经济增长放缓；受美国经济趋缓的影响，欧洲、日本经济增长也应声下落。直至2010年，欧美才逐渐从停滞中恢复，但增长速度依然不高，经济实力相对下降。IMF历年发布的《世界经济展望》，也反映了21世纪以来世界经济呈现的双速增长的格局，发展中国家经济增速与发达国家经济增速相差达到数倍，且差距呈逐年扩大之势。在人均GDP增长方面，最近十年发展中国家的人均GDP增长明显快于发达国家，特别是危机爆发前五年其人均GDP年均增长率达到发达国家的两至三倍。无怪乎，一些国际机构认为，世界经济已进入由新兴经济体拉动的新一轮快速增长的黄金期，世界经济格局也进入了“新兴经济体群体性崛起、发达国家相对衰落”的“南升北降”状态。“从经济力量来看，G7在世界经济总量中的比重有所下降，从2000年的66%下降到2013年的47%，而中国、印度、巴西、俄罗斯四个新兴大国，占世界经济总量的比重由2000年的不到10%增长到2013年的21%，二者之间呈现此消彼长的增长态势。”

第三节　国际经济格局的均衡化趋向

2008年全球性金融危机的爆发，加速了世界经济格局转换的进程，新兴经济体的国际经济地位和作用更加凸显。金融危机爆发后，世界经济增长大幅下滑，由2006年的4%下降到2009年的1%，2010年陷入衰退，增长率为–2%。危机中，发达国家与新兴经济体表现各异：发达国家陷入停滞或衰退的境地，而新兴经济体虽然受到危机影响，增速有所放缓，但依然保持着较快的增长势头，成为引领全球经济复苏的中流砥柱。据统计，2008年全球金融危机后十年间，世界经济的增长大约来源于新兴经济体和发展中国家，其中“金砖五国”占了一半以上。2010年，世界经济增速下降，发达国家经济增速整体下降，而新兴经济体和发展中国家的经济增长仍达到5%，亚洲发展中国家的经济增长更达到8%，其贡献主要来自中国和印度两国。当年，中国和印度的经济增长，成为支撑亚洲经济乃至世界经济增长的主要引擎。2010年，中国、印度、巴西经济增速达到10%，引领世界经济强劲反弹，当年全球经济增长达到3%。至此，亚洲经济板块规模达到16万亿美元，超过北美、欧盟，成为全球最大的经济板块。大国之间的经济总量排序也发生了重大变化，中国取代日本成为世界第二经济大国，印度、巴西、俄罗斯也进入世界大经济体的行列。世界经济格局进入转变的快车道，发达国家陷入停滞、衰退的困境无法自拔，不得不求助于新兴大国（金砖国家），共同应对迅速蔓延的金融危机，而新兴经济体的经济实力和国际地位更加凸显，国际经济权力结构均衡化发展的趋势更加明显。

经济发展观念（思想）的形成具有深刻的时代背景，体现了经济社会的需求，是为适应、促进某一历史阶段的经济发展而产生的，具有自我调节、自我适应的功能。在市场力量、经济形态、经济环境不断变化的背景下，“一旦经济观念无法通过自身调整以适应新的经济发展的现实时，它将成为世界经济进一步发展的阻力，进而在市场力量的推动下实现调整或变革。另一方面，经济观念有其内在的缺陷和不足，无法在效率和公平之间、市场力量和国家力量之间取得恰当的平衡，在国家力量、市场力量和新的经济形势的推动下，其存在的内在缺陷将愈发暴露，需要不断调整与变革。”

国际经济制度是国际经济体系的外在表现，维系着国际经济体系的创建、运行和演进，其调整、完善和变化，以及维持、修订或废弃，都反映了国际经济体系的延续或变革。全面分析、考察21世纪以来国际经济制度的发展、完善和调整，有利于探究影响国际经济体系变革的内外因素，发现国际经济体系调整与变革的基本规律。国际经济制度建立在国际经济权力结构的基础之上，是国际经济观念在现实中的具体化、制度化，其建立、维持、调整和变革是国际经济权力结构和国际经济观念变迁的结果。当前，严重滞后的上层建筑全球经济治理架构与加速变化中的经济基础（国际经济权力结构和国际经济观念结构）脱节的现象被逐渐修正，一个相对公平、公正的东西方共治架构正在构建之中。

21世纪以来，国际经济制度赖以存在的权力结构基础、观念结构基础和世界经济发展的现实都发生了重大变化，存在的合法性出现危机，面临调整、改革和完善。上文已经谈到，21世纪以来，国际经济格局发生了巨大变化，欧美等发达国家的经济实力相对削弱，经济长期处于低速增长或衰退状态，失去了维护全球自由贸易体系和宏观经济稳定的能力和兴趣，保护主义政策日益浓厚，无力带动全球经济增长；但其依然是国际经济体系的主导者，控制着国际经济规则、制度的制订、调整和运行。而以金砖国家为首的新兴经济体经济快速增长，实力迅速提升，在全球贸易、投资、金融等领域的地位和作用大大增强，成为拉动世界经济增长的重要引擎，推动全球经济迅速摆脱衰退的困境，实现强劲反弹。但新兴国家在国际经济体系中的地位和声音与其实力、责任和增长势头并不相称，被排斥在现有制度体系的领导核心之外，无法分享国际经济规则的制定权和主导权。同时，指导各国经济政策制定的经济观念也由新自由主义主导转变为新自由主义和凯恩斯主义联合主导，在政策制定、实施领域二者实现了融合，对现存国际经济制度的理念基础产生了冲击，促其发生变革。

国际经济制度还受到世界经济发展形势，特别是经济危机的影响和冲击。国际经济制度体系构建了调节世界经济运行的基本框架，对世界经济发展会产生正反两方面的影响，国际经济制度顺应经济发展的现实、符合其未来发展趋势时，将有助于维护世界经济稳定和发展，对经济运行产生促进作用；但国际经济制度落后于经济发展的现实和趋势时，就需要通过自身调整予以适应，这种调整无法在体系内进行时，将对世界经济发展产生阻碍作用，导致经济危机的发生。因此，经济危机是国际经济制度顺应经济发展的一种外在反映，同时又会对国际经济制度产生冲击，促其发生变革。现存国际经济制度的危机，可以追溯到20世纪末。1997年亚洲金融危机爆发后，IMF及其背后“华盛顿共识”的神话备受质疑，促成了亚洲和其他地区发展中国家的觉醒；2008年全球金融危机爆发后，国际经济制度出现严重断裂，导致“合法性危机”，“现有的国际贸易、金融、发展援助秩序不能完全满足各国的公正、公平、包容、稳定等方面的需求”，需要进行调整、改革和完善。

21世纪以来，新兴经济体迅速崛起，国际经济格局朝着均衡化的方向发展。金融危机及其后美国和欧洲债务危机的爆发加速了国际经济权力结构均衡化的进程，欧洲、美国、日本等发达国家和地区陷入停滞、衰退，经济实力相对下降，无力单独应对危机的蔓延和恶化，不得不让渡部分话语权，寻求新兴经济体和发展中国家的支持和协助；危机中，新兴经济体依然保持着较快的经济增长速度，尤其是以金砖国家为代表的新兴大国成为全球经济增长的重要引擎，世界经济力量重心开始向有利于新兴经济体的方向发展，提高了新兴大国变革国际经济体系的意愿、诉求和能力。

全球金融危机后，世界经济观念的变迁更具包容性，新自由主义在金融危机爆发后，受到诸多诟病，主流经济思想的地位面临挑战；凯恩斯主义在全球救市的行动中得以顺利回归，与新自由主义实现融合，共享世界主流经济思想的地位，二者共同成为国际社会应对危机的理论基础。在国际经济权力结构和经济观念结构变迁的基础上，国际经济制度也发生了一些积极的调整和变化。国际经济制度的调整和变革，一方面更好地体现了新兴经济体和发展中国家的利益和诉求，适应了世界经济形势的发展和变化；另一方面也体现了对现有制度框架的调整和完善，是国际经济制度体系的内在延续和发展。美国和欧洲为延续对其有利的国际经贸规则体系，在外另辟蹊径，大力推进“跨太平洋战略经济伙伴协定”（谈判）、“跨大西洋贸易与投资伙伴协定”（谈判）和“诸（多）边服务业协议”（谈判），意欲引领国际经贸规则的演变和发展，巩固世界经济主导权的地位。

此次全球性金融危机，对国际经济格局、经济观念结构和国际经济制度形成了重大冲击，促进了三者的调整和变革，开启了国际经济体系调整演变的序幕。国际经济体制机制更加公正、合理，全球经济治理架构日趋多元化，更好地体现了世界经济格局的变化。

新一轮技术革命、全球经济治理变革、大国博弈等重要因素，将深刻改变未来国际经济格局。未来，国际经济格局将呈现“十大变化”趋势：全球经济将处于低速增长期；全球经济格局多极化将更加明显；新技术革命推动的生产方式变革将重塑全球产业分工格局；国际贸易结构与格局将发生改变，数字化、服务化突显，规则更趋强调高水平的便利化、自由化；全球跨境投资将在波动中上升，跨境投资规则制定出现新趋势；全球人口老龄化加速，发展中国家中等收入群体将超越发达国家；绿色发展将成为各国制定发展战略的重要取向；全球能源结构与格局将深刻变化；全球粮食安全总体状况将有所改善；国际金融中心将多元化。

一、以信息技术为代表的新技术革命将深刻改变世界发展格局

当前，全球新一轮科技革命和产业变革呈加速趋势，并呈现出“一主多翼”的演进格局。

所谓“一主”就是以信息技术深度和全面应用为特征的技术革命迅猛发展，带动应用领域的创新突破以及新业态的不断出现，数字化、网络化、智能化加速推进。所谓“多翼”就是新能源技术、材料技术和生物技术等新技术创新发展。在新能源技术领域，风力发电、太阳能发电技术、智能电网、能源互联网等进入大规模应用阶段，电动汽车等有望突破市场化初期瓶颈、进入规模发展阶段，人类进入逐步摆脱化石能源对经济增长约束的时代。生物技术在基因技术、干细胞组织工程技术、快速测量技术等基础技术领域取得重大突破，并在生物育种、生物医药、生命健康领域不断得到应用。材料技术在开发新型功能材料、高性能结构材料和先进复合材料等领域取得重大进展。另外，航天、深海领域的技术创新也十分活跃。

未来，新一轮技术革命中，信息技术的深入发展将推动数字技术创新，源于数字技术的颠覆性新兴技术将不断涌现。数字技术发挥主导和催化作用，以交叉融合带动各领域技术突破，生物技术、新能源技术、新材料技术等成为新一轮技术革命的次主导技术，共同促进全社会技术进步。智能化技术推动数字化走向更高水平。

数字技术革命将引发“关键生产要素”的变迁，并进一步推动生产方式变革和国际经济格局变化。当前新一轮技术革命中，数字技术的深度应用催生了海量数据资源，与新材料技术和先进制造技术等技术融合应用，从而使数据成为新的关键生产要素，互联网、物联网等大大增强了要素的流动性和“连接性”，人工智能（机器人）快速替代劳动力。新的生产要素及其新的组合应用将引发生产方式的重大变革，推动研发设计向开放合作、国际化和专业化方向发展，制造业加速向数字化、智能化、个性化发展；数字技术的“连接”“融合”功能引发产业形态平台化、网络化和深度服务化。数字技术等新技术的深入发展，将深刻改变国家的比较优势和竞争优势，从而对全球格局产生深刻的影响。

二、全球经济治理体系进入加速变革期

对国际经济格局和我国外部环境而言，全球经济治理体系是至关重要的制度性影响因素。近年来，经济全球化促进全球经贸格局的深刻变化，全球经济治理进入快速变革期，呈现出新的特点：治理主体呈现多元化、

多极化趋势；全球性议题和挑战持续增加，技术革命、绿色发展和全球价值链深入发展带来新的治理理念和规则制定需求，加强国际合作需求不断增强；治理机制与平台日益丰富，新兴经济体和发展中国家的合作平台成为重要补充；全球经贸规则制定权之争日益突显，高标准趋势显著增强，涉及“监管一体化”和21世纪议题的规则谈判成为重要内容。随着国际经济和贸易投资格局的变化，全球治理在推进政策措施落实的有效性和适应形势变化的创新性等方面的不足更为凸显，各方推进全球经济治理体系改革的呼声日益高涨。

展望未来，全球竞争将进一步加剧，各种利益诉求相互交织、博弈，全球经济治理面临新形势与新挑战，将给全球经济格局带来长期而深远的影响。一是经济全球化深入发展的趋势未发生根本性改变，但为了应对贫富差距扩大、受益不均等问题，一些发达国家从提倡“自由贸易”转向所谓的“公平贸易”，逆全球化思潮和贸易保护主义“抬头”，将导致国际环境中不确定因素增加，贸易摩擦与投资争端将大幅增加。二是现有全球治理的有效性面临挑战。“国际承诺恶化”和“大国对抗”等风险加大，全球经济治理体系改革停滞，国际宏观政策协调难度加大，通过国际合作解决全球性议题的努力面临被边缘化的风险。三是全球经济治理体系不适应国际经济格局的变化，如代表性和公平性不足，不适应新兴经济体群体性崛起和话语权提升的要求，不适应其广泛参与议题设置的诉求；规则碎片化，不能适应全球价值链深入发展的要求；包容性不够，不适应贫富分化加剧、发展水平与诉求的差异。四是绿色发展理念正在转化为行动，为各国经济带来新动力的同时，绿色壁垒和环境约束逐步增强，解决全球环境问题的国际制度构建和各国合作行动，推动形成新的全球治理机制。五是多种治理平台与路径选择共存，面临在强制治理的有效性与灵活治理的包容性中的取舍，网络时代“非缔约方参与者”作用日增，并对各国治理能力提出新的要求。

三、新兴大国与守成大国的博弈将进一步加剧

以中国为代表的新兴大国的崛起，既是影响未来国际经济格局变化的重要因素，又是国际经济格局变化的重要组成部分。中国经济总量持续增

大，很可能将在2030年前后超过美国成为世界第一大经济体。与此同时，中国创新实力在快速提升，产业不断转型升级并加快向全球价值链中上游攀升，与发达国家的正面竞争加剧。一个人口规模与现有发达经济体人口总和相当的新兴大国进入高收入社会，必将促进全球经济格局加速变革。

以美国为代表的守成大国与新兴大国之间既有合作又有竞争，相互之间的博弈将加剧，使得形势更趋复杂多变。一方面，守成大国希望分享新兴经济体的发展机遇，期待中国等新兴大国在解决全球性议题、应对全球危机、促进世界经济复苏中分担更多的国际责任；另一方面，守成大国为保持领导地位，会采取打压、遏制等措施，加剧与新兴大国的博弈。

2017年，美国的国家安全报告正式将中国定义为“战略竞争对手”，中美关系发生深刻变化。竞争与合作是大国博弈的常态，合作并不意味着没有矛盾，美国已经开始并将继续在贸易、投资、金融、科技、安全等多个领域加快采取措施以全方位围堵与遏制中国的发展和快速追赶；竞争也并不意味着全面开战，两国都需要避免战略误判。大国之间持续的互动，导致未来前景具有巨大的不确定性。可以确定的是，大国博弈将令中国所处的国际环境变得异常复杂，而且将对全球经济格局与竞合关系产生极为深刻的影响。

全球经济格局多极化将更加明显，未来15年全球经济格局多极化变化趋势，主要体现在：新兴经济体崛起，发展中国家在全球经济中地位更加重要。部分亚洲和非洲国家有可能成为全球经济增长的领跑者，其中，印度、尼日利亚、埃及和菲律宾有望保持5%以上的经济增速。到2035年，发展中国家GDP规模将超过发达经济体，在全球经济和投资中的比重接近60%。部分亚洲和非洲国家将是全球经济的领跑者。全球经济增长的重心将从欧美转移到亚洲，并外溢到其他发展中国家和地区，美国、日本和欧盟仍将是全球主要的经济强国，新兴经济体实力将持续崛起。

中国将成为第一经济大国，美国将保持全球超级大国地位。短期内，美国消费需求有望进一步释放，成为支撑经济增长的关键因素。美国人口将保持低速增长，2035年老年人口将首次超过未成年人口，到2050年人口总量将接近4亿。根据美联储预测，美国长期的GDP增长率约为2%，以GDP预测，中国将于2030年超过美国成为全球第一大经济体，美国将成为全球第二大经济体。以综合国力论，美国将继续保持全球超级大国地位。

未来15年，欧洲、日本仍然是全球重要经济体，但地位将有所下降。根据测算，到2035年，世界上最大的7个经济体可能只剩下一个欧洲国家（德国），欧洲作为一个整体，仍在全球经济中占据重要地位。日本经济未来增速将长期保持低位，2035年日本经济排名预计在第五位左右。

四、新技术革命推动的生产方式变革将重塑全球产业分工格局

在以信息技术和数字技术为代表的新一轮技术革命引发的产业革命中，生产方式和产业组织将呈现出生产方式智能化、产业组织平台化、技术创新开放化的特征，对全球分工也将带来全面而深刻的影响。预计未来15年，中美数字经济发展有望领先，新兴经济体创新实力快速上升，生产分工进一步深化，数字附加值在产业价值链中所占比重日益提升，数字等无形资产的贸易和投资占比上升。

预计未来15年，信息技术与新兴数字经济发展将为后发经济体赶超提供机遇。数字经济兴起将加快知识向发展中国家扩散，有助于本地化生产，助推发展中国家的工业化进程。如果应用得当，将会推动全球经济增长。与此同时，信息技术正在改变产业特性，一些劳动密集型产业将转变为资本、技术密集型产业，这不仅会改变资本、技术密集型产业在全球的布局，还会加速推动后发经济体转型发展。信息技术与后发经济体资源等优势相结合，可以强化后发经济体优势。

技术变革可能带来一些新的有全局性影响的小概率事件，主要包括社会变革严重滞后于技术变革导致的社会动荡，工业信息安全重大事故导致的连锁反应。对此必须高度重视，加以防范。

五、国际贸易将呈现数字化、服务化、区块化发展的特点，未来，经济全球化深入发展、国际分工不断深化，仍将是国际贸易持续发展的重要推动力

未来全球贸易发展将呈现新的趋势和特点，主要表现在：国际贸易的形式发生改变，数字产品贸易、服务贸易、产业内贸易占比将明显提高，贸易方式发生改变。在信息技术推动下，跨境电子商务将快速发展，新的

国际贸易方式将催生新的监管模式，全球贸易格局将发生改变。国际分工价值链区域化特征进一步增强，新兴经济体在全球贸易中地位上升。全球贸易失衡状况将在2030年左右达到峰值，而后逐步改善。国际贸易规则更加强调高标准、高水平的便利化与自由化，规则制定的重点在竞争中立、监管一致性、环境标准、劳工标准等边境后措施和21世纪新议题上。全球贸易体系发生变化，区域经济合作协议和双边自由化协议日益重要，多边贸易体系面临更大挑战。

六、跨境投资规则制定出现新趋势，全球跨境投资将在波动中上升，制定跨境投资规则将是未来20年全球经济治理体系完善的重要内容

跨境投资规则不断完善，自由化、便利化水平将继续提升。虽然个别国家调整外资政策，短期内出台一些限制性措施，但开放、促进和吸引外资仍将是未来主要的政策基调。以往的双边投资协定注重投资保护，未来将更多地纳入投资自由化、便利化的内容；投资规则体系复杂化。双边、区域协定的发展，将加剧国际投资协定体系的复杂性，多边投资体系逐步形成；跨境投资合规性要求更高。可持续发展原则、企业社会责任新内容等将不断被纳入投资规则，企业面临更高的合规性要求；投资者与东道国争端解决机制可能被纳入投资协定，投资保护程度加强；国家安全审查在东道国政府规制跨境投资中的重要性上升。

全球跨境投资金额将在波动中上升。跨境投资中，服务业占比上升，制造业占比下降；有形资产投资占比减少，无形资产投资占比上升。跨国公司将继续是全球跨境投资和价值链布局的主要力量，新兴经济体的跨国公司数量将持续增加，发展中经济体在跨境投资中的地位不断上升。

七、国际货币、国际金融中心将多元化

国际货币多元化。预测到2035年，美国仍是对全球综合影响力最大的国家，美元仍将处于国际货币体系的核心地位。随着经济全球化的深化，越来越多的经济体将进入到国际货币体系当中，国际货币体系的覆盖范围也会大大拓展，国际货币有逐渐多元化的趋势。超主权储备货币的应用范

围将变得更加广泛，也更受国际社会支持。国际货币体系中的金融安全机制将从不同渠道得到强化。

国际金融中心多元化。以上海为代表的新兴经济体的金融中心城市在全球金融体系中排名缓慢上升，并与排名相近的发达国家城市直接竞争。但伦敦和纽约仍将是国际主要金融中心城市。金融中心按区域划分的趋势将逐渐增强。

第三章

现行国际经济关系困境分析

国际经济关系的运行主要包括国际贸易关系和金融投资关系，这些关系是伴随着国际贸易、国际投资等跨国经济行为的发展而逐步形成的。一般而言，我们以20世纪40年代以来签订的《国际货币基金协定》《国际复兴开发银行协定》《关税及贸易总协定》等国际协议为基础，作为国际经济关系运行的支撑。以他们为基础的国际规则构建了以美元为中心的国际货币体系，推动了以“自由贸易”为核心的国际贸易体系，并主导了以“跨国公司”为载体的经济全球化过程。这些规则在很大程度上适应了这一时期全球生产力发展的客观需要，对于世界经济增长、全球资源配置效率、全球技术进步等均有重要的促进作用和贡献，但其本身也有着不可调和的内部缺陷。尤其是2008年全球金融危机后，世界经济格局进入转变的“快车道”，发展中国家经济快速增长，以中国为首的新兴经济体群体性崛起，在多边贸易体制的确立与发展中从边缘角色成为重要角色，参与制定国际经济规则的能力变强，国际经济权力结构朝均衡化的方向发展。改变国际经济规则中不合理成分，重新修订、制定国际经济规则成为一种共识。中国综合实力的增强也要求中国积极参与国际经济规则重构，并在其中承担相应义务。

第一节　国际经济规则是国际经济关系的镜像

一、国际经济关系与国际经济规则

国际经济关系是国际范围内世界各国和地区的经济由于相互联系、相互依存及其矛盾运动而构成的经济体系，这种经济关系是在一定的历史条件下产生和发展起来的。国际经济关系的内容和形式多种多样，其发展受各种因素的影响。国际经济不是简单的个体经济相加，而是相互渗透的有机结合，不是一成不变的，而是一个不断变动的整体。

国际经济关系作为不同国家和地区之间的联系，是由国际分工、国际贸易和信贷、科技和生产合作的机制、金融关系等连接起来的，这些主要交往要素的国际流动需要管理和国际协调进行规范性调整，于是国际经济规则应运而生。

国际经济规则是世界各国在国际经济交往中所共同遵守的规范与准则，这些领域包括国际投资、贸易、金融、能源等诸多方面。从广义上讲，现行国际经济规则指各国对国际贸易、国际金融、国际投资等经贸领域制定的规范与准则，其中，既包括多边规则，也包括诸边、区域、双边、单边、非政府组织、行业协会和企业等制定的具有国际经贸实际效力的规则。从狭义上讲，现行国际经济规则指GATT、WTO、IMF、世界银行等公认的国际组织确立的与国际贸易、国际投资、知识产权保护等有关的多边规则。

现行国际经济规则的演变可以划分为三个阶段。

第一阶段是从“二战”结束后GATT成立到1995年WTO成立。这一阶段主要由协商约束型的国际经济规则向强制约束型的经济规则演变，从单纯强调货物贸易的多边规则向货物贸易、服务贸易、投资、知识产权等多领域的国际经济规则演变。

第二阶段是从1995年WTO成立到2008年全球金融危机。在此阶段，经历了从主要制定多边国际经济规则到主要制定区域经济规则的转变。在WTO成立后，关于知识产权保护、服务贸易自由化、与贸易相关的投资措施等问题的讨论及相关规则日渐增加，尤其是在2001年前后最活跃。但从WTO多哈回合谈判受阻之后，各国纷纷转向区域贸易协定谈判，投资相关议题变得越来越重要，与环境、劳工、政府采购、竞争政策、发展合作、可持续发展等边境后措施有关的议题逐渐被纳入区域贸易协定谈判的范围。

第三阶段是2008年全球金融危机后至2020年。在这一阶段，区域经济合作不断升温，美国、欧盟、日本、韩国、中国、澳大利亚等国家和地区的双边自贸区不断在全球布局，包括跨大西洋贸易与投资伙伴关系协定（Transatlantic Trade and Investment Partnership，TTIP）和区域全面经济伙伴关系协定（Regional Comprehensive Economic Partnership，RCEP）等在内的跨区域贸易协定以及国际服务贸易协定（Trade in Service Agreement，TISA）、政府采购协定（Goverment Procurement Agreement，GPA）、双边投资协定（Bilateral Investment Treaty，BIT）等多边、双边协定的谈判持续升温，投资、电子商务、环境、劳工等领域的规则更为具体，其中投资规则谈判成为热点和难点，非政府组织、行业协会、跨国公司等制定的事实标准对国际经济规则重构的影响扩大。

二、国际经济权力对国际经济规则的影响

权力是秩序的基石，秩序的建立、延续、运转都需要权力的支撑和维护。全球金融危机爆发以来，世界经济格局进入转变的快车道，发展中国家经济快速增长，以金砖国家为首的新兴经济体群体性崛起，成为世界经济增长的主要引擎。而发达国家面临技术红利消退、产业外移、赤字扩大、失业率高涨、经济增长乏力的困境，经济实力相对下降。据IMF历年发布的《世界经济展望》统计，世界经济呈现双速增长的格局，新兴经济体与发展中国家占世界经济总量的比重由2000年的23.6%提升到2010年的37%，发达国家则从76.4%降到63%。大国之间的经济总量排序也发生了重大变化，中国取代日本成为世界第二经济大国，印度、巴西、俄罗斯进入世界十大经济体行列。[①] 2016年，11个新兴经济体的经济增长率为4.4%，较2015年下降0.1个百分点，但仍高于世界经济增长率的3.1%，也远高于欧盟和G7的经济增长率1.9%和1.4%，对世界经济增长的贡献率为60%，经济总量占全球的份额持续增加。[②]

国际经济权力结构朝均衡化的方向发展，使新兴经济体成为一支可以

①参见2001—2007年《世界经济展望》。国际金融危机后，由于中国强有力的政策刺激，及其对大宗商品的巨大需求，带动新兴经济体快速增长，而发达经济体则总体陷入衰退，世界经济呈现双速增长格局。全球经济增长重心由发达国家向新兴经济体转移，发展中国家相对力量上升。

②2010年，博鳌论坛发布首期《新兴经济体2009年度报告》，并首次将阿根廷、巴西、中国、印度、印度尼西亚、韩国、墨西哥、俄罗斯、沙特阿拉伯、南非和土耳其定义为“E11”（新兴11国）。

与发达国家相抗衡的重要经济力量，具备了阻碍发达国家议题推行的能力；但从经济总量、技术水平、发展阶段、规则掌控等方面分析，新兴经济体还无力撼动美国和欧洲在国际经贸体系中的主导地位。因此，国际经济规则的修订、完善，国际经贸秩序的调整、变革的主导权依然掌握在以美国为首的发达国家手中。全球金融危机后，国际经济规则的演变，充分反映了国际经贸权力结构的变化以及发达国家与新兴经济体在争夺规则制定的话语权中的激烈博弈。

拥有国际经济规则制定权能够给当事国带来额外的收益，虽然以中国为首的新兴经济体在经济成长中占有优势，但并不意味着就能在全球经济规则重构中居于主导地位。决定一国在国际经济规则制定过程中的影响力有许多因素。

1. 意愿和能力

历史上，美国长期奉行孤立主义，不愿参与国际事务；政治上，采取不干涉原则，即除自卫战争外不主动卷入任何外部军事冲突；经济文化上，通过立法最大程度限制与国外的贸易和文化交流。虽然早在19世纪末期，美国在综合国力上已经跃居资本主义国家首位，但是其孤立主义的外交方针限制了其参与国际规则制定的能力。第二次世界大战之后，美国成为国际体系中的超级大国，美国的外交政策发生了巨大的变化，孤立主义原则被否定。随着美国“二战”后参与塑造国际规则的意愿和能力提升，美国多边主义外交政策成为现有国际经济规则的基础。①成立联合国：由当时中国国民政府倡议，并作为发起国之一，在美国政府的推动下，强调国际多边合作的联合国于1945年成立。②成立北大西洋公约组织（以下简称“北约”）：战后的西方军事联盟北大西洋公约组织也在美国的主导下成立。③经济领域建立IMF、世界银行、GATT：在国际经济领域，美国一反过去的单边主义，竭力推行多边合作，在1944年建立起稳定国际货币和金融的布雷顿森林体系，其中的IMF和世界银行至今仍在运作；1948年在美国的鼓动与努力之下，以多边主义为基础，主张国际经济合作、大力促进国际贸易的GATT宣告成立（1995年GATT为WTO所取代），美国在GATT的多轮谈判中始终扮演着重要的角色。从美国对国际规则制定的参与来看，参与者的意愿与能力是其制定国际规则不可缺少的双因素。

2. 市场规模

在国际经济关系中，国际贸易和国际金融是最主要的内容，因此，在某种程度上市场规模比经济规模更为重要。市场规模在国际经济规则博弈过程中的作用是简单明了的：要么接受我的规则，要么退出我的市场。在19世纪的英国霸权时代，英国的GNP并不是最大的，即使在1840年的鼎盛时期，其GNP也低于俄国；到1910年，按GNP计算，俄国、德国、美国都超过了英国。但就贸易额计算，英国一直稳居世界第一，这就为英国主导全球经济规则提供了必要条件。第一次世界大战结束之后，英国的贸易额第一的地位开始为美国所取代，这就为"二战"以后美国主导全球经济规则奠定了基础。进入20世纪80年代以后，随着跨国公司产业内贸易、加工贸易、"外包"业务的发展，贸易额本身已经不再是一国市场规模的准确衡量指标。但就经济结构相似的国家而言，这一指标仍然有着十分重要的国际比较意义。

3. 贸易政策

如果说市场规模是决定国际经济规则制定权的必要条件，那么市场开放度就是决定规则制定权的充分条件。一国只有愿意为世界其他国家提供出口市场，其市场规模才会成为国际经济规则博弈过程中的砝码。"一战"前的英国和"二战"后的美国都保持了最低的关税税率（1913年之前英国制成品关税税率一直为0）。在《科布顿—谢瓦利埃协定》中，英国同意废除所有制成品关税，把对白兰地征收的关税降到殖民地产品的水平，并降低葡萄酒的进口税。所有国家都得到了这种减让优惠，其中法国的获利最大。但是，法国对英国做出的让步却只限于降低煤炭和焦炭、条铁和生铁、钢、机器工具、纱线、大麻及亚麻制成品的进口关税。两次世界大战期间，美国的市场规模尽管已经超过了英国，但其强烈的贸易保护主义倾向表明了它根本没有主导国际经济规则制定过程的意愿。"二战"之后，日本有着类似的经历。它的市场规模仅次于美国，但其贸易保护主义趋向严重地限制了它在多边贸易谈判中的发言权。

4. 国际竞争力

国际竞争力的高低在很大程度上决定了一国对待自由贸易政策的立场。过去200年国际贸易的发展史向人们昭示了一个规律：纯粹的自由贸易政策是强者的专利。领先的技术优势和国际竞争力可以使一国有条件向世界单方面地开放市场。即使在霸主国家内部，不同产业竞争力的差异也会影响它们对待自由贸易政策的立场。例如，作为“二战”后多边贸易体制的创建者和全球自由贸易的倡导者，美国却坚持把纺织品贸易自由化长期排除在GATT的多边贸易谈判之外。到了乌拉圭回合，这一问题才开始得到解决，并且还制定了长达10年的过渡期（乌拉圭回合在其他领域所达成的协议都没有如此长的过渡期）。

5. 国际经济协调能力

对霸主来说，要成为国际经济规则制定过程的主导者，让多数成员接受其主导者的地位是至关重要的。对普通国家来说，扩大对国际经济规则制定过程的影响力同样需要寻找利益伙伴，协调立场。在19世纪，英国的霸主地位得益于法国和德国的合作。在国际金本位制中，伦敦—巴黎—柏林形成了阶梯形的国际金融中心。而两次世界大战的爆发则反映了德国不甘于成为英国的一个小伙伴。“二战”以后，美国为增强其国际协调能力建立起了一整套国际经济的机构和制度，如布雷顿森林体系下的固定汇率制、IMF及世界银行、以GATT/WTO为基础的多边贸易体制、协调发达国家立场的经济合作与发展组织（Organization for Economic Co-operation and Development，OECD）、G7等等。即便如此，欧洲和日本的崛起还是削弱了美国的国际协调能力，致使布雷顿森林体系瓦解。

6. 参与区域经济合作的程度

霸主的基础是建立在庞大的市场规模之上的，后来者要想挑战霸主的地位就必须加快扩大自身的市场规模。加快经济发展速度是扩大市场规模的一个基本选择，但对于小国来说，依靠这种方式永远不可能赶上大国的市场规模。因此，通过区域经济合作形成更大的市场是小国影响国际经济规则制定过程的一个重要选择。第二次世界大战以前，区域经济合作更多地表现为宗主国与殖民地之间的经济合作，如英联邦。不过，这种合作是以政治上的不平等关系为前提的，并不是真正意义上的区域经济合作。“二战”后以欧洲经济共同体的形成为标志，区域经济合作迅速发展，尤其是20世纪50年代以后殖民体系的瓦解促使发展中国家之间的南—南合作曾一度成为区域经济合作的主流。欧洲经济共同体的产生与发展逐渐形成了一个能够与美国相抗衡的大市场，并在国际经济规则制定过程中发挥越来越大的作用。到了90年代以后，全球区域经济合作进入了一个新的发展阶段，一个突出特征就是大国之间的竞争越来越演变为区域经济合作组织之间的竞争。大国对待区域经济合作的立场发生了变化，这突出表现为大西洋两岸为争夺国际经济规则的主导权而展开的竞争。进入21世纪以后，美、欧两极已经不再是原来意义上的美国和欧洲经济共同体，而是演变为北美自由贸易区（以及将来的美洲自由贸易区）和由25个国家组成的新欧盟。在国际经济规则制定过程的未来博弈中，一国参与区域经济合作的程度将直接决定它对规则的影响力。

7. 政治与军事霸权

现实中所有的经济霸权都对应于政治与军事霸权。国际政治秩序与经济秩序总是统一的。19世纪英国的海军是维护全球经济秩序的主要力量，而德国力求改变在国际经济规则中的从属地位也只能求助于军事对抗。20世纪90年代以前的两个平行世界市场也是以美苏冷战为前提的，经互会与华沙条约组织共同构成了苏联东欧社会主义阵营的基础。即使在冷战结束之后，美国的经济霸主地位也是与其政治、军事霸权密切联系在一起的。一方面，美国的政治、军事霸主地位是其维护经济盟友关系的重要基础；另一方面，美国力求运用经济手段巩固其政治、军事霸主地位。伊拉克战争结束之后，美国正式提出与中东国家建立自由贸易区的建议就是一个典型的例子。从纯粹的经济角度看，这一建议对美国几乎没有什么意义；而从政治角度看，它对美国的反恐战略、能源安全却具有至关重要的意义。政治、军事及其他非经济因素的影响从另一个角度印证了国际经济规则制定过程的非公正性。

三、国际经济规则的分类

国际经济规则根据不同的依据可以形成各种分类。

（一）依照制定主体的分类

1. 以国际组织为依托的多边规则

第二次世界大战之后，美国致力于把国际组织作为多边规则的基础。

在国际贸易领域，美国的最初设想就是建立国际贸易组织（International Trade Organization，ITO），只是因为来自本国的反对才改为GATT。GATT虽然不是正式的国际组织，但它一直是制定全球贸易规则、推进全球贸易自由化的主要平台。乌拉圭回合以后，WTO作为正式的国际经济组织取代了GATT。在国际金融领域，布雷顿森林体系所创立的IMF既是全球金融规则的制定者，也是国际金融规则实施的监督者。在多边规则内制定国际经济规则并不意味着所有成员都可以平等地参与规则的制定过程。无论在国际贸易领域还是国际金融领域，大国主导规则制定都是一种常态。在布雷顿森林体系中，每个国家在基金中的份额（进而也是在基金的权限）是根据“二战”后初期各国在全球经济中的地位分配的，美国居于绝对支配地位。尽管后来引入特别提款权（SDR）并重新分配份额，但美国的支配地位一直得以维持。即使到了后布雷顿森林体系，有关国际金融规则的任何新提案也都需要首先得到美国的认可。

2. 以大国俱乐部为核心的诸边规则

霸主选择大国作为战略盟友是一种必然的结果。19世纪的英国以法、德作为战略盟友，“二战”以后的美国则选择了欧洲和日本作为其战略盟友。与英国有所不同的是，美国即使和战略盟友之间的关系也有明确的协调规则。最早的此类组织要属OECD的前身——欧洲经济合作组织（Organisation for European Economic Cooperation，OEEC）。它是配合“马歇尔计划”应运而生的，与北约共同构成了当时西方阵营的两大组织。1961年，在此基础上正式成立OECD。作为发达国家俱乐部，OECD不仅制定适用于发达国家的经济规则，如《造船补贴协定》《反贿赂公约》《多边投资协定》（Multilateral Agreement on Investment，MIA）等，而且还协调发达国家在多边规则中的立场。在乌拉圭回合谈判启动之前，美国要求把一系列新领域纳入谈判进程之内，遭到了发展中国家的反对。当时美国国务院发言人建议，如果发展中国家继续反对把新问题纳入谈判进程，他们将寻求与“志向相同（like-mind）”的伙伴进行歧视性谈判，并威胁要组建以OECD国家为主体的“关贸总协定附加国俱乐部（GATT-Plus）”。不过，这一发展趋势的前景在1998年受到了挑战，当时OECD国家对一项多边投资协定的谈判以失败而告终。

发达国家组建的大国俱乐部参与国际经济规则的另一个主要领域是协调国际经济政策。严格来说，国际经济政策并不等同于国际经济规则，但就其作用而言，它类似于短期经济规则。大国之间通过协调其经济政策可以主导全球经济的走势，影响各国政府的经济政策。在这方面，G7是最重要的机构。和OECD相比，G7成员更少，更容易达成政策共识。G7最初是第一次世界石油危机发生后有关国家为应对石油危机而创建的。为此，它们成立了由世界主要石油需求国组成的国际能源署，用以对抗石油输出国组织。该组织成立之后为稳定世界石油价格采取了一系列措施，包括发达国家的石油储备体系等。进入20世纪80年代以后，保守主义政府在英国和美国执政，它们反对国际范围内的政策协调规则。然而，当面对不断恶化的美国贸易逆差（全球经济失衡）时，美国的立场发生了重大改变。里根政府依托G7的协调，签署了著名的“广场协议”。此后，G7在国际经济政策方面的协调范围越来越广，涉及汇率政策、货币政策、财政政策、能源政策、贸易政策、环境政策，乃至为美国出兵科威特融资。目前，对人民币汇率的国际压力很大程度上也都来自G7。不过，近年来由于中国、印度、巴西、俄罗斯经济的发展及其对国际经济事务的影响力逐渐扩大，G7协调国际经济政策的能力开始减弱，有关接纳新成员国的呼声越来越高。

3. 以区域贸易组织为主体的区域规则

以区域为主体的规则从低级到高级有多种形式（自由贸易区、关税同盟、共同市场、经济联盟、政治经济一体化），发展水平越高，所包含的规则也就越广泛、越严格。欧盟是目前发展水平较完善的区域贸易组织，所涉及的规则也是最广泛和最严格的。这些规则大致可分为以下9个领域。①国际贸易：共同的贸易政策不仅约束成员国之间的贸易关系，而且还约束欧盟与第三国之间的贸易关系。②共同市场：主要是促进成员国之间商品、服务、资本和人员自由流动的各项政策。③货币与财政：包括货币与汇率政策、支付体系、金融市场立法、银行监管、财政和税收政策等。④教育、研究与文化：重点是青少年教育、研究、技术及文化遗产保留等。⑤环境：共同的环境保护政策。⑥产业层次上的商业关系：可进一步划分为农业（渔业）、工业（能源）和运输业三大类，其中，共同农业政策最为突出。⑦非产业层次上的商业关系：包括企业法、竞争法和政府补贴法。

⑧国际关系：包括对外政策、防卫和对外援助。⑨公民和社会保护：涉及家庭事务、司法、消费者保护、公民权利、健康、劳资关系等。基于这些规则，考虑到欧盟内部的超国家机构（如欧洲中央银行、欧洲议会等），欧盟正在朝统一的国家方向发展。

4. 大国之间的双边规则

在区域经济合作领域，大国之间有相互需要、相互依存的一面。它们在组建大国俱乐部协调相互间的经济政策的同时，也倾向于通过双边规则协调相互间的立场。从谈判领域来看，双边谈判的对象往往更符合大国的特殊利益，如中国“入世”前对给予中国最惠国待遇的年度审定、双边投资条约、跨大西洋经济伙伴关系等。这些协定的利益显然都是不能从多边贸易体制内所获得的。从谈判的规则来看，双边谈判可以避开快车道授权缺位所构成的约束，具有更大的灵活性。从谈判方式来看，双边贸易谈判可以避开多边贸易体制所要求的最惠国待遇原则，把其他国家搭便车的效应降至最低。

5. 以大国政府为主导的单边规则

在国际经济规则制定过程中，经济单边主义表现为一个国家单独制定的规则能够对其他国家产生重大影响，并最终为多数国家所接受。这种经济单边主义主要来源于一国的经济、技术的竞争优势和市场规模优势。因此，只要具备上述条件的国家就有能力把国内经济规则变相转变为国际经济规则，只是霸主国家比其他国家的能力更强。

（二）依照约束程度的分类

一是强制约束型（以下简称“强制型”）规则。不仅成员国有明确的权利和义务，而且为有效实施这种权利与义务还要有一套明确的裁决规则。WTO规则是这种类型的代表。面对强制约束型规则，所有国家都应该是平等的，而实际上这一点是很难做到的。

二是协商约束型（以下简称“协商型”）规则。和强制型规则相比，协商型规则的实施通常不依靠明确的争端解决规则，而是依靠成员国之间的谈判规则。当谈判对手之间的实力存在严重不均衡时，就很难保证结果的公正性。在协商型规则中，大国通常主导着规则的制定和实施过程。类似

IMF、世界银行、WTO的前身——GATT的规则都属于这种类型。

三是自愿约束型（以下简称“自愿型”）规则。当一国认为从某种规则中能够获益而自主选择遵守，反之则放弃遵守时，我们把他们称之为自愿约束型规则。这种规则的实施主要依赖于市场规则。如果一国不遵守这种规则将会受到市场的惩罚，或受到其他国家的报复。这类规则包括的范围很广，有些是主权国家之间所达成的协定，如OECD的公司治理准则、国际劳工组织（International Labor Organization，ILO）的劳工标准、巴塞尔协定Ⅱ；有些是单个国家所制定的规则，如美国的萨班斯—奥克斯利法案，任何国家的企业要想在美国证券市场上市都不得不遵守该项法律；还有一些是非政府组织所确立的规则，如穆迪债务评价标准、标准普尔债务评价标准等。就实施过程与实施结果的公正性而言，在这三种类型的规则中，自愿型规则是最低的，因为“弱肉强食”与“赢者通吃”是这类规则实施的基本法则。

赤道原则是自愿约束型规则的代表。该规则是2002年10月世界银行下属的国际金融公司和荷兰银行，在伦敦召开的国际知名商业银行会议上，提出的一项企业贷款准则。这项准则要求金融机构在向一个项目投资时，要对该项目可能对环境和社会的影响进行综合评估，并且利用金融杠杆促进该项目在环境保护以及周围社会和谐发展方面发挥积极作用。赤道原则已经成为国际项目融资的一个新标准，包括花旗、渣打、汇丰在内的40余家大型跨国银行已明确实行赤道原则，在贷款和项目资助中强调企业的环境和社会责任。该原则列举了赤道银行（实行赤道原则的金融机构）做出融资决定时需依据的特别条款和条件，共有9条。在实践中，赤道原则虽不具备法律条文的效力，但却成为金融机构不得不遵守的行业准则，谁忽视它，谁就会在国际项目融资市场中步履艰难。赤道原则适用于全球各行业总成本超过1000万美元的新项目融资。全球已有超过60家金融机构宣布采纳赤道原则，项目融资额约占全球融资总额的85%。

（三）依照规则内容的分类

1. 货物贸易规则

早期的全球经贸谈判大多关注货物贸易的关税、补贴、市场准入等议题。近年主要的自贸协议一般要求九成以上税目数和贸易额的产品取消关税，少数敏感产品（如农产品）的市场准入往往成为一些国际谈判的热点、焦点和难点。在推动自由贸易的同时，WTO也允许其成员实施反倾销、反补贴和保障措施等贸易救济措施，以保证进口方产业免遭损失，但是这些措施也可能被滥用，沦为贸易保护主义的工具。

2. 服务贸易规则

1994年达成的全球服务贸易开放和监管的多边框架《服务贸易总协定》（General Agreement on Trade in Services，GATS）是第一部多边服贸协定，生效历史短，司法解释和法理实践少，尚有一些授权条款需要明确。因此，在多哈回合的服贸谈判中，对成员方的国内规则、紧急保障措施等内容进行了充分讨论。发达成员普遍认为讨论草案的雄心水平太低，要求将大部分“软纪律”变成强制约束的“硬条款”。受多哈回合总体进程的影响，对GATS的修订也基本停滞。2013年3月，美国和欧洲联合一些经济体组成的“服贸挚友”启动了《服务贸易协定》（Trade in Service Agreement，TISA）谈判，已有48个成员参加，服务贸易总额占到了全球的2/3左右。TISA致力于在强化GATS规则的基础上，制定负面清单、竞争中立、技术中立、服务模式中立、跨境数据自由流动等新规则。未来，作为旧规则的GATS和作为新规则的TISA可能最终融合，形成服务贸易规则的新框架。2013年9月，中国正式宣布参加TISA谈判，这是一项重大的战略决策。

3. 投资规则

相对于统一的国际贸易规则来说，全球投资规则是碎片化的。根据联合国贸发会议2017年3月16日发布的最新一期《投资政策监测报告》，截至2017年2月底，各类国际投资协定总数已逾3330个。过去几十年，美国和欧洲推动投资规则多边化的若干尝试都没有取得实质性成果。全球金融危机后主要经济体利用双边和区域渠道广泛开展投资议题谈判，准入前国民待遇加负面清单、投资者可直接对东道国提起国际争端仲裁、资金自由汇兑等新规则被越来越多的经济体所接受，投资自由化倾向十分明显。中国已经成为双向投资大国，据商务部和外汇局统计，2016年中国企业对外直接投资1832亿美元，连续第二年位列世界第二，大批企业走向海外，迫切需要投资协定的保护。同时，中国也需要继续吸引外资，尤其是优质外资。为此，中国政府分别与美国和欧盟进行了投资协定谈判，如果这两个投资协定能够达成，其影响可能不亚于“入世”，也将为结束全球投资规则碎片化提供契机。

4. **知识产权规则**

WTO下的《与贸易有关的知识产权协定》(Agreement on Trade Related Aspects of Intellectual Property Rights，TRIPS）是在美国的坚持下，把北美自贸协定有关内容多边化以后缔结的，是现行全球知识产权保护体系的基石。2008年金融危机后，传统发达经济体认为TRIPS范围窄、标准低，不利于其充分发挥在教育、科技乃至企业研发等方面的强大优势，于是另起炉灶，2010年达成了诸边性质的《反假冒贸易协定》(Anti-Counterfeiting Trade Agreement，ACTA)，对民事执法、边境措施、刑事执法以及数字环境下的知识产权保护做出了非常高标准的规定，以至于目前除日本外，美国和欧洲等谈判方能否通过国内审批程序还存在很大变数。同时，美国和欧洲在其主导的区域合作中设立专门的知识产权章节，沿用ACTA的一些表述，规定了争端解决程序，为实施高水平的保护装上“牙齿”。其目的均为全面扩大保护范围，提升执法标准。高标准的知识产权保护对鼓励创新有正面作用（对中国实施国家创新战略、打击假冒伪劣、提升全球竞争力也有借鉴意义)，但对创新成果普惠大众又有一定的负面影响，因此国际社会一直围绕知识产权保护的范围和期限问题争论不休。

5. **政府采购规则**

近年来，全球政府采购整体规模已经超过6万亿美元，政府采购规模可达一国GNP的15%，但政府采购是实施WTO国民待遇原则下的例外，即WTO各成员的政府可优先购买国货。1979年美国和欧共体、日本、加拿大等达成一项诸边《政府采购协定》(Government Procurement Agreement，GPA)，GPA几经修改，形成了2012年版本。各版本GPA都强调非歧视性和公开性原则，2012版本目标更多，首次纳入反腐败目标，范围更广，新增了包括中央政府、地方政府和国有企业在内的政府采购实体近500个。此外，美国和欧洲对外签署的自贸协定中都设立了政府采购条款或章节。中国加入GPA，可使国内企业获得更多进入全球政府采购市场的机会，更有助于完善中国政府采购体制，实现阳光财政，避免暗箱操作。

2007年底，中国政府正式提交了加入GPA的申请并初步出价，此后七次提交修改出价，但由于与GPA各参加方的要价相去甚远而被拒之门外。

6. 国际发展合作规则

2008年金融危机的爆发使得发达经济体未能兑现其援助承诺，但新兴经济体援助快速增长，对以《巴黎宣言》《联合国千年发展目标》《蒙特雷共识》为基础的国际援助规则体系造成了冲击。此后，主要国际援助方达成《阿克拉行动计划》和《釜山宣言》，确定了“国际发展合作有效性”这一基本规则。该规则强调，受援方拥有发展自主权，援助方要减少援助附带的政治经济条件，提高援助的针对性和效率，并承认南南发展合作是南北发展合作的有益补充。但是，该领域的规则都不具备法律约束力，违规现象时有发生。

7. 可持续发展规则

可持续发展规则主要关注环境和劳工问题。发达经济体认为，一些发展中经济体较低的环境和劳工标准降低了生产成本，对其造成了“绿色倾销”和“社会倾销”，发展中经济体则反击发达经济体欲借此设置“绿色壁垒”和“蓝色壁垒”。由于WTO没有系统、严格的相关规则，发达经济体转而在自贸协定中纳入环境、劳工条款，不遗余力地约束缔约方的国内政策，并设立了惩罚机制。其中，气候变化升级为重要的国际政治经济问题，围绕碳税、碳关税的博弈还将长期持续，环境产品贸易自由化和多边化则取得了一定进展。

总体来看，国际经济规则“泛经贸化”特征越来越明显，不仅限于边境措施，更包括边境后的国内经济体制机制，甚至还涉及政治、文化、意识形态，这更多地体现发达经济体的优势，对发展中经济体造成很大压力。

第二节　国际贸易关系调整的现状

WTO规则是国际贸易权力的重要体现，是当前最重要的国际多边贸易规则，围绕着其规则修订的多哈谈判是迄今参加方最多、议题最广的一轮谈判，涉及农业、制造业、服务业、贸易规则、知识产权、发展、贸易与环境、贸易便利化等众多议题，涵盖95%以上的全球贸易。然而谈判过程步履维艰、进展缓慢，这反映了各方对于国际贸易规则制定权争夺和规则的趋向不明。

一、部长级会议

WTO作为由成员主导的组织，部长级会议是其最高的决策机构。部长级会议由成员政府派遣部长率代表团出席，负责确保WTO职能的实现，并为此采取必要的行动。部长级会议至少每两年召开一次，审议WTO协议执行和多边贸易体制运作情况，发动多边贸易谈判并审查和指导谈判进展，并应成员要求和在协商一致的基础上，对多边贸易协定项下的所有事项做出决定。

自1995年成立以来，WTO已召开了十二届部长级会议。

1. 第一届部长级会议

WTO首届部长级会议于1996年12月9日至13日在新加坡举行，来自WTO的128个成员和相关国际组织的2800多名代表参加了会议。经过5天的讨论与磋商，大会通过了WTO《新加坡部长宣言》、总理事会报告和《信息技术产品贸易部长宣言》，取得了以下成果：第一，通过审议和评估，会议认为WTO在执行乌拉圭回合的协议与协定和有效解决争端等方面取得了成效。第二，通过协商和磋商，大会同意分别就贸易与投资和竞争政策以及政府采购成立工作组。第三，关于加快接纳新成员和继续推动正在进行的谈判，如基础电信等问题，大会形成了进一步的共识。第四，在美国、欧洲、日本的极力推动下，针对信息技术产品贸易自由化问题形成了部长宣言，它是《新加坡部长宣言》以外的一个独立宣言。

2. 第二届部长级会议

第二届部长级会议于1998年5月18日至20日在瑞士日内瓦举行。会议主要讨论了已达成的贸易协议的执行情况、既定日程和未来谈判日程等问题以及第三届部长级会议举行的时间和地点。会议的主要目的是为第三届部长级会议启动新一轮多边贸易谈判做准备。

3. 第三届部长级会议

第三届部长级会议于1999年11月30日至12月3日在美国西雅图市召开。由于非政府组织的示威游行和干扰所产生的压力以及成员间在一系列重大问题上的意见分歧，会议未能启动拟议中的新一轮多边贸易谈判，最终以失败告终。

4. 第四届部长级会议

第四届部长级会议于2001年11月9日至14日在卡塔尔首都多哈举行。会议启动了被称为“多哈发展议程”，即“多哈回合”的新一轮多边贸易谈判。会议最后通过了《部长宣言》等3个文件。作为会议的另一项重要成果，通过了《中国加入WTO议定书》和关于中国加入WTO的决定。这次会议的主要任务是，审议并通过中国和中国台北加入WTO的决定，启动新的多边贸易谈判。由于接受新的WTO成员只是在会上履行手续，因而启动谈判成了会议的重头戏。在与会者共同努力下，会议最终做出了启动新的多边贸易谈判的决定。

5. 第五届部长级会议

第五届部长级会议于2003年9月10日至14日在墨西哥坎昆举行。由于发达国家在削减农业补贴和农产品关税问题上不肯做出实质性让步，会议无果而终，仅通过了《部长会议声明》。

6. 第六届部长级会议

第六届部长级会议于2005年12月13日在中国香港开幕。此次会议是多哈回合谈判的重要组成部分。会议议题就是多哈回合谈判议题，包括削减农业补贴和农产品关税、降低工业品关税、发展问题、服务业开放、知识产权保护与贸易争端的解决、贸易便利化等。与会者围绕多哈回合议题，经过6天的谈判发表了《部长宣言》，在取消棉花出口补贴和农产品出口补贴以及向最不发达国家开放市场问题上取得了进展，但多哈回合谈判仍未全面完成。

7. 第七届部长级会议

第七届部长级会议于2009年11月30日至12月2日在瑞士日内瓦举行。会议未能在推动多哈回合谈判方面取得明显进展，但继续承诺2010年结束多哈回合谈判。

8. 第八届部长级会议

第八届部长级会议于2011年12月在日内瓦举行。会议正式批准俄罗斯加入WTO。由于各成员在一些谈判领域存在较大分歧，多哈回合谈判陷入困境。

9. 第九届部长级会议

第九届部长级会议于2013年12月3日在印度尼西亚巴厘岛举行。此次会议是WTO总干事罗伯托·阿泽维多上任以来的首次最高决策机构会议。各方期待巴厘岛会议能在有限议题上达成一致，为推动更大规模的多边贸易协定奠定基础。12月7日上午在印度尼西亚巴厘岛闭幕，达成WTO首个全球贸易协定。会议上发布的《巴厘岛部长宣言》包括理事会日常工作、多哈发展议程进展和巴厘岛会议后工作展望三大部分。多哈发展议程进展一项即为此前各方期盼的多哈回合谈判“早期收获”，包含贸易便利化、农业、棉花、发展和最不发达国家四项议题共10份协定。

10. 第十届部长级会议

第十届部长级会议于2015年12月15日至19日在肯尼亚的首都内罗毕举行。尽管谈判艰难，会议还是取得了历史性成果。2015年是WTO成立20周年，也是WTO成立首次在非洲举办部长级会议，来自162个成员超过3000名代表出席会议。最终会议通过了《内罗毕部长宣言》及九项部长决定，承诺继续推动多哈议题。162个成员首次承诺全面取消农产品出口补贴，并就出口融资支持、棉花、国际粮食援助等达成了新的多边纪律。

11. 第十一届部长级会议

第十一届部长级会议于2017年12月10日至13日在阿根廷首都布宜诺斯艾利斯举行，这是WTO最高级别会议首次在南美国家举行。阿根廷、巴西、巴拉圭和乌拉圭四国总统以及来自164个成员的4000多名代表出席会议，与会者围绕多边贸易体制问题以及粮食安全、农业发展、渔业扶助、电子商业和工业产品税等五个核心主题进行深入的讨论，表示将支持多边贸易体制，努力推动经济全球化，为全球经济发展和稳定作出新贡献。包括中国、加拿大、澳大利亚和韩国等在内的44个成员在此次会议期间发表联合声明，重申支持多边贸易体制。声明说，一直以来WTO的规则框架促进了国际贸易发展，确保了贸易争端的和平解决，并有效遏制了保护主义抬头，推动了世界经济发展和繁荣。

12. 第十二届部长级会议

第十二届部长级会议于2022年6月12日至17日在瑞士日内瓦举行。会议就WTO改革、疫情应对、粮食安全、渔业补贴、电子商务等议题达成一揽子协议，成果丰硕。达成了《关于〈与贸易有关的知识产权协定〉的部长决定》，有助于弥合全球“疫苗鸿沟”，提升发展中成员的疫苗可及性和可负担性，推动构建人类卫生健康共同体；达成了《关于世贸组织新冠肺炎疫情应对和未来疫情应对准备的部长宣言》，通过提高政策透明度、尽可能取消出口限制、促进贸易便利化、发挥服务贸易的作用、支持包容性复苏、加强与国际组织合作、实施未来行动计划等方式，积极推动应对新冠疫情，并对将来可能出现的疫情做好准备；达成了《渔业补贴协定》，通过制定新的补贴规则，约束有害渔业补贴，助力海洋渔业资源可持续发展；通过了《关于紧急应对粮食安全问题的部长宣言》，积极应对当前全球粮食安全问题；达成了《关于世界粮食计划署购粮免除出口禁止或限制的部长决定》，承诺不对世界粮食计划署人道主义粮食采购实施出口禁止或限制措施；达成了《关于〈电子商务工作计划〉的部长决定》，表示将重振《电子商务工作计划》相关工作等。在当前全球动荡、多边贸易体制面临严峻挑战的困难时刻，会议成果来之不易，重振各方对多边贸易体制的信心，体现了WTO成员团结一致，共同应对全球挑战、推动世界经济复苏的决心。

二、多哈回合贸易谈判进程

1. 谈判的由来和概述

多哈回合贸易谈判又称多哈发展议程，是WTO于2001年11月在卡塔尔首都多哈举行的WTO第四届部长级会议中开始的新一轮多边贸易谈判。议程原定于2005年1月1日前全面结束谈判，但至2005年底为止仍未能达成协议，最终于2006年7月22日WTO总理事会的批准下正式中止。多哈回合谈判的宗旨是促进WTO成员削减贸易壁垒，通过更公平的贸易环境来促进全球，特别是较贫穷国家的经济发展。谈判包括农业、非农产品市场准入、服务贸易、规则谈判、争端解决、知识产权、贸易与发展以及贸易与环境等8个主要议题。谈判的关键是农业和非农产品市场准入问题，主要包括削减农业补贴、削减农产品进口关税及降低工业品进口关税三个部分。

2. 进展情况

2005年12月13日开幕的WTO第六届部长级会议，各国期望就多哈回合贸易谈判收窄分歧，并希望可于2006年完成整个回合的谈判。

2006年年初以来，WTO成员一直就农业和非农产品市场准入问题进行谈判，但始终难有进展。7月，由于WTO 6个主要成员（美国、欧盟、日本、澳大利亚、巴西和印度）未能就农业和非农产品市场准入问题达成协议，WTO被迫宣告中止多哈回合谈判。

为协调各成员立场，2006年9月10日，美国、欧盟国家和日本等发达国家的代表与"20国协调组"的代表在巴西里约热内卢举行对话会议，同意尽快恢复多哈回合谈判。11月16日，WTO贸易谈判委员会召开多哈回合谈判中止以来的首次全体会议，与会代表一致同意恢复多哈回合谈判的技术性讨论，并为谈判最终全面恢复做好准备。

2008年7月21日，来自35个主要WTO成员的贸易和农业部长在日内瓦聚会，试图在一周时间内就多哈回合谈判农业和非农产品市场准入问题取得突破。但几天来，谈判难以取得进展，原定一周的会期被迫延长。

2009年9月中旬，多哈回合谈判在日内瓦重新启动，并提出2010年争取完成谈判的目标。从前期谈判情况和形势看，谈判将主要集中在农业的特殊保障机制、非农产品市场准入及部门谈判和服务贸易上。

2010年11月，G20首尔峰会表达了希望尽快完成多哈回合谈判的意向，G20将2011年视为完成多哈回合谈判的"关键的机会窗口"，并期待获得一个"成功的、有雄心的、全面的和平衡的"结果。以G20峰会的表态为背景，多哈回合新一轮谈判又拉开了序幕。

2012年10月至2013年5月，各成员共推出了109项贸易限制措施，尤其是旨在刺激本国产业复兴的贸易保护主义大幅上升，在此形势下，多边贸易体制面临严峻挑战，WTO有沦为全球贸易治理配角之虞。

2013年5月，为挽救多哈回合谈判、提高WTO地位，阿泽维多提出在新形势下不断增强WTO多边体制的号召力。2013年12月7日，WTO第九届部长级会议在印度尼西亚巴厘岛闭幕。会议通过了《巴厘部长宣言》，达成了"巴厘一揽子协定"，实现了WTO成立18年来多边谈判"零的突破"，为陷入僵局多年的多哈回合谈判注入新动力。更具意义的是，会议决定设立“后巴厘工作计划”框架，在未来一年内，协助WTO贸易谈判委员会就多哈发展议程尚未完成的议题制订清晰的工作计划，从而为多哈回合后续谈判奠定基础。

2015年12月19日，162个WTO成员的贸易部长汇聚肯尼亚内罗毕开会，他们没有“重申”回归多哈回合谈判，这是2001年大张旗鼓启动该回合以来第一次出现这种情况。

3. 主要分歧

多哈回合涵盖大约20个议题，其中农业和非农产品市场准入被认为是最关键也是WTO成员分歧最集中的两个议题。这两个议题不解决，其他议题的谈判便无法取得进展。

农业和非农产品市场准入议题非常复杂，基本上归为三大方面，即农业补贴、农产品关税和工业品关税。长期以来，WTO成员无法在农业补贴、农产品关税和工业品关税的削减幅度、削减公式和削减方法上达成一致。小型部长会的主要目标也是解决这方面的问题。值得注意的是，虽然各方分歧非常复杂，但主要分歧还是发达成员和发展中成员之间的分歧，主要原因是发展水平不同，因此利益和需求也不同。美国和欧洲等发达成员的主要目标是进一步打开发展中成员的工业品和服务市场，而发展中成员则希望美国和欧洲降低农业补贴并开放农业市场，如何达成一项平衡的协议，使各方均得到好处而又尽量避免损失就成了谈判中的最大难题。

三、国际贸易关系的困境分析

当前，国际贸易规则进入重塑阶段，新兴经济体话语权的提高和发达国家对于话语权的垄断争夺将在很长一段时间内存在，对于贸易规则的修订也将影响着双方力量的消长。分析国际贸易规则的趋势，着眼于国际规则和全球治理的最新发展，有助于全面掌握国际贸易规则的未来方向。

1. 多边贸易机制作用衰退

随着各国经济的开放型发展，国际贸易的地位越来越重要。拥有162个成员（截至2016年）的WTO，是当今世界最大的国际经济组织，在降低贸易壁垒、协调国家之间贸易与经济关系方面发挥着重要的作用。其所支撑的多边贸易体制，为国与国之间的贸易对话提供了很好的平台。然而，多哈回合谈判的失败，发达国家与发展中国家利益的难以协调，使人们开始质疑多边贸易体制。与此同时，区域集团化的发展又对WTO多边贸易体制构成了挑战。

2008年全球金融危机发生以后，在限制贸易保护、促使尽早结束衰退、恢复全球经济以及国际贸易可持续增长方面，WTO等多边贸易机制力不从心。在全球范围内，受危机和贸易保护措施的影响，世界贸易增长大幅度下降，由2010年的13.8%下降至2013年的2.1%。由于许多发展中国家的经济增长对贸易的依存度非常高，使得其经济形势异常严峻。在多边贸易体制遭到质疑时，区域贸易集团迅速发展。区域经济一体化成员地理上相对接近、参与方相对较少，且在政治体制、经济发展程度上有一定的相似性，所以更容易协调成员方的利益，甚至可以在某些多边贸易体制无法协调的问题上达成一致。

2. 国际经贸规则碎片化

传统国际经贸规则的主题是国际贸易。WTO规则的三大支柱《关税与贸易总协定》《服务贸易总协定》《与贸易有关的知识产权》均是围绕贸易展开，国际投资的多边规则很少，主要是双边协定。目前，全球双边投资协定近3000个，几乎每个国家都是双边投资协定的签署方，国际投资规则呈高度碎片化。但近几年建立多边国际投资规则的呼声越来越高，世界经济论坛于2013年在WTO发布《外国直接投资是贸易、增长和繁荣的核心驱动力：商谈多边投资协定》，明确提出WTO应推动多边投资协定。美国也在2012年出台了新的双边投资协定范本，并与欧盟联合发表了《国际投资共同规则》。此后，各方在谈的投资规则涉及内容更加广泛，除传统的市场开放、投资保护之外，还包括准入前国民待遇加负面清单、竞争中立、劳工、环境保护、安全审查、投资争端解决等很多新议题。一些发展中国家对投资规则的立场也出现了新变化。以前发展中国家以吸收外资为主，更强调“东道国留权”，但随着近年来发展中国家对外投资的快速发展，其也开始注重投资的保护和自由。在东道国与投资国之间的“攻防立场”逐渐趋于平衡，“准入前国民待遇加负面清单”的原则得到了越来越多国家的支持。

另外，随着国际贸易环境的变化，信息化和电子商务得到广泛应用，贸易操作的形式发生了变化，谈判中产生了许多新的交叉议题，如监管一致、国有企业、电子商务、中小企业等。这些交叉议题呈现出新的规则走势，使得原有的规则呈现出零碎特点，对成员国国内市场提出了很高要求。

3. 美国的结构性权力对多边贸易体制的影响

（1）美国在贸易体制中的结构性权力。在苏珊·斯特兰奇看来，与联系性权力事事要通过运用军事政治的强制手段迫使别国就范相比，结构性权力是在强制性力量尚未发挥作用之前由对方做出了符合自己需要的选择。在国际贸易体制中同样也存在着这种结构性权力，结构性权力充分体现了贸易体系中强国权力的影响力。传统的国际贸易理论在阐述贸易问题时，往往从有关的国际组织谈起，这给人们一种虚假的印象：贸易关系实际变化的主要决定因素似乎就是贸易“体制”——各国政府同意的规则和安排，但实际上，贸易体制反映的是最强大国家的利益和讨价还价的能力。国际贸易组织的目标是由集团中最强大的国家或者根据两个或两个以上强国之间的磋商来确定的。这些国家或国家集团将规定它们通过组织进行合作的范围。GATT的目标是美国确定的，战时与英国的磋商加强了美国的这种地位。同时，那些目标还要受到美国国会规定的政府权力范围的制约。

在拥护通过GATT或WTO实现贸易自由化的人看来，这个制度依靠的是非歧视原则、市场开放原则、透明度原则和公平竞争原则这“四大支柱”。但在实践中，当民族利益高于一切时，美国可以为自己或代表盟国利用规章中的漏洞，这些漏洞是美国或在美国同意下，由与它结盟的工业国为它们的经济利益服务的。所以“四大支柱”支撑的这个结构并不完全像这种比喻所暗示的那样稳定和不变，结构的作用和影响往往随着时间的推移而变化，并反映最强大的成员或国家集团关心的问题和优先考虑的问题的变化。

从根本上讲，维护自由贸易体制对美国的国家利益的重要性是不言而喻的。但正如上面所谈到的，当涉及国家利益的时候，美国会执行一种“灵活反应”的政策，这在发生贸易摩擦的时候表现得最为突出。美国贸易摩擦应对机制的核心是“301条款”，该条款是单边的和违背WTO规定的。美国既努力促成WTO又保留与WTO相违背的“301条款”是出于什么动机呢？其原因在于，美国认为WTO不够强大，不是一个真正的世界贸易法院，如它不具备法院的那套程序，也无权实施制裁；美国也不愿意用自己的“主权”去换取这样一个真正的世界贸易法院。美国的逻辑是其他成员应当遵守WTO的义务，而美国可以不遵守；当WTO的裁决对美国有利时就遵守，不利时就不遵守，所以使用“301条款”来达到目的。美国在批准WTO时曾经说过，只要有3个WTO争端裁决不利于美国，美国就退出该组织。

美国“301条款”的主要意图，一是取消外国所采取的“不公平”贸易做法，二是打开国外市场，三是未要求的贸易减让。“301条款”的另一个特点是美国可以单方面要求贸易转让（即贸易协定中未要求的减让），而自己却不提供相应的、互惠的减让，通过威胁减少现有的贸易机会，以取得单向的减让。

美国的“301条款”在国际上引起了强烈的反应，总体来看，各国都明确反对这一攻击性的法律。一国的对外贸易政策取向是由该国在世界上的经济实力和经济地位所决定的。美国虽仍为经济大国，但在世界经济的地位正逐渐衰落。巨人的衰落引起了贸易保护主义的浪潮，美国被称为“逝去的巨人”，“301条款”则被称为“逝去的巨人”综合征。从“301条款”实施的效果来看，除欧盟能够进行一定程度的挑战之外，其他任何国家都只能被动承受，被迫进行不公平的市场开放和按美国要求进行贸易政策和贸易环境方面的改进。虽然“301条款”只是违背WTO的美国国内法，但绝大多数国家尤其是广大发展中国家只能选择被动的、事实上的接受。“301条款”在一定程度上实现了美国的目的，如减少贸易赤字，但消极作用同样明显，首先是人们认清了美国经济霸权的“嘴脸”，其次是对多边体制造成了减损。

“301条款”是美国应对国外贸易壁垒最重要的国内法依据。目前通常所谈及的“301条款”，作为一个整体，实际上指的是经修正后的《1988年综合贸易与竞争法》第1301—1310节的全部内容，以及下文提及的两类“301变种”和“特别301”。“超级301”的核心在于所谓“贸易自由化重点的确定”，其始见于《1984年贸易和关税法》第310节，《1988年综合贸易与竞争法》第1302节对其进行了补充。它主要规定通过调查，在“对构成主要贸易障碍或扭曲”的国家和做法进行确定的基础上，由美国贸易代表提交报告，并对其实施相应的反制。“特别301”则旨在知识产权的保护，先后见于《1988年综合贸易与竞争法》第182节和《1988年综合贸易与竞争法》第1303节。美国贸易代表据此将目标直指那些被其认为“未提供充分的、有效的知识产权保护的国家”。

美国贸易政策制定的制度架构变革是通过授权改变国家对外经济政策偏好的典型案例。美国宪法规定，国会拥有监管对外贸易的权力，总统并不拥有制定贸易政策的权力。美国国会处于制定贸易政策的中心，因此面临强大的国内利益集团游说的压力。从根本上说，国会议员代表的是其当选选区和特定支持集团的利益。为保证竞选议员或者保持议员席位，议员们迫于保护主义游说的压力，不得不采取保护措施。最为著名的例子就是1930年通过的《斯穆特—霍利法案》(*Smoot-Hawlet Tariff Act*)。

国会作为贸易政策的中心就意味着美国将必然采取保护主义政策。例如，美国以前一些国会议员的所作所为就令多边自由贸易体制的支持者感到非常失望，这不仅因为他们反对重新审议布什总统的快速审批权，以便结束多哈回合贸易谈判，甚至连那些过去支持自由贸易的人（其中不乏共和党人）也在破坏多边主义，因为他们赞成那些优惠贸易协议。那些优惠贸易协议假扮成自由贸易协议，而实际上根本不是。他们利用贸易公平来迷惑信息不畅的公民，诱使他们接受保护主义。实际上，优惠贸易协议是前国务卿詹姆斯·贝克和副国务卿罗伯特·佐利克当政时的产物。佐利克后来还出任美国贸易代表，正如专栏代表马丁·沃尔夫曾经指出的那样，优惠贸易协议的扩大已经损坏了多边贸易体系的基础，即不加歧视的原则。而美国国内往往把工资和就业问题归咎于贸易和全球化。因此，从政治上看，美国政府将一个又一个优惠贸易协定提交给国会是毫无意义的。民主党人坚持以更加严厉的态度将劳工和（本国的）环保标准写入贸易协议中，同时，认为中国是一个“极不公平的贸易对手”的看法一直困扰着参议院（参议员查尔斯·舒墨率先提起这种指控）。

（2）经济民族主义对贸易规则制定的影响。从经济上看，美国的国际贸易自由化主张从来都是言行不一的。从历史上看，美国对外贸易政策中的经济民族主义始终是其政策的出发点和最终归宿。这与它在当今WTO

中大力推动和倡导的贸易自由化表象上是矛盾的，但却反映了美国经济民族主义的实质之所在。与此同时，美国贸易政策的主导思想仍然是自由的市场经济，经济民族主义只是美国多元社会中有重大影响的一种思潮，而且这种思潮的发展与作用的发挥也受到一定力量的制约。从美国称霸全球的战略出发，它不可能成为控制政府决策的主流思潮。由于经济民族主义主张与国际经济合作日益扩大的客观趋势相悖，其极端利己的行为必将引致贸易伙伴的强烈不满。此外，对美国经济与世界经济起决定性作用的跨国公司坚决反对这种损害自己利益的思潮与行动。

经济民族主义的主张是利己性的，但其基础、影响和观念定位却是社会性的，其政策压力和政策影响力正日益上升，加之政党选举因素的渗透，必将对未来美国贸易政策与对外贸易的法律变化产生重大深远的影响。因此，在未来世界多边贸易体制中，美国将会继续发挥着促进与阻滞的双重作用。贸易的政治经济学理论认为，能够利用在市场上的结构性权力通过贸易限制改变贸易条件增进自身的福利，但同时也将其负面影响强加给其他国家。而这种所谓单边贸易政策的“贸易条件外部效应”也将长期存在。例如，美国选择的FTA谈判对象一般具有高度战略地位及良好的外交关系，美国的中东战略即是一个有力的证明，体现了美国FTA战略中广泛培养及循序渐进的原则。美国通过以色列积极支持中东地区利益国家加入WTO，与条件成熟国家达成贸易投资框架协定（Trade and Investment Framework Agreements，TIFAs）及双边投资协定（Bilateral Investment Treaties，BITs），通过次区域协定的双边安排，为其在亚太区域经贸合作奠定基础。

4. 国际碳排放对国际贸易的影响

在现实的国际经济政治关系架构下，欧美发达国家倡导低碳经济模式有其特殊的战略利益诉求，意在通过低碳经济创新形成新的竞争优势，对发展中国家经济增长和贸易发展设置新的障碍。鉴于长期以来国际贸易规则制定和变化的特点，低碳经济的发展势必导致国际贸易规则的重塑，主要体现在：新贸易壁垒涵盖的领域不断延伸，霸权国家在国际贸易非歧视和无条件互惠原则上退缩，WTO的规则框架将由环境保护所主导。2007年12月15日，联合国气候变化大会通过了“巴厘岛路线图”，规划了全球气候谈判的框架和方向。2009年12月19日，联合国气候变化大会在丹麦哥本哈根落下帷幕。会议虽取得了一定的共识和成果，但各方也充满着博弈和分歧。各国均意识到，应对气候变化的长期行动将带来一场世界性变革，其会从根本上改变人类的生产方式和生活方式，并最终改变国际政治版图和世界经济格局。在国际贸易领域，欧美地区和日本等发达国家已在低碳经济中占有某种优势，主导了低碳经济的发展和话语权，这势必导致国际贸易规则的重塑。

首先，国际贸易规则制定的领域不断拓展，“碳关税”等新的贸易壁垒将应运而生。把贸易与低碳相挂钩将成为发达国家获取收益的一种手段。目前欧盟和美国已经开始把碳排放管制与贸易和投资挂钩，进行有关“碳关税”的立法活动，即为了保护本国或本地区产业的国际竞争力，对来自减排不力国家的货物征收“碳关税”(carbon tariff)。这种“碳关税”的立法主要是针对那些没有和发达国家采取同样减排管制措施的“贸易伙伴”，实际上主要就是发展中国家。前美国能源部部长朱棣文就声称要对不承诺对产品碳排放进行计量的国家征收“碳关税”，即对进口的排放密集型产品如铝、钢铁、水泥和一些化工产品征收特别的二氧化碳排放关税。不能不说，美国以碳减排名义新设贸易壁垒，构思确实非常精巧。它既占据了应对气候变化这个道义高地，又保护了美国制造业者，同时若二氧化碳排放关税最终实施，全球碳减排权交易市场必将迎来爆炸性增长。如果一个国家对其碳排放没有足够监管的话，对于那些进口其生产的温室气体密集型产品的进口商，将要求其上交重新成立的国际储备许可体系中购买的碳排放许可费用，这个费用将涵盖进口产品的碳含量。而这个新的国际储备体系是由美国政府建立的，如果没有缴纳碳许可费，就会禁止这些进口货物进入美国市场。

其次，发达国家特别是美国可能会以低碳经济为借口，减少对自由贸易的供给，从非歧视原则和无条件互惠原则上退缩。霸权稳定论认为，在霸权体系中，“一个霸权国能够，并且愿意决定和维护基本规则，来制约国家间的关系。它不仅能够废除现存规则，或阻止采用自己反对的规则，而且能够在制定新规则中发挥主导作用”。当霸权国从霸权体系中取得的边际收益持续减少时，霸权国家在经济和政治上就会衰落，进而导致体系失衡和霸权坍塌。面对国际体系的失衡和新兴国家的挑战，霸权国家首要的任务就是力图通过改变政策恢复国际体系的平衡，为此，霸权国家有三个可以选择的方案：第一，消除增加成本的原因，如削弱或摧毁新兴的挑战者（20世纪八九十年代主要是日本和德国，如今则为中国）。第二，减少国际义务。这是美国政府目前的重要举措，据世界银行统计，全球非关税壁垒有2500多种，其中美国的非关税壁垒最为全面和复杂，与低碳经济相关的就有绿色条款、社会条款和繁杂的排放标准、环保包装标签规定等。第三，霸权体系的使命已不再像理论家所说的那样——霸权国凭借其经济剩余做出自我牺牲，为国际自由贸易体系提供稀缺的公共物品——而是把残存的霸权体系当作一种资源，为挽救衰落中的霸权服务。自哥本哈根气候大会后，美国越来越露骨地把接受美国的规则作为它提供对外援助和贷款的先决条件，美国的对外贸易政策成了促进或维护本国实力，遏制或削弱他国实力，实现自己政治目的的工具。

最后，发达国家加快把环境与贸易相挂钩的步伐，环境保护将成为国际贸易规则框架的主导。作为国际贸易的全球管理及协调机构，GATT对环境保护的贸易影响最初持警惕态度。1971年，GATT秘书处在一份题为《工业污染控制与国际贸易》的报告中提出，环境保护政策将成为国际贸易的新障碍，有可能导致新的保护主义形式——绿色保护主义。此后20多年，随着与环境有关的贸易纠纷数量不断上升，特别是1991年举世瞩目的墨西哥诉美国金枪鱼案后，GATT的立场发生了微妙转变。1994年4月WTO成立后，就正式将环境保护、稀有资源保护列入WTO的目标，决定成立贸易与环境委员会，“力争达到既保护环境又符合经济发展水平不一国家的需要”。2001年底的多哈议程则更进一步，决定启动包括贸易与环境议题的新一轮贸易谈判。发达国家均认为现有WTO规则并没有充分地支持环境保护措施，希望对WTO规则做进一步的修改，或至少应该从环境保护的角度重新解释WTO规则。例如，《2007年美国气候安全法案》是美国历史上第一部关于总量控制与排放贸易的法案。这个法案设立了许多单边贸易限制措施，要求进口商进口所涉产品时，必须购买和上缴相应数量的国际碳储备配额。但是，对以下三种情况予以例外：出口国采取了与美国类似的温室气体减排行动，出口国被联合国认定为最不发达国家，或者出口国被列入例外清单。显而易见，此种措施违背了WTO的国民待遇和最惠国待遇的基本原则。

第三节　国际投资规则基本情况

国际投资规则不是与生俱来的，是国际经贸关系特别是跨国投资发展到一定历史阶段的产物。最早期的有关投资的国际规则并不是独立存在的，而是体现在盛极一时的《友好通商航海条约》(*Friendship Commerce and Navigation Treaty*，FCN）中。美国从1945年开始商谈一系列FCN，这些条约旨在解决贸易问题，但同时也包含若干财产保护条款，例如给予公平公正待遇，依照习惯国际法给予保护，以及在征收时给予即时、适当和有效的补偿等。FCN并不是现代意义上专门规范跨国投资关系的国际协定，只是规定了保护财产或海外投资的一些规则，较为零散，缺乏体系化。因此，只能说是国际投资规则的雏形。

一、国际投资规则的基本概念

国际投资规则是指各国通过谈判和政策协调达成的规范跨国投资的国际双边协定、区域协定以及多边协定，旨在促进、规范、保护跨国投资的各种国际规则的总称。这些规则侧重处理的不是私人投资者与其合作伙伴之间的平等主体关系，而是投资东道国与私人投资者之间因跨国投资而产生的管理与被管理、保护与被保护的法律关系。

目前，国际投资规则的体现形式有三种，一是双边投资保护协定或双边投资条约；二是以自贸区协定为代表的区域协定，这类协定除了包括投资规则的内容和条款外，还包括贸易规则；第三类是多边协定，这类协定是指规定投资规则的多边规则。

二、国际投资规则的历史演变

1959年，德国与巴基斯坦缔结了一个专门规定投资保护问题的双边条约，被后世誉为现代国际投资规则诞生的标志性事件。不久之后，其他西欧国家纷纷效仿。自1960年开始，比利时、丹麦、法国、意大利、卢森堡、荷兰、挪威、瑞典和瑞士均缔结了它们的首批双边投资公约。这些早期的国际投资规则具有十分重要的意义，其所确立的基本模式构成此后数十年绝大多数国际投资协定的特征。该种基本模式包括投资待遇（国民待遇、最惠国待遇、公平和公正待遇），即时、适当和有效的征收补偿标准，投资款项自由转移的权利，以及关于投资者与东道国之间、缔约国之间的争端解决的规定。因此，国际上较为一致的观点认为，真正意义上的国际投资规则发端于欧洲。

尽管早期的国际投资规则形式多样，但单从内容上都有一个共同的特点，即仅侧重于投资的保护，不论是关于投资待遇、征收、转移等实体条款，还是关于国际投资仲裁的程序性条款，都着眼于对投资权益的保障。

三、国际投资规则的现状

2008年金融危机后，发达国家和发展中国家围绕新的国际投资规则的制定加大了竞争。新兴经济体和发展中国家强烈呼吁参与规则制定和全球治理的公平权力。发达国家采取多种手段力求巩固其规则制定者的地位，美国和欧洲地区等力推新投资规则，不断抛出竞争中立、政府采购、环境标准、知识产权等新标准、新要求、新问题。

1. 强调高标准的投资自由化

新国际投资规则继承了以往高标准的投资自由化的规则，继续以宽泛的投资定义要求以准入前国民待遇加负面清单的模式开放市场。欧盟国家也开始向美式BIT投资规则靠拢。2009年《里斯本条约》生效后，欧盟取得了对外签署和缔结投资条约的专属权利，开始采取保护与准入并重的国际投资政策，从以投资保护为主向以投资保护和投资准入并重的国际投资规则转变。2012年4月，美国和欧盟共同发表《关于国际投资共同原则的声明》，明确要求各国政府给予外国投资者广泛的市场准入，以及不低于本国及第三国投资者的准入前和准入后待遇。美国在2012年修订了其双边投资协定范本，继续坚持一贯的高标准的准入前国民待遇，并极力在其主导的TTP、TTIP等区域合作中推行。

2. 对投资保护的同时，强调东道国对外资的管理权力

新国际投资规则试图在保护外资权益和维护东道国对外资采取管理措

施的权力之间进行更好的平衡。一方面，依旧强调要强化对外资保护，认可国际投资规则的征收和补偿条款，出现对外资的征收时，要求给予及时、充分和有效的补偿；允许资金汇兑自由；东道国不得设立各种履行要求等。另一方面，强调基于公共利益保持东道国对外资的管辖权。联合国贸发组织在《2012年世界投资报告》中制定了可持续发展投资政策框架，明确了制定外国投资政策的核心原则——监管权。报告提出，根据国际承诺，为了公共利益及尽量减少潜在负面影响，每个国家都有权建立外国投资准入条件，并确定外国投资的运行条件。不少国家在国际协定中通过引入环境保护、国家安全例外、维护金融体系统一和稳定的审慎措施等办法，扩大了东道国对外资的监管空间。同时，在发展中国家成为主要的资本输出国的背景下，美国、德国、日本等发达国家强化了国家安全审查，不过对国家安全的界定比较随意，并没有明确的定义以及清晰的范围，导致政府以国家安全为由扩大和加强了对外资并购的审查。

3. 在投资者与国家争端解决机制上进行了限制

投资者与国家争端解决机制存在明显缺陷，如仲裁庭对国家投资协定关键条款解释的宽泛或相互矛盾、缺乏透明度，东道国的外资管辖权受到较大制约等。发达国家已经开始不再使用或者限制使用该机制。例如，澳大利亚在贸易政策中宣布，在未来的投资协定中，将不再引进投资者与东道国的争端解决机制；美国、加拿大等国家修改BIT范本，限制国际仲裁庭的解释范围，以保持更大的对外资管制空间。2011年欧洲议会就欧盟与加拿大的贸易关系（包括投资关系）通过的一项决议中明确表明，鉴于加拿大和欧盟高度发达的司法制度，国家和国家之间的争端解决机制以及使用当地司法救济是更合适的处理投资争端方法，欧盟并不愿意在国际投资协定中纳入投资者与国家争端解决机制，即使纳入，也需要限制机制的适用范围。因此，新国际投资规则中，发达国家并不是像以往那样一味强调对外资的保护，而是更多地体现了对本国敏感部门和公共部门的利益的保护，对投资者与国家争端解决机制的引进更加谨慎。

4. 对国有企业对外投资进行限制，强调竞争中立规则

2008年金融危机后，发展中国家的跨国公司加快了在海外的投资布局，尤其是中国成为世界第三大资本输出国，以国有企业为主体的对外投资引起了发达国家对中国的警惕。2011年以来，美国开始在多边、区域和双边领域积极推动竞争中立规则。2012年4月10日，美国和欧盟发布的《欧盟与美国就国际投资共同原则的声明》中，第二项就是公平竞争原则，声明指出，欧盟与美国支持经济合作与发展组织在竞争中立领域的工作，强调国有企业和私营商业企业享有同样的外部环境，并在既定市场上进行公平竞争。同时，2012年美国在BIT范本的修订中专门增加了对“被授权政府职权的国有企业及其他人”的解释，并制定了针对国家主导型经济体的条款，加大了对竞争中立规则的重视。

5. 投资规则谈判的议题更加宽泛

相比以往国际投资规则，新国际投资规则的谈判议题更加宽泛，不仅包括外资准入与开业、投资者待遇、履行要求、资金汇兑、征用和补偿、争端解决等传统的议题，还包括环境政策、劳工标准、更高的透明度、投资者义务、企业社会责任、知识产权、竞争政策、公共治理与机构、国有企业等一系列新议题。国际投资新规则议题更宽泛，标准更高。

6. 发展中国家积极参与新一代国际投资规则的制定

因为新兴经济体群体性崛起，发展中国家在国际舞台上有了更大的发言权。如果说发展中国家对第一代和第二代国际投资规则是被动接受，那么在新一代国际投资规则的制定中，发展中国家更多的是从被动变主动，积极参与。

四、主要国际投资保护规则简介

1.《纽约公约》(1958年)

1958年，国际商事仲裁会议在联合国总部纽约召开，此次会议通过了《承认和执行外国仲裁裁决公约》，即《纽约公约》。此后，公约短短的16条条款通过指导和促进承认及执行外国仲裁裁决的理论和司法实践，对各国立法，尤其是国际仲裁立法发挥了巨大的作用。截至2009年，公约缔约成员已有143个国家和地区。

《纽约公约》调整的事项有以下几条。

第一，缔约成员承认仲裁协议的效力。如果缔约成员的法院受理一个案件，而就该案件所涉及的事项，当事人已经达成公约所指的仲裁协议时，除非法院查明该项协议无效、未生效或不能实行，应依一方当事人的请求，令当事人将案件提交仲裁。

第二，缔约成员相互承认仲裁裁决具约束力，并依照执行地的程序规则予以执行。在承认或执行其他缔约成员的仲裁裁决时，不应在实质上比承认或执行本国（地区）的仲裁裁决规定更繁的条件或更高的费用。

第三，申请承认和执行仲裁裁决的一方当事人，应该提供原裁决的正本或经过适当证明的副本，以及仲裁协议的正本或经过适当证明的副本，必要时应附具译本。

第四，凡外国（地区）仲裁裁决有下列情况之一者，被请求执行的国家的主管机关可依被执行人的请求，拒绝予以承认和执行：①签订仲裁协议的当事人，根据对他们适用的，存在某种无行为能力的情况，或者根据仲裁协议所选定的准据法（或未选定准据法而依据裁决地法），证明该仲裁协议无效。②被执行人未接到关于指派仲裁员或关于仲裁程序的适当通知，或者由于其他情况未能对案件进行申辩。③裁决所处理的事项，非为交付仲裁事项，或者不包括在仲裁协议规定之内，或者超出仲裁协议范围以外。④仲裁庭的组成或仲裁程序同当事人间的协议不符，或者当事人间没有这种协议时，同进行仲裁的国家（地区）的法律不符。⑤裁决对当事人还没有拘束力，或者裁决已经由作出裁决的国家或据其法律作出裁决的国家（地区）的主管机关撤销或停止执行。另外，如果被请求承认和执行仲裁裁决地所在国家（地区）的主管机关查明有下列情况之一者，也可以拒绝承认和执行：①争执的事项，依照这个国家（地区）的法律，不可以仲裁解决者。②承认和执行该项裁决将与这个国家（地区）的公共秩序抵触者。

第五，公约的规定不缔约成员参加的有关承认和执行仲裁裁决的多边或双边协定的效力，也不剥夺有关当事人在被请求承认或执行某一裁决的国家的法律或条约所许可的方式和范围内，可能具有的利用该仲裁裁决的任何权利。这就是所谓更优惠条款。

中国于1986年12月加入《纽约公约》，1987年4月该公约对中国生效。中国在加入该公约时做了互惠保留和商事保留声明，也就是说，中国只承认和执行来自缔约成员且所解决的争议依中国法律属于商事关系的仲裁裁决。

2.《1965年华盛顿公约》

《关于解决国家与其他国家国民之间投资争端公约》(*Convention on the Settlement of Investment Disputes Between States and Nationals of Other States*)简称《1965年华盛顿公约》，1965年3月18日缔结于华盛顿，1966年10月14日生效。该公约是在国际复兴开发银行（世界银行）主持下缔结的为解决一缔约国与其他缔约国国民间的投资争议的多边国际公约。

《1965年华盛顿公约》包括一个序言和10章共75条，其目的在于提供解决国家和外国私人投资者争议的调节和仲裁的便利，促进相互信任的气氛，并鼓励私人资本的国际流动。公约决定在华盛顿成立“解决投资争端国际中心”(International Centre for Settlement of Investment Disputes, ICSID)，作为解决缔约国与其他缔约国国民争议和实施公约的常设机构。1966年，ICSID成立，该中心具有独立的法人资格，并享有公约规定的特权和豁免权。

《1965年华盛顿公约》争议的解决方法有调解与仲裁两种。对于解决案件的法律，公约允许当事人协议选择，如无此协议，则适用争端缔约国的法律以及可以适用的国际法规则。ICSID受理的案件，有排他管辖的效力，同时，ICSID受理案件以后，也不得借口法律无明文规定或含义不清而暂时不作出裁决。裁决结果对双方都有拘束力，不得进行上诉或采取任何除本公约规定外的补救措施，各方应遵守和履行裁决。此外，公约还就国家主权豁免、公平与善意原则、用尽当地救济原则等内容做了规定。

《1965年华盛顿公约》是成员广泛、影响力较大的一个公约。中国于1990年2月签署，1990年7月加入该公约。

3. 双边投资保护协定

双边保护投资协定是“二战”后签订的投资协定。从20世纪40年代开始，美国等发达国家纷纷立法，建立了旨在保护本国海外投资的保险制度，但对于海外投资者母国投资保险机构国际代位索赔权的实现仍无法保证。继大规模国有化浪潮之后，发展中国家在其国内新的立法中多有鼓励和保护外商投资的新规定，但它毕竟只是国内立法，仍不足以切实消除外国投资者的疑虑。这种单纯依据发展中国家有关外资的国内立法或发达国家有关海外投资保险制度的国内立法，都无法为发达国家流向发展中国家的投资提供充分的法律保护，于是，有关国际投资保护的双边条约（协定）便得以逐渐盛行。

有关国际投资保护的双边条约，有三种模式。

第一，友好通商航海条约。这种条约牵涉的范围颇为广泛，因而对于外国投资的法律保护这一特定问题的规定往往并不明确、具体，美国等国家在1960年后就不再推行“友好通商航海条约”这一双边条约模式了。

第二，投资保证协议。此类双边协议的核心在于让对方缔约国正式确认美国国内的承保机构在有关的政治风险事故发生并依约向投保的海外投资者理赔之后，享有海外投资者向东道国政府索赔的代位权和其他相关权利及地位。

第三，促进和保护投资协定。此类协定内容翔实具体，实体性规定和程序性规定并举，能够为资本输出国的海外投资提供切实有效的保护，因而一问世便得到各发达国家的竞相效仿和大力推行，而且也为发展中国家所广泛接受。

当代各国所缔结的双边投资保护协定一般包含投资定义、批准、待遇、代位权、征收条件和补偿以及争端解决程序等条款，其内容往往是资本输出国和资本输入国利益平衡和互相妥协的结果。通过对中法投资保护协定及美国提交对方缔约国供谈判用的“双边投资保护条约”样本的比较，并结合其他投资保护协定的相关条款，此类协定的主要内容包括：

（1）投资。美式协定将“投资”定义为：在缔约国一方所属所控制的领土，由缔约国另一方的国民或公司直接地或间接地投入的各种形式的资本，诸如股票、债权、各种劳务合同与投资合同。它包括：有形财产和无形财产（包含各种权利，如抵押权、留置权以及质权等）；公司、公司的股票或其他权益、公司资产的各种利益；金钱请求权，或具有经济价值并与投资有关的行为请求权；各种知识产权和工业产权，包括版权、专利权、商标权、商号名称、工业设计、商业秘密与专有技术，以及商业信誉等权利；由法律或合同所赋予的各种权利以及依法授予的各种特许证和许可证。

中法协定对“投资”的定义与美式协定使用的措辞有所不同，但内容基本一致。除“投资”外，美式协定还将保护范围扩大至“各种有关活动”，中法协定并无此种条款，但从协定精神以及中国同其他国家缔结的投资协定的规定来看，与投资有关的活动也在保护范围之内。

（2）外资准入及待遇。双边投资保护协定一般规定，缔约一方根据其法律（或法规、政策、行政惯例及审批部门享有的法定权限），准许缔约对方投资，从而显示对东道国在外资准入方面自主权的尊重。

在外资待遇方面，中法协定要求相互给予对方者以“公平和公正的待遇”以及“不低于第三国投资者的待遇”。在准入环节上，美式协定则要求缔约方按国民待遇或最惠国待遇标准允许对方投资者入境投资，但在一些部门或行业可以作为例外而不给予外商国民待遇。美式协定并要求取消外资准入的业绩要求，如出口比例当地成分等要求。可见，美式协定在投资准入方面倾向于对外资的无条件开放。

在外资待遇方面，美式协定的特点是：除了要求缔约各方给予对方者“公平合理的待遇”之外，还特别规定“所获得的待遇，在任何情况下均不得低于国际法的要求”。这种措辞往往给国际上的强权政治者留下“法律根据”，便于他们任意“解释”和随便对弱者“问罪”。近代国际法发展史上的此类事例屡见不鲜。

（3）利润汇出。中法协定允许投资者在“合理期间内”自由转移利润、资本清算所得及征收补偿等收入。美式协定则规定此类款项应可“自由地和及时地”转移。

（4）代位。中法协定规定缔约一方可为其投资者在缔约另一方境内的已得到批准的投资提供担保；缔约另一方应承认缔约一方之代位权。中国所缔结的双边投资保护协定，大都有此种代位权条款。而美国由于已推行并签订了多项特设的双边“投资保证协定”，其中已经含有代位索赔条款，因此美式的“投资保护协定”中并无代位条款。

（5）征收补偿。中法协定和美式协定都规定了东道国对外资征收或国有化的前提条件，即：①为了公共目的，②采取非歧视性方式，③按照法律程序进行，④给予补偿。

但在补偿数额及支付方式方面，两种协定有着重大区别。中法协定正文仅规定应给予适当的补偿，这反映了中国的一贯立场。中法协定附件对补偿数额的规定体现了一定的灵活性，附件说明补款额“应相当于有关投资的实际价值”。而根据美式协定，给予“及时、充分、有效”的补偿是对外资实行征收或国有化的条件；补偿金额“应相当于被征用的投资在（东道国）采取或宣布征用行动前夕的公平合理的市场价格；其中包括自征用之日起按商业上合理的利率计算的利息”。

在补偿的支付方面，中法协定的规定是“给付不应无故迟延”，因此，合理的迟延是可以允许的。而美式协定则要求“补偿金应当毫不迟延地支付”。

（6）争端解决。争端有两种，第一种是缔约国双方在协定的解释或适用问题上的争端。中法协定和美式协定有关此种争端解决方式的规定并无实质区别。二者均规定争端首先可以通过协商等外交途径解决，其次便是通过国际仲裁（临时仲裁）。第二种争端是投资争端，即缔约一方与另一方投资者之间发生的争端。按中法协定，投资争端应尽可能通过和解解决；如果六个月内未能达成和解，则可向东道国行政当局申请或向东道国法院提起司法诉讼，两者均属采用“当地救济”方式。如果此争端提出后一年内尚未得到双方满意的解决，则可提交国际仲裁（临时仲裁）。

另外，根据中法协定所附换文，两国同意在双方均成为《解决国家与他国国民间投资争端公约》的参加国时，应当举行谈判，就将投资争端提交ICSID的有关事项，达成一项补充协议。现在我国已签署并批准了上述公约，这就为中法两国争端当事人将有关的投资争端提交ICSID提供了可能。

美式协定规定了投资争端应先通过协商和谈判解决。若协商不成，则可按照争议双方事先商定的适当程序解决。在争议发生六个月以后，作为争议一方的国民或公司可用书面表示愿将争议提交ICSID调解或仲裁。在这里，只要作为争议一方的国民或公司出具了书面同意文件，争议的任何一方即可向ICSID或其附属机构提出申诉。这就排除了东道国对提交ICSID的争议进行逐个甄别审批的权力。

（7）其他条款。双边投资保护协定通常还包含对因战乱而遭受损失的外国投资者进行赔偿的战乱损失赔偿条款，以及缔约一方应遵守其对缔约另一方投资者所作特定承诺的“保护伞条款”。由上述比较中可以看出，中法协定无论在投资审批、投资待遇、利润转移、征收和补偿以及投资争端解决方面，都有着实质性的不同。

五、国际投资规则的主要内容

相对成熟的国际投资规则主要包括投资定义、投资待遇、征收、转移、投资者与国家间投资争端解决等议题。

1. 投资定义

投资定义决定投资条约保护的对象范围，构成投资仲裁管辖权的基础，几乎所有的国际投资协定都对投资的概念进行了界定。随着国际投资规则的发展变化，国际投资协定中的投资定义的内涵也在扩大，目前大多采用广义的定义法，将任何具有投资特征的资产（含有形资产和无形资产）均纳入保护范围，不仅包括直接投资，也包括间接投资。至于何为投资特征，一些国际投资协定列举了三项特征：资本或其他资源的投入、收益或利润的期待和风险的承担。

2. 公平与公正待遇

外资待遇制度是国际投资协定的重要内容，直接决定了外国投资者在东道国的法律地位。而在外资待遇制度中最引人注目的是公平与公正待遇标准，因为它不仅可以作为评估外国投资者和东道国之间关系的尺度，而且表明了东道国在考虑外国投资者公正与公平利益条件下接受外国直接投资的意愿。作为一项绝对待遇标准，公平与公正待遇标准在国际投资协定中得到普遍采用。联合国贸易和发展会议关于“公平公正待遇”一词的准确含义主要有两种解释方法：一种是本意法，即直接将该待遇定义为给予公平公正待遇；二是将其等同于国际最低待遇标准。依照本意法，“公平与公正待遇”一词即为其原有之意。因此，当外国投资者得到享有这一待遇的承诺时，可对给予该投资者的特定待遇是否“公平”及“公正”做出直接的评价，如果存在不公平或不公正，则可得出违背公平与公正待遇的结论。持第二种见解者则认为公正及公平待遇与国际法上的国际最低标准是同一的。这种观点的推论是：在国际习惯法中，外国投资者有权享受某一水平的待遇，如果国家提供的待遇低于该水平，就应当承担责任。

3. 国民待遇

国民待遇要求一国以不低于给予本国国民待遇的方式对待外国人，即外国人与本国人享有同等的待遇。由于它有明确的参照，因此成为国际投资协定中关于外国人待遇的最重要的制度之一，它往往要求投资东道国针对外国投资者在投资的整个生命周期都要给予不低于本国人的待遇。

采用“准入前国民待遇”的国家和地区越来越多，既包括美国、欧盟、加拿大、日本、澳大利亚等发达国家和地区，也包括墨西哥、印度、泰国、南非、俄罗斯、越南等众多发展中国家。

4. 最惠国待遇

同国民待遇一样，最惠国待遇是国际投资规则中的关键条款之一。它要求投资东道国针对一个外国投资者给予的待遇，不得低于在同等的情况下其给予任何来自其他国家投资者的待遇，旨在防止以外国投资者的国籍为依据从而针对不同国别的投资者采取歧视性的做法。同前述国民待遇条款一样，最惠国待遇涵盖的范围十分广泛，通常也适用于投资的整个生命周期，包括投资的设立、经营、维持、使用、出售或投资清算等。但是，不同的国际投资协议中对于最惠国待遇标准的规定并不一致。

实践中，最惠国待遇也有“准入前”和“准入后”之分。如果一项国际投资协定在最惠国待遇条款中含有“设立”“获取”“扩大”这三个含有准入意涵的投资环节，则意味着缔约方承诺给予准入阶段的最惠国待遇，应不低于给予任何第三国投资者或投资的待遇，也称作“准入前最惠国待遇”。如果不含准入环节，仅是规定在投资的管理、经营、运营、出售等投资进入后的阶段，则意味着仅承诺给予准入之后的最惠国待遇，也称作“准入后最惠国待遇”。

5. 征收

国际投资协定中的征收是指东道国政府利用公权力对投资者或其所投资企业的财产所有权或使用权包括预期收益进行剥夺。一般认为，主权国家有权对其境内包括外国私人财产在内的一切财产实行国有化，但要符合一定的条件。双边投资协定对此虽措辞有异，却都规定有大致相同的条件：即征收，必须是出于对国家公共利益的考虑，必须是对外国投资者采取无差别待遇，必须对外国投资者予以补偿，必须尊重法律程序。

征收可分为直接征收和间接征收两种类型，前者是指直接剥夺投资者的财产权，往往涉及投资所有权的转移。直接征收多发生于20世纪中叶民族国家独立、非殖民化运动、旧政权被革命势力推翻的特定时期。

实践中，双边投资协定大多不对征收直接定义，而只做一般性描述。间接征收是指东道国政府采取干预外国投资者行使财产权的各种管制措施，其实施方式是渐进性的，虽然这些措施在形式上没有剥夺投资者的所有权，但是对投资者财产的影响足以构成对投资者的投资利益的剥夺，或对投资的管理、使用或控制权的限制，或使投资的价值受到实质性的减损。"二战"以后，世界各国总体上进入相对和平稳定的发展阶段，发生直接征收的情况越来越少，而间接征收的发生频率呈现上升之势，这就使得间接征收问题受到了国际社会越来越多的关注。

征收时国际投资协定的核心条款，直接与投资者权益保护问题相关联。东道国政府对外资实行征收之后，要给予补偿，这已经成为几乎所有国际投资协定的普遍做法。但是，对于应给予多少补偿和怎么补偿，即补偿标准问题，历来存在巨大分歧。发展中国家坚持适当补偿或合理补偿，而发达国家则坚持应给予及时、充分和有效的补偿，即赫尔公式的高标准补偿。

中国在对外缔约国际投资协定的早期，长期坚持适当补偿或合理补偿的标准，反对在双边投资协定中引入赫尔公式。但随着近年来中国对外投资规模的持续扩大，中国企业海外投资权益保护的必要性与日俱增，尽管中国在缔约实践中未采用完全意义上的及时充分有效补偿标准，但在具体措辞上已与之逐步接近。

6. 转移

由于转移问题往往牵涉东道国的外汇管制，为兼顾投资东道国的利益，国际投资协定往往对东道国肩负的自由转移义务设置了一些例外，主要包括三种情形：一是通常规定需要遵守东道国关于外汇管理的法律法规或其他手续；二是出于执行东道国相关法律，如破产法、金融监管、刑事处罚等的需要，可通过公平、公正、非歧视和善意的方式阻碍转移；三是国际投资协定一般规定，在国际收支遇到严重问题或受到严重威胁的时候，缔约任何一方可实施必要措施，暂时闲置转移。

7. 保护伞条款

保护伞条款是缔约方加强投资者权益保障水平的一项独特的制度安排。它要求缔约方不仅要遵守其缔结的国际投资协定，还要遵守其与缔约另一方投资者所做出的包括特许协议和商业合同在内的一切承诺。该条款由英国著名的国际法学家劳特派特于20世纪50年代首次提出，并在1959年被纳入德国与巴基斯坦签订的世界上第一个双边投资协定中。

保护伞条款是一个富有争议的条款，主要有两派观点：从严解释保护伞条款；宽泛解释保护伞条款。目前来看，相对主流的观点认为采取限制性解释较为合理。

8. 投资者与投资东道国间仲裁

国际公法理论认为，主权国家享有司法豁免，任何个体或实体均不得向任何组织起诉主权国家。国际投资协定引入的国际投资仲裁机制，意味着作为私人的投资者可以向国际投资仲裁机构起诉享有主权的投资东道国，这是对上述传统国际法观点的重大突破。对于投资者来说，引入这样的争端解决条款至关重要，它可以保障投资者在其权益遭到投资东道国不法侵害时获得公平、公正的救济途径。

六、国际投资规则的困境分析

1. 金融危机对国际投资规则的影响

在全球金融危机的大背景下，各国投资政策呈现出推进投资自由化和便利化与投资保护主义两种倾向并行的特点。一方面，不少国家进一步放宽对外资准入的限制，推进贸易的自由化，出台投资便利化的激励措施，推行税收减免等优惠政策，各国在吸引外资方面的国际竞争空前加剧。另一方面，投资保护主义抬头的迹象明显。一些国家采取歧视性的做法，开始运用国际规则中的漏洞，以“变相”方式歧视外国投资者或其产品。例如在政府采购（特别是大型的公共基础设施项目）中倾向于使用国内原料成分高的产品，阻止银行对外国业务提供贷款，通过宽泛解释国家安全定义范围，来援引“国家安全例外”等。

2008年金融危机之后，国际投资规则迎来了新的发展阶段，呈现出新动向和新特点。

一是不断减少对自由投资的限制。从投资保护和促进到投资自由化时代，投资者范围扩大；国民待遇和最惠国待遇从准入后阶段延伸到准入前阶段；对业绩要求的限制减少。

二是投资规则取向综合化和法典化。从条约结构上看，当代国际投资协定一般分为三部分：定义条款、实体规则和程序性条款。从涉及内容上讲，除传统的投资待遇、资本及外汇转移、征收补偿等内容外，还涉及金融服务、税收及国家安全例外，要求缔约方承诺不以降低环境和劳工保护标准为代价吸引外资，不强制外国投资者转让技术和实行出口业绩要求以及透明度、国有企业、知识产权、政府采购等方面的内容。

三是投资规则更加细化。要求明确投资定义、公平公正待遇和征收补偿程序、争端解决条款。

四是对投资者及其投资的保护有所加强。国民待遇和最惠国待遇范围扩大；明确中央政府和地方政府的准入前义务、征收补偿标准。

五是更加注重东道国利益和投资者权益保护的平衡。从历史上看，国际投资协定是在发达国家的推动下出现和不断发展的，最初主要是为了保护发达国家在发展中国家的投资者和投资。但是，随着发展中国家的不断崛起及其对外投资的发展，发展中国家和发达国家都从单纯的资本输入国或单纯的资本输出国，转变为集二者于一身的国家。因此，以发达国家为代表的新一波国际投资协定范本中，开始关注东道国国家利益和投资者保护的平衡。在争端解决方面，规定了更加翔实的程序性条款，各项机制不断改革和完善，这不仅给东道国留有一定空间和余地，也用以限制国际投资仲裁机构的自由裁量权。在例外条款的设定方面，越来越多的国家引入了国家安全例外、一般例外、金融审慎例外、税收例外甚至文化领域的例外条款，目的是在给予外国投资高水平保护的同时，更好地兼顾投资东道国的国家利益。

六是发达国家在主导国际投资规则制定方面动作频频。2012年4月10日，美国、欧洲联合发布《关于国际投资共同原则的声明》，规定了公开和非歧视的投资环境，包括准入前国民待遇、国有企业的公平竞争、对投资者和投资提供有力保护、公平和有约束力的争端解决、严格的透明度和公众参与规则、负责人的商业守则（含跨国公司社会责任）、从严掌握安全审查的考虑因素等七项原则，集中反映了美国、欧洲对国际投资规则的统一立场。美国和欧洲此举意在国际投资规则方面树立新标杆，确立新规矩，反映了其联手主导国际投资规则制定的意图。2012年美国公布了2012年投资协定范本，在环境、劳工、透明度、业绩要求等条款上进行了修改和完善。

七是国际投资规则的多边化趋势得到了加强。国际投资规则至今仍处在碎片化的状态之中，不仅缺乏一套综合性的多边条约，也缺乏一个有效运作的国际机构，更缺少具有司法性的争端解决机制。2013年1月，作为美国政府智囊的彼得森经济研究所发表了题为《世界需要多边投资协定》的文章，呼吁各国达成一项《多边投资协定》。WTO前总干事拉米也在不同场合表示，建立一个统一的多边投资框架有利于提高全球投资环境的稳定，并增强可预测性和透明度。世界上不少国家已经认识到，国际投资规则的多边化是经济全球化与各国经济相互依存度增加的必然要求。国际社会正面临越来越多的共同难题，尤其是在环境、健康、劳工等领域。解决这些难题必须依靠国际社会的共同努力、综合治理，而非一个或几个国家的努力所能实现的。以双边投资协定为主体的现行国际投资规则囿于效力的双变形和分散性，无法从全局处理这些问题。唯有改变当前国际投资治理的一盘散沙的局面，转而实施多边治理，形成多边层面的统一投资规则，方能找到出路。

2. 国际投资规则安全审查

国际投资规则不能回避的问题是外资的国家安全审查问题。截至目前，国际上并没有针对安全审查的统一规则。而在国际投资规则的框架下，国际投资协定一般将国家安全问题作为例外处理，规定缔约方可在其领土内为维护国家根本安全利益采取措施。具体有以下三种情形。

一是协定规定的绝对例外。一些国际投资协定中规定，缔约方可采取任何“其认为”（it considers）是保护根本安全利益所必要的行为，意即缔约方采取的措施具有“自判性”，不受该协定义务的约束，也不受协定规定的投资仲裁机制的管辖。

二是协定规定的相对例外。一些协定的安全例外条款中并未加入以上所提及的“自判性”文字。在这种情况下，一旦出现投资争端，作为被申请人投资东道国可以援引相对例外条款，以保护国家根本安全为由进行抗辩。最终是否属于国家安全，以及是否能够依据国家安全进行有效抗辩，交由国际投资仲裁庭进行裁断。如美国和阿根廷双边投资协定虽有根本安全例外条款，但条款中未包含诸如“其认为”的自判性文字，因此在该协定下的多个投资争端仲裁中，仲裁庭均得出结论认为，其有权裁断阿根廷政府采取旨在保护国家安全的措施是否违反协定的义务。

三是一些双边投资协定中不包括根本安全例外条款。中国早期签署的协定属于此种类型，如中国与英国、德国、科威特和以色列等国的双边投资协定。巴西、意大利、南非等国对外缔结的协定也属于此类。在这种情况下，如缔约方基于安全原因而采取措施，只能根据国际公法的一般原则进行抗辩，如援引《联合国宪章》下“履行维持或恢复国际和平与安全”的义务，或危急情况之习惯国际法（根据国际法委员会2001年《国家对国际不法行为的责任条款草案》）来进行抗辩。

此外，关于“根本安全利益”或“国家安全”的范围，大多数国际投资协定都未加以解释或限定，因此其概念较为宽泛，仲裁庭通常参考习惯国际法来界定；也有的协定采取了列举的方式，如加拿大2004年促进和保护投资协定范本规定，与军火交易、实施战争、战争时期和其他紧急状态、核不扩散等相关的措施属于安全例外。

第四节　国际金融关系的规则调整与困境

一、国际金融规则及其分类

国际金融规则指国际金融领域有关参与方共同遵守的行为规范，反映了国际金融领域的共同要求以及规则制定主导方和参与方（主要是主导方）的利益诉求。国际金融规则的制定和遵从反映了国际金融格局的需要，既定的规则体系制约着既有的国际金融格局的作用并影响着国际金融格局的走向，因此对国际金融格局也有着重要影响。谁掌握着或主导着国际金融规则的制订，谁就能影响国际金融格局向有利于己的方向变动或维护既定的有利于己的国际金融格局。一般意义上的国际金融规则主要有两种：一种是官方规则，另一种是不具有法定约束力但为各成员共同接受的半官方规则。

1. 官方规则

官方规则是指多边政府间协定以及根据政府间协定建立的国际组织

制订的规则，例如1944年的《布雷顿森林体系协定》(即《IMF协定》) 和1976年的《牙买加协定》(即修订的《IMF协定》)，以及IMF关于成员汇率监督的决定（包括1977年出台的《关于汇率政策监督的决定》和2007年出台的《对成员政策双边监督的决定》)，WTO出台的有关金融服务市场跨国准入的一系列规定。制订和执行国际货币体系规则的目的在于维护现有国际货币体系的稳定，客观上维护主要国际货币的地位。1944年建立的布雷顿森林体系确立了美元的国际地位，1971年布雷顿森林体系解体，1976年的《牙买加协定》巩固了美元的储备货币地位，尤其是美国与沙特签订的关于石油美元的协议保证了这一点，同时也认可了其他金融发达国家（地区）居于美元之下的国际货币的地位。IMF于1977年出台的关于汇率监督的决议以及2007年出台的关于汇率监督的新决议，客观上有利于美国执行其汇率政策。IMF的第八条款磋商、第四条款磋商主要针对发展中国家进行。另外，一些区域一体化组织也出台适用于本区域的规则。

2. 半官方规则

由有关国家地区金融主管部门参加的不具有法定管辖权的国际组织，如1974年成立的巴塞尔银行监管委员会（Basel Committee on Banking Supervision，BCBS)、1983年成立的国际证监会组织(International Organization of Securities Commissions，IOSCO)、1994年成立的国际保险监督官协会(International Association of Insurance Supervisors，IAIS）先后出台的系列监管指南，虽然不具有法定约束力，但因其权威性和前瞻性而为行业普遍认可，成为各国（地区）共同采纳的标准，有的国家按照这些组织出台的监管指南的精神制订了自己的监管标准，有的国家（地区）直接以国内立法的形式赋予其法律效力。

(1)巴塞尔银行监管委员会[①]出台了一系列关于银行监管的标准和规则。

巴塞尔银行监管委员会1975年9月出台《对银行国外机构的监管报

---

①巴塞尔银行监管委员会(Basel Committee on Banking Supervision)，简称“巴塞尔委员会”，原称银行法规与监管事务委员会，是由美国、英国、法国、德国、意大利、日本、荷兰、加拿大、比利时、瑞典十大工业国的中央银行于1974年年底共同成立的(目前成员国不止以上10个国家)，作为国际清算银行的一个正式机构，以各国中央银行官员和银行监管当局为代表，总部在瑞士的巴塞尔。每年定期集会4次，并拥有近30个技术机构，执行每年集会所定目标或计划。

告》；1988年7月出台《关于统一国际银行资本衡量和资本标准的协议》（现被称为巴塞尔协议Ⅰ）；2004年6月出台《资本计量和资本标准的国际协议：修订框架》（现被称为巴塞尔协议Ⅱ）；以2010年7月出台的《监管理事会就巴塞尔委员会针对资本和流动性的一系列改革达成共识》和2010年9月出台的《监管理事会宣布更高的全球最低资本标准》为代表，推出了巴塞尔协议Ⅲ。巴塞尔协议Ⅰ以资本约束风险资产总量，为全球银行业确定了一个资本最低要求的标准。1988年巴塞尔协议Ⅰ出台以后，日资银行资本量普遍达不到要求，不得不收缩资产尤其是海外资产，日本经济泡沫破灭使日资银行积累了大量不良资产，更是导致日资银行资本不足。巴塞尔协议Ⅱ克服了巴塞尔协议Ⅰ只考虑信用风险而且风险度量比较机械的缺陷，在资本充足率计量中同时考虑市场风险和操作风险，在风险计量方面给商业银行标准法或内部评级法之选择，并将外部监管和市场约束与资本最低要求一起构成银行监管的三个支柱。巴塞尔协议Ⅲ进一步改进了实践中暴露出的缺陷，提高了资本质量要求，并提高了资本充足率要求，强调了宏观审慎监管的原则，建立逆周期资本缓冲，加强了流动性要求。巴塞尔委员会1997年9月出台了《有效银行监管核心原则》，2006又出台了新版《有效银行监管核心原则》，对银行监管的主要方面作出了原则性规定。

（2）国际证监会组织（IOSCO）[①]和国际保险监督官协会（IAIS）出台有关规定。

1998年IOSCO出台了《证券监督的目标与原则》；2002年出台了《关于磋商、合作和信息交流多边谅解备忘录》，旨在促进跨境监管合作和信息交流；2003年出台了《关于执行IOSCO〈证券监管的目标与原则〉的评估方法》，该目标与原则已经被称为国际证券监管的基准。IAIS2002年10月出台了《保险监管目标和原则》，目的在于统一全球保险监管规则；2010年6月出台了《国际保险集团监管共同框架》，为各国当局对保险集团进行

---

①国际证监会组织（International Organization of Securities Commissions，简称IOSCO），也称证券委员会国际组织，是国际间各证券暨期货管理机构所组成的国际合作组织。总部设在西班牙马德里市，正式成立于1983年，其前身是成立于1974年的证监会美洲协会。中国证监会于1995年加入该组织，成为其正式会员。现有193个会员机构，其中包括110个正式会员（ordinary member），11个联系会员（associate member）和72个附属会员（affiliate member）。

结构、业务、内部交易、整体风险和全部活动进行定性和定量评估提供了一个共同框架。

（3）反洗钱金融行动特别工作组（Financial Action Task Force on Money Laundering，FATF）[①]出台有关规定。

FATF 1990年2月出台《关于反洗钱的40项建议》；2001年提出针对恐怖融资的八项建议，构成了关于反洗钱的《40+8项建议》；2004年又出台针对恐怖融资的第9项建议，形成关于反洗钱的《40+9项建议》。

3. 市场规则

如赤道原则，由世界主要金融机构根据国际金融公司和世界银行的政策和指南建立的，旨在决定、评估和管理项目融资中的环境与社会风险而确定的金融行业基准。它广泛运用于国际融资实践，并发展成为行业惯例。

其他的国际金融规则还包括国际惯例等，如由国际性行业协会制订，大多为业务标准，为国际金融界所共同遵守。

二、金融危机暴露出国际金融规则的缺陷

1. 美元体制责任非对称性

由于美国贸易持续逆差，需要对外支付巨额的美元资金，这对于掌握“美元”印钞权的美国政府来说并不是难题，然而由于美元的无节制发行，必然出现美元流动性泛滥和贬值，直接损害从贸易顺差中获得美元的出口国的利益。与此同时，众多的美元持有国为了减少遭受美元贬值的损害，往往将美元储备用于购买美国国债，从而形成大量美元的回流和美国的巨额对外负债。然而，美国并没有通过回笼美元货币维持美元价值的稳定，而是实行宽松的货币政策，将回流的美元通过银行的信贷系统投入市场再循环，从而增加了美元在国内的流动性和增强了美国居民的对外支付

①反洗钱金融行动特别工作组（Financial Action Task Force on Money Laundering，简称FATF）是西方七国为专门研究洗钱的危害、预防洗钱并协调反洗钱国际行动而于1989年在巴黎成立的政府间国际组织，是目前世界上最具影响力的国际反洗钱和反恐融资领域最具权威性的国际组织之一。其成员国遍布各大洲，其制定的反洗钱40项建议和反恐融资9项特别建议（简称 FATF 40+9项建议），是世界上反洗钱和反恐融资的最权威文件。截至2005年2月，该组织已拥有33个成员以及20多名观察员。

能力，使美国居民得以尽情享受负债消费的乐趣。然而，这种以美元为本位的国际货币体制，实际上为全球金融危机的发生埋下了难以克服的隐患。从表面上看，2008年全球金融危机似乎是因美国的次级贷款资产证券化等金融创新所造成的，然而，细析危机的根源则不难发现，此次全球金融危机实则是美国利用国际货币体制的缺陷，通过宽松的货币政策，制造流动性过剩和货币贬值，支撑美国虚拟经济的繁荣，并将相应的货币金融风险通过资本市场转嫁给遍布全球的投资者的过程。由此也表明一个事实，将国际货币秩序的稳定寄托在单一主权国家货币之上是相当危险的，理由在于这样的国际货币体制极其容易被货币发行国所操纵，成为其攫取世界财富、牟取私利的便捷工具。这也是国际货币体制脆弱性的一个重要表现。

2. 国际金融监管滞后

金融创新和资本流动推动了全球金融市场的一体化，资金在各国金融市场上流动，促进资源在全球范围内的配置。但我们并没有建立起一个全球统一的监管机构和监管标准。资金在全球金融市场流动的同时，资金流动隐藏的金融风险也同时并存，一旦一国出现金融动荡，金融风险会通过金融市场的资金流动迅速地传递到其他国家。但由于国际货币协调的地位的不对称，发展中国家相对处于劣势。发达国家资本的货币扩张和货币贬值，导致全球流动性过剩，资本流入发展中国家，对发展中国家的货币产生很大的冲击，导致这些国家的汇率发生大幅度波动。一旦投机资本获利回流，导致这些发展中国家承受巨大的损失。因此，各国如何合作加强金融监管和风险防范是当今国际社会面临的又一个重要问题。

3. 国际金融救援能力的不足

国际货币体制脆弱性的另一个重要表现是IMF对危机救援的能力不足及决策机制的不公平和不合理。而这两者有时是紧密联系的。IMF对危机救援能力不足的表现之一是其信贷能力的不足。在2009年达成扩充“新借款安排”之前，IMF的信贷总额约为2500亿美元，这一信贷额在发生区域性乃至全球性的金融危机的情况下，可谓杯水车薪，如在东南亚金融危机爆发后，IMF在向泰国、印度尼西亚和韩国分别提供172亿美元、400亿美元和210亿美元的紧急贷款后，其可提供的信贷额已降到310亿美元；而在2008年全球金融危机中，冰岛实际上陷入国家破产状，即使在如此严峻的形势下，也只能从IMF申请到21亿美元的贷款，而冰岛的对外负债则高达1383亿美元。IMF救助能力不足的另一表现是对危机救援的不及时和救援条件的苛刻或不适当。无论是在东南亚金融危机还是2008年由美国次贷危机所引发的全球性金融危机中，IMF救援的不及时和救援条件与受援国具体国情不相符都在一定程度上造成危机受害国损失的进一步扩大。实际上，在长期的实践中，IMF对金融危机救援的行动迟缓、条件苛刻或不切实际都是众所周知和无须讳言的事实，甚至有专家指出，“IMF的援助条件往往是，受援者危机越重，援助条件越苛刻”，也因此造成受援国未能得到及时、有效的救援，甚至出现受援国经济的进一步衰退。

4. 国际金融决策机制不公平

国际金融救助的及时往往与众多发展中国家在IMF中缺乏发言权和决策权是密不可分的。IMF的加权表决制是历来受到发展中国家普遍诟病的不公平表决机制。由于美国拥有17%的投票权，德、法、英、日也都拥有超过5%的投票权，因此加权表决制实际上赋予了美国等少数发达国家的联合否决权甚至单独否决权。具体到作出危机救援决定的问题上，美国等发达国家在决定是否赞成向请求国提供救援时，必然从自身的利益考虑，包括这一救援行动是否有助于本国对外贸易的发展和外交势力的巩固和扩张，以及是否有利于本国金融机构在该被救援国拓展市场等。

5. 国际金融保护机制不完备

规则始终贯彻着规则制订者的意志，保护着规则制订者的利益。国际金融规则的创设和演进不可避免地带有规则制定者的利益诉求色彩。例如，“9·11”事件发生后，美国利用国际上普遍接受的反洗钱制度配合反恐，并且要求各相关国家配合，这是利用国际金融规则谋求个别国家利益的一个典型案例。美国会计准则与国际会计准则是两套并行的规则体系，美国一直对国际会计准则采取不理睬的态度，但近年来美国的态度发生了变化，两套会计准则出现趋同的趋势。为什么美国的态度前后截然不同呢？这是因为，美国对其前身国际会计准则委员会没有发言权，该机构传统上由欧洲主导，而国际会计准则理事会成立后，美国占据了多数席位，取得了主发言人的地位，因而对国际会计准则的态度发生了变化。美国吸取了安然事件的教训，实行目标导向的会计准则理念，也就在相当程度上向以原则为基础的准则理念靠拢，同时受美国影响改组而成的国际会计准则理事会在治理结构、规则制订程序上都参照了美式做法，从而奠定了良好基础。巴塞尔协议Ⅱ最终于2004年出台，但作为国际金融领域主要大国的美国出于保护自身大银行利益的考虑，迟至2009年才在本国实施巴塞尔协议Ⅱ（此时美国次贷危机已经爆发并演变成具有全球性影响的国际金融危机）。巴塞尔协议Ⅲ本身也是一个妥协的产物。在制订巴塞尔协议Ⅲ的有关文件的会议上，受本轮危机冲击较小的中国、印度、沙特、新加坡、中国香港提出了较高的要求，而受危机冲击较大的美英则相对低调但态度也比较积极，德国、法国、日本以及欧洲一些小国认为要求可以低一点。所以，整体框架是妥协的产物。例如最低普通股资本比率，中国最初提出定为5%，德国提出定为4%并得到日本和法国的响应，后来达成妥协定在4.5%。

三、金融危机后金融规则的变化

现行国际货币体制受制于少数发达国家的脆弱性和不合理性已暴露无遗，如果不能克服国际货币体制的固有弊端，国际货币秩序的不稳定乃至国际金融危机的再次爆发都将是不可避免的。围绕防范与救助国际金融危机的国际金融制度正在形成。

1. 改革国际货币体制

为了改变事实上的美元本位制，国际社会已提出多种改革现行国际货币体制的方案，其中呼声高的莫过于通过改造特别提款权（Special Drawing Right，SDR），使之成为代替美元地位的本位货币。改造的方案主要集中在两个方面，其一是增加SDR篮子中的货币种类，即在现有四种货币的基础上，增加包括人民币在内的新兴发展中国家的货币，使SDR篮子中的货币元素更具广泛代表性。其二是扩大SDR的使用范围。SDR自1969年创设时起，其使用范围就主要集中在IMF成员之间及IMF与成员之间债权债务的清算，在其他领域的使用基本上停留于计价和定值的功能。如果要使SDR能够替代美元成为本位货币，上述有限的使用范围显然无法胜任。因此进一步拓宽SDR的使用范围，尤其是推进SDR的现实货币化，应是促成其替代美元成为本位货币的首要环节。然而，在目前世界经济体制多元化、各国（地区）对SDR并未形成一致的认同的背景下，要使SDR成为本位货币的构想转化为现实，可能需要一个漫长的过程。因此，更直接和现实可行的变革美元本位制的方案应是通过在国际贸易和国际投资中的货币多元化，实现各国外汇储备的多元化，包括通过扩大人民币在国际结算中的使用范围，逐渐实现人民币的国际化，使人民币逐渐成为多元化货币的一员，从而逐渐改变美元的垄断地位，摆脱国际清算和国际储备受制于美元单一货币的被动局面，从根本上消除单一货币本位制的固有弊端，并杜绝货币发行国政府利用该制度弊端制造货币金融危机和向全球转嫁危机的制度根源。

2. 扩大发展中国家的发言权

只有扩大发展中国家的话语权，才能扭转国际金融危机的防范和救援受制于少数发达国家的被动局面，使国际金融秩序的稳定具有良好的制度保障。作为政府间国际组织，真正体现国家主权平等的表决机制应是一国一票制，然而，由于历史的原因和现实的考量，要在IMF的决策环节推行如WTO的一国一票制显然时机尚未成熟。因此，在目前IMF仍不得不实行加权表决制的条件下，只能通过谋求扩大发展中国家发言权的途径来寻求对不公平决策机制的改革。细析加权表决制的内部构造可知，扩大发展中国家发言权的努力可以从以下两个方面获得突破。

其一，切实提高“基本票”在总投票权中的比重。在IMF现行投票表决机制中，各成员的投票权由基本票和加权票两部分组成，基本票是每个成员都平等拥有的250票，加权票则根据各成员认缴基金份额的多寡而各不相同，即每认缴10万美元（1969年改为10万SDR）基金份额即可获得1票加权票。在1944年布雷顿森林会议上签署《国际货币基金协定》的创始成员国共有40个，按照上述投票权计算规则，各成员的合计基本票共10000票；而该40个成员国的认缴份额约75亿美元，按照上述计算规则，各成员的合计加权票共75000票；即基本票占总票数不到12%，而加权票则占总票数超过88%。由于基本票自IMF建制以来从未进行任何调整，按照IMF现有的186个成员计算，其基本票总数为46500票；而加权票则随着基金份额的扩充而不断增加，截至2009年8月，IMF的基金总份额已达2174亿SDR（约3250美元），折合加权票共2174000票，即基本票占总投票权的比重已下降到2.1%。这一比重与作为政府间国际组织应遵守的“国家主权平等原则”是多么的不相称。因此，如果说目前IMF尚未具备实行一成员一票制的条件，那么大幅提高基本票的比重应是发展中国家首先共同努力争取的目标，以使占IMF成员绝大多数的发展中国家得以在基本票方面获得相对的比较优势。

其二，由于占总投票权绝大部分的加权票的分配系按照各成员在基金组织的认缴份额计算而来，因此，扩大发展中国家发言权的另一途径必然是大幅提高发展中国家在基金组织的认缴份额。虽然在2009年9月“20国集团”匹兹堡峰会上，已通过《领导人声明》确认提高发展中国家5%的IMF认缴份额，但这一声明还需等待IMF的最终表决通过后方可执行。而且即使该认缴份额的改变在IMF获得通过，向发展中国家让渡5%投票权也未能从根本上改变美国独霸IMF决策权的格局。因此，发展中国家在IMF中争取平权的努力还任重而道远。只有大幅提高发展中国家在IMF中的投票权，才可能进而谋求从根本上改变IMF在防范和救援国际金融危机过程中对发展中国家的不公平待遇和有意刁难。

3. 扩大IMF的信贷能力

屡次对金融危机救援的不充分、不及时，已显露出IMF信贷能力不足的严重弊端。为了填补IMF的信贷能力，除了通过调整增加各成员的认缴份额，在2008年金融危机蔓延全球后的2009年4月，IMF还与以“20国集团”为中心的成员国达成扩大“新借款安排”额度的协议，使该安排的总额度达到5000亿美元，而在2009年11月“金砖四国”加入后，该安排的总额度又增加到6000亿美元。这一举措，必然使IMF的信贷能力获得大幅度的提升。而且与成员从IMF普通账户中获得普通贷款所应遵守的苛刻条件相比，从“新借款安排”中获得贷款的条件显然要宽松和灵活得多，在救援的及时性方面也更有保障。与此同时，IMF还于2009年4月通过决议增发已中断了30年的SDR（在此之前分别于1970和1979年发行约215亿SDR），此次决定增发的SDR金额达2500亿美元，这将使各成员尤其是发展中国家获得一项额外的流动性，以应付随时可能发生的国内财政困难乃至金融危机。IMF这一系列措施的出台，显然切实增强了IMF自身及其成员对国际金融危机的救援和防治能力，同时也让更多的国家（地区）从正在如火如荼进行中的国际货币体制改革中看到新的希望。然而，由于IMF

成员对基金组织资源的利用直接受制于其认缴基金份额的多寡，因此发展中国家在以认缴份额决定成员发言权和利益分享权的现体制下注定始终无法摆脱其不利地位。因此，改革现行国际货币体制，使其真正体现成员之间的公平互利，并切实有利于国际货币金融秩序的恒久稳定，发展中国家仍然任重而道远。

4. 新兴市场更多地参与国际金融规则的制订

随着新兴市场和其他发展中国家对国际金融领域的参与越来越深，国际机构制订各种监管规则越来越离不开新兴市场和其他发展中国家的参与。因此，金融稳定理事会、IMF、巴塞尔银行监管委员会、IOSCO、IAIS等官方和半官方国际组织需要新兴市场和发展中国家更多的实质性的参与，所制订的规则要着眼于全球金融业共同发展、共同繁荣和共同防范风险的需要，不但要考虑发达国家的需要，也要考虑新兴市场和发展中国家的需要。因此，未来国际机构制订的国际金融规则的适应范围将更宽泛，通用性将更强，体系上将趋于完整，技术上将趋于完善，并将更具有前瞻性。

5. 国际货币体系实现对发达国家的监督

2008年金融危机暴露了个别发达国家货币主导的国际货币体系的缺陷，国际货币体系正在进一步向多元化方向演进，新兴经济体货币的国际地位在上升，个别新兴经济体货币成为主要国际货币之一的可能性正在出现，未来可能会出现主要发达国家货币和主要新兴市场货币共同支撑国际货币体系的局面。未来，IMF的改革应充分考虑经济格局的变化和储备货币多元化的需要，进一步提升新兴经济体的份额和发言权，促进国际货币体系进一步多元化，进而实现在多元化基础上的均衡，实现规则制订的均衡以及对发展中国家的监督和对发达国家监督的均衡。目前国际机构如IMF对发达国家的监督还不够，监督主要是针对发展中国家的，其对有问题、有困难的发达国家救助缺乏足够的资金实力，对发展中国家的救助往往附加苛刻的条件，导致主要储备货币发行不受约束，发达国家风险得不到及时揭示和控制，个别发达国家债台高筑，最终酿成全球性金融危机的局面。因此，IMF应进一步推动治理机构改革，主要发达国家应进一步向新兴市场转移份额，改变目前发达国家占份额50%以上、个别主要发达国家握有一票否决权的不合理现实，解决对发达国家尤其是主要发达国家监督虚化的问题。

6. 金融监管的标准趋同化和协调性加强

金融机构跨国经营活动数量的大量增加客观上需要跨国监管，那么是否会出现超主权的监管者呢？目前的监管还是以主权国家为基础，国际机构制订的标准和规则只是为主权国家所参考，只不过大多数国家和地区都接受了，而在大多数国家和地区都接受共同规则的情况下，不接受者的金融机构将难以在国际市场上活动。除IMF对成员具有监督权外，三个权威的国际监管机构都是规则制订机构，都不具有实质性的监管权力。随着跨国金融活动的增多和影响的扩大，跨国金融机构对全球金融稳定的影响越来越大，金融监管协调的重要性也日益上升。但在金融监管协调中，如何合理分配母国和东道国的监管权（目前以母国为主的并表监管模式客观上有利于发达国家，因为多数重要跨国金融机构的母国都是发达国家）？对大型跨国金融集团的监管如何解决技术上的难题？是否需要一个超国家的监管者负责对具有全球重要性的跨国金融集团进行监管？这些都是实践中碰到的迫切需要解决的问题。欧盟实现了欧元区的货币一体化之后，正在实行金融监管标准一体化，但监管的执行权仍然主要保留在各个成员国内，未来欧盟层面的监管者有不断实体化（逐渐增加在市场准入、检查、处罚、市场退出等方面的实质性监管权力）的趋势。全球范围内，在金融稳定理事会框架下，已经成立了针对30个大型跨国金融集团的监管组，现阶段也只是实现信息共享，尚难以做到实体化，即无法对大型跨国金融集团行使业务管制、检查、处罚、市场退出等方面的权力。超国家监管者的生存需要解决两个问题：第一是权力来源问题，有关各国（地区）一致授权或通过国际会议授权某一机构具有超国家主权的实质性监管权；第二要解决该机构处置有问题金融机构所需的资金来源，短期内解决这两个问题具有相当大的难度。但不管会否出现全球性实体化的监管机构，金融监管的跨国协调将不断增强，监管协调的多边化将较双边化更加重要，相对于双边协定而言，多边协定的重要性将上升。金融监管跨国协调机构的实体化可能是一个趋势，金融稳定理事会经实体化后可发展成为国际金融监管跨国协调的实体机构。国际社会还将吸取近几次国际金融危机的教训，充分发挥现有国际金融组织和各种协调机制的作用，切实加强全球性风险预警和危机预警，逐步建立全球性危机反应和应对机制。

7. 国际惯例的通用性将增强，非官方组织与官方组织、半官方组织加强合作

国际惯例的通用性将增强，单边规则将逐渐向多边规则靠拢。例如，2008年金融危机发生后，国际会计准则理事会和美国会计准则委员会都在对各自的会计准则进行修改，主要是对金融工具确认和计量准则、衍生工具确认和计量准则、套期业务确认和计量准则、公允价值计量准则、公允价值披露准则等分别进行修订。随着全球金融市场的一体化不断发展，会计准则趋同是一个趋势，在美国取得国际会计准则主发言人地位的情况下，两套会计准则趋同的阻力显著变小，美国公认会计准则对国际会计准则的影响也相应增大。非官方组织由于其与业者联系紧密，熟悉具体业务，因此在制订业务规范方面将进一步发挥作用，非官方组织在制订规则方面将进一步加强与官方组织、半官方组织的协调和合作。

8. 单边规则的制订仍注重提高本国（地区）的竞争优势

金融中心所在国（地区）制订的规则，一要保证本国（地区）金融业的健康平稳发展；二要吸引全球金融交易（例如英国1986年出台大爆炸式金融改革措施，美国2000年出台金融服务行现代化法案等，都服务于这个目的）；三要保持和维护本国（地区）金融机构、金融关联服务机构的国际竞争力，以市场准入的技术门槛和非技术性门槛（如母国监管水平等难以精确度量的标准，同一控股公司不得有两家子公司同时设立商业存在，对主权投资基金的活动进行限制等）限制潜在外来竞争者的进入。未来主要金融中心所在国（地区）制订规则仍然要考虑以上因素，但由于金融全球化的不断进展，各国（地区）金融业的相互依存会增加，在制订规则时将会更加重视国际协调。

9. 其他规则变革

除了谋求对以《国际货币基金协定》和IMF为核心的现行国际货币体制的改革，国际社会还应注重寻求多渠道的稳定国际货币金融秩序平台的构建和强化。如对于在银行监管领域成效显著的巴塞尔委员会，有必要对其进行合理的改造，如拓展其成员范围，使其涵盖包括主要新兴发展中国家在内的其他成员，从而使其所制订和发布的强化银行监管的标准和协议具有更广泛的约束范围。再如1999年成立的金融稳定论坛（现为金融稳定委员会），自其设立之后，针对亚洲金融危机中暴露出来的国际金融监管漏洞，提出了强化巴塞尔新资本协议监管标准（如提高再证券化资产的风险权重、改善银行的资本结构等）、加强跨国金融危机合作防范与监管等与国际金融危机防范有关的诸多举措。2008年全球金融危机爆发后，国际金融体制及其相应的国际金融市场运行机制所存在的不稳定性进一步引起了国际社会的共同关注，于是金融稳定论坛在2009年拓展了其成员的范围后更名为金融稳定委员会，使其成员更具全球代表性，以期在防范国际金融危机方面发挥更全面和具体的作用。尽管这些机构所发布的文件不具有国际条约性质的约束效力，但由于其成员的广泛代表性及其在IMF等政府间国际货币金融组织中所具有的强大影响力，其所提出的各种国际金融风险防范措施对于从制度的层面构建防范国际金融危机的长效机制，必将具有积极的推动作用。

尽管影响国际货币金融秩序稳定的因素林林总总，但决定国际货币金融秩序走向和稳定的关键因素必然是公平、稳健的国际货币金融体制的构建。而现行国际货币金融体制所存在的诸多弊端是有目共睹的，若未能加以彻底革除，恐难杜绝国际货币金融危机的再度现世，国际货币金融秩序的稳定将因此缺乏长效机制的保障。正如前文所述，以美元为本位货币的国际货币制度，助长了美元垄断性的霸权地位，为美国损人利己的货币政策的推行创造了有利的条件，尤其是在许多国家仍以美元为主要国际储备货币及大量持有美国政府债券的现实背景下，由于美国长期实行美元贬值政策，以美元为主要国际储备货币或大量持有美国政府债券的国家（其中大多为新兴的发展中国家），即使没有2008年全球金融危机的影响，也是注定要遭受巨额损失的。何况美国大量发行美元所引发的通货膨胀实际上就是推动美国房地产市场泡沫的形成以及后来美国次贷危机爆发和蔓延的不容忽视的原因之一。与此同时，国际货币金融危机的防治也离不开IMF公平的决策机制和及时、有效的救援行动。因此，推进稳定国际货币秩序的一揽子货币和多元化货币本位制的形成，在增强IMF信贷能力的同时扩大发展中国家的话语权和决策权，形成对各成员国共同有利的运行机制，都是改革现行国际货币体制的当务之急。

四、国际金融规则的困境分析

1. 金融危机后美元霸权依然存在

2007年次贷危机爆发后，国际社会进一步反思了美元本位制的稳定性，美元在全球经济中的作用是否弱化得到广泛的关注。自2008年全球金融危机爆发至2012年年末，美国共实行了四轮量化宽松货币政策（见表1）。

表1　美国四轮量化宽松货币政策的主要内容

轮次	时间	购买资产种类	规模	目的
QE1	2008.11.25—2010.4.28	机构债、MBS	1725万亿美元	提供流动性
QE2	2010.11.4—2011.6	美国国债	0.6万亿美元	为政府解忧，同时美联储间接扩充准备金规模
QE3	2012.9.15—2014.11.1	MBS	400亿美元/月	给长期利率带来下行压力
QE4	2012.12.13—2014.11.1	美国国债	450亿美元/月（不包括QE3的每月400亿美元）	降低利率，刺激市场，复苏经济

美国的量化宽松货币政策确实在稳定国内房地产价格、补充金融市场流动性等方面起到了积极作用。但美国的量化宽松货币政策对危机中的全球经济又产生了怎样的影响？图1展示的是美国量化宽松货币政策实施期间世界主要国家货币供给量（M2）的增长情况。很明显，受美国量化宽松货币政策的影响，世界主要国家都增加了货币供给，但日本、法国和德国M2的增速较为温和，而巴西、中国和印度这三个新兴经济体M2的增速则远高于发达国家，且中国货币供给的变化与美国量化宽松货币政策的步调最为相似。

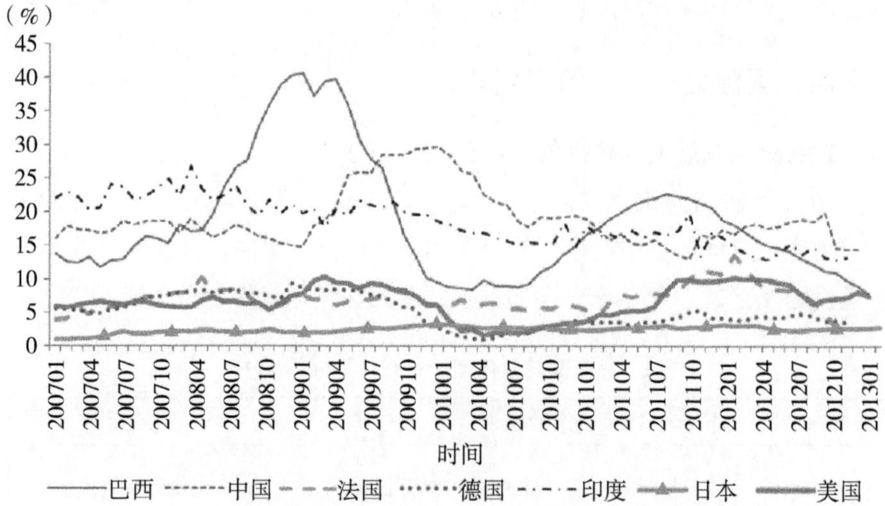

图1　美联储四轮量化宽松货币政策实施期间世界主要国家M2的增速

资料来源：EIU数据库。

美国次贷危机所引发的全球金融危机也给各国股票市场造成不同程度的冲击，全球股票市场指数全面下跌。在第一轮量化宽松货币政策开始后，各国股指呈现明显上升趋势，全球股票市场对随后美国的每轮量化宽松货币政策的反应都是相当积极正面的。由此，美国金融业在国际金融市场中的影响力可见一斑。

此外，受美国量化宽松货币政策影响的不仅有金融资产的价格，还有国际大宗商品的价格。国际大宗商品价格指数在美国的前三轮量化宽松货币政策期间的走势明显升高。每一轮量化宽松货币政策都会使美元走低，进而导致以美元标价的大宗商品价格大幅上涨。由此可以推断，虽然国际社会在全球金融危机爆发后对以美元为本位货币的国际货币体系颇有微词，但危机并没有撼动美元的国际计价货币的地位。

可见，此次全球金融危机的爆发虽然引起国际社会各界对美元本位制的质疑，但是美元在全球经济中所拥有的巨大影响力依然存在，特别是在国际货币金融领域，美元对全球流动性和全球金融稳定的影响力有所提升。并且，在金融危机期间以及国际金融环境出现动荡的时刻，美元依然是国际社会最为值得依赖的资产。因此，美元在全球经济中的地位并未由于此次源于美国的全球金融危机而受到削弱。

在美元本位制下，美元供给不再受黄金的束缚，美联储在货币政策选择上的自由度较布雷顿森林体系时期大为提高。由于美元的国际货币地位，美元流动性的外溢效应尤其明显。美国的宽松货币政策之所以能够对世界各国造成如此大的影响，根源于美元本位制的存在。美联储宽松货币政策会通过贸易与金融两个渠道向全球输送流动性，从而极易导致全球流动性过剩。

在贸易渠道，美国通过经常项目逆差向其贸易伙伴国输送美元，贸易顺差国所获得的美元盈余，除少部分滞留在商业银行形成美元头寸外，多数都经结汇形成央行的外汇资产。当美国实行宽松的货币政策时，美元贬值，贸易顺差国为使自身贸易条件不发生恶化，通常会在外汇市场购入美元卖出本币来维持本币币值稳定，而这必然导致其货币供应量增加，极易给国内经济带来通货膨胀压力，加速其经济的泡沫化。

在金融渠道，金融自由化进程的推进为美元金融资本向全球扩张提供了便利，美元流动性通过对外投资涌向投资接受国、国际大宗商品市场以及国际金融市场。美元流动性的涌入将推高国际大宗商品和金融资产的价格，在全球经济低迷时确实能够对经济复苏起到一定的作用；但更多的是在繁荣时期助推市场泡沫、加重投机气氛，为投资接受国和国际金融市场的安全性与稳定性带来隐忧。

在美元本位制下，无论是发达国家还是发展中国家，货币政策的自主性都会受到美国货币政策的干扰。例如，如果美国采取宽松的货币政策，其他发达国家为抵御可能发生的资本流入和货币升值，其货币供给通常也会被动扩张。在多数情况下，发展中国家应对美国的流动性外溢与发达国家稍有不同。同样是为了避免热钱流入和货币过度升值，发展中国家的央行通常会采取在买入外汇的同时增加基础货币投放的方式被动扩张货币供给。如此一来，发展中国家不仅要承受来自美国的流动性外溢，还要承受跟随美国直接增加货币供给的其他发达国家的流动性。换言之，发展中国家会最终成为全球流动性的蓄水池。因此，如果美国采取宽松的货币政策，其产生的蝴蝶效应会导致全球流动性的增加。

此外，在美元本位制下，由于美元的国际结算和计价货币地位，美国宽松货币政策所引致的全球流动性过剩不仅干扰了他国货币政策的自主性，而且还推动了国际大宗商品与资产价格的上涨。国际大宗商品价格的上涨会通过增加生产成本将影响传递至他国实体经济层面；而国际资产价格的上涨，尤其是金融资产价格的上涨会在经济繁荣时期增加金融市场的投机行为。

2. 美元本位制在短期内仍可持续

（1）美元本位制的运行具有自我修复和稳定机制。在美元本位制运行的40年里，生产力终于摆脱了黄金对其一百多年来的束缚而得到充分释放，全球经济进入高速发展阶段。虽然美元本位制没有金本位制那样硬性的自我稳定机制，但它毕竟经受住了石油危机、债务危机、金融危机等全球经济动荡的层层考验，从而延续至今。这是因为，美元本位制的运行有其自身特有的自我修复和稳定机制。

第一，国际储备货币供给调节机制。由于美元本位制下的国际储备货币供给不再受黄金存量的约束，美元的国际信用扩张便与国内货币供给混合在一起。这一点常常被用来指责主权货币本位因缺乏内在约束机制而导致国际货币体系的不稳定，也被用来指责美国的货币政策因着眼国内利益而向全球输出过剩流动性，这些都不无道理。但也必须承认，由于美国处于美元本位制的核心，美国经济的繁荣对拉升全球经济有着别国无法替代的积极作用。这一积极作用在美国爆发经济危机时体现得尤为明显。以2007年的次贷危机为例，美国的量化宽松货币政策为虚脱的国内金融市场提供了充足的流动性，以防止因流动性趋紧导致的消费需求进一步下降。美国国内消费的稳定性在一定程度上使新兴经济体经济幸免于全球金融危机的过度冲击。因此，虽然金本位制下的全球经济确实较为稳定，但一旦危机爆发，对金本位的盲目执着反而会使经济深陷危机泥淖而难以自拔；而缺少硬性约束的美元本位制，却可以在短时间内带领全球经济走向复苏。

第二，国际收支调节机制。在牙买加体系下，一国完全可以自主选择采取浮动汇率制还是固定汇率制，因此，两种汇率制度下的国际收支调节手段都存在于现有的国际货币制度中，即通过价格、国民收入、利率和汇率的自动或政策调节来纠正国际收支失衡。但事实上，美元体制下的国家，即使汇率是可浮动的，也大多是“钉住”美元的。因此，绝大多数国家在利用汇率这一价格杠杆来调节外部失衡时，通常会感受到来自“中心国家”，即美国的约束。美国的国际收支不平衡，其主要交易伙伴国的国际收支就难以实现平衡。而美国的国际收支调节机制又是什么呢？自20世纪80年代初以来，美国便一直秉持着“贸易收支应是跨期均衡的动态平衡”的理念，对调节贸易收支长期赤字采取消极态度。随着美国金融比较优势的增强，估值效应对美国国际收支的调节作用越来越明显。根据Gourinchas和Rey（2005）的研究，从1973年到2004年，美国的估值效应一直为正，并总计抵消了31%的美国国际收支逆差。因此，美国的金融优势越明显，资本账户下的对外资产和对外负债规模就越大，那么估值效应所导致的资本损益规模就越大，对美国的国际收支失衡的校正效果也就越明显。

第三，国家之间利益关联强化机制。美元本位制之所以能够被世界各国所接受并持续运行如此长的时间，主要是在该体制下不同发展阶段的国家都可以谋取到经济利益。以欧美和日本为代表的发达国家的投资者利用美国所铺设的全球金融网络在国际市场间获取投资收益，而这些发达国家也是接受美国直接投资最主要的地区；以“金砖四国”为代表的新兴经济体则将美国强大的消费需求作为经济增长的外部引擎，而所得贸易盈余又以美元资产为载体回流美国境内；以沙特为代表的石油出口国接受了石油美元定价机制，美元的长期贬值趋势为石油国家带来了丰厚的利润；而为了避免投资其他货币资产带来的汇率损失，石油国家又通常将“石油美元”投资于欧洲美元市场和美国境内。美国以其强大的消费能力和专业的投资能力输出美元，又以金融霸权力量将美元引渡回国。在这一过程中，接受美元输出的国家几乎都能从与美国的交易中获取经济利益，而这些国家选择将美元输送回美国不仅是为了这种经济利益的可持续，甚至还期望在下一期获取更多的经济利益，只要美国具备满足这一期望的能力，这种国家之间的利益关联就会不断被循环强化。

第四，国际机构组织辅助协调机制。IMF和世界银行是当前最具影响力和权威性的两大国际性金融组织机构，主要负责促进国际货币合作、维护国家之间的汇率秩序以及国际贷款等工作。虽然这两大国际性金融组织成立于布雷顿森林体系时期，但真正发挥其实质性作用还是在美元本位制时期，因此，它们也是服务于美元本位制的。无论是IMF还是世界银行，其金融决策的通过需要超过80%的多数投票，而美国则具有绝对占优的投票权甚至是一票否决权。换言之，在全球经济的特殊时期，如果美国无法凭借一己之力维护美元本位制，那么美国完全可以通过这两家国际金融组织进行国际协调，从而稳定国际金融秩序的运行和修复美元本位制。

（2）“亚洲美元”“欧洲美元”“石油美元”和“粮食美元”的各自效应与互动机制。美元本位制的稳定离不开美元的回流，而“亚洲美元”“欧洲美元”和“石油美元”构成了回流美元的主体。因此，在研究美元本位制的可持续性时，有必要对这三类“美元”的不同效应和互动机制进行分析。

首先是“亚洲美元”。“亚洲美元”国家的经济发展模式通常为出口导向型，其从事的多为全球产业链的中间或终端环节，借助较为低廉的生产要素进行加工贸易和制成品贸易。因此，“亚洲美元”国家多为贸易顺差国。自亚洲金融危机后，这些国家的美元贸易盈余多沉积在官方外汇储备中，以满足美元本位制下的外汇市场操作以及抵御外来的金融冲击。但随着贸易顺差规模的扩大，美元外汇储备迅速增长，已远远超过外汇市场操作和应对货币投机的外汇需求。由于“亚洲美元”国家的本币并不是国际货币，因此它们无法利用国际金融市场上的借贷和投资消化超额的外汇储备，也缺乏相应的金融衍生产品市场分散外汇储备所累积的汇率风险，那么，信用度高、流动性好的美国国债等其他美元资产便成为这种“亚洲美元”的理想的投资去向。“亚洲美元”便以美国国债等美元资产为载体回流至美国境内，成为维持美元本位制的重要支撑力量。根据美国财政部所提供的数据显示，东亚经济体持有的美国国债占美国国债总额的50%以上，并且这一比例并未因次贷危机而改变。由此可见，“亚洲美元”对美元本位制的支持内生于它们的出口导向型经济发展模式，因此，只要这些经济体的经济发展模式不发生根本转变，“亚洲美元”将继续成为支撑美元本位制的重要环节。

其次是“欧洲美元”。“欧洲美元”指的是发达国家金融体系中所拥有的美元资产。在欧洲银行的对外资产中，美元资产一直占有相当大的比例。据有关统计，2012年末，美元资产占欧洲银行对外资产的50.5%，为7.66万亿美元。在这些资产中，流动性较差的资产抵押证券占绝大多数。这意味着，一旦美国金融市场发生危机，或美元汇率出现剧烈波动，欧洲的金融市场也难逃“城门失火殃及池鱼”的命运。因此，虽然在经济繁荣时期，欧洲和日本等发达国家会利用欧元、英镑、日元等货币制衡美元的国际霸权地位，但在金融危机期间，出于维护自身利益的考虑，英、德、法等发达国家对美元国际地位的支持也将不遗余力。如2008年全球金融危机爆发后，短期内救助金融危机最有效的手段就是向市场注入流动性，因此，美国的量化宽松货币政策也得到了欧洲一些发达国家的默许甚至支持。然而，美国的量化宽松货币政策旨在保障持有美元资产市场参与者的投资安全性，同时吸引海外美元回流美国境内以稳定本国经济。因此，美国量化宽松货币政策对市场的长期影响是无法确定的。尽管这种量化宽松货币政策必然带来美元的对内贬值，但未必会带来美元汇率的下跌。由于欧洲和日本等发达国家对美国金融市场的依赖，美元资产在其金融部门中所占据的优势比例，发端于美国的金融危机可能使这些国家的经济状况比美国恶化得更为严重。加之近些年来尚无可以替代美元的主权货币或国际货币，全球经济越是陷入危机的泥淖，美元及美国国债便越受到追捧，美元也因此在全球金融危机期间出现了对内贬值、对外升值的现象。事实上，美元的国际货币地位在2008年的全球金融危机中得到了强化，而负责处理金融危机残局以及应对次贷危机后遗症的则是欧洲发达国家。

除了“亚洲美元”和“欧洲美元”，“石油美元”也是美元本位制的重要支撑力量。“石油美元”是指石油输出国因石油贸易顺差而获得的美元盈余。在布雷顿森林体系崩溃后不久，中东地区由于紧张的政治局势导致石油价格暴涨，并分别在1973年和1979年形成了两次大规模的石油危机，给初步成型的美元本位制的稳定运行带来了极大干扰。1974—1979年期间，美国通过一系列外交手段与中东地区达成石油美元定价协议。自此，石油输出国的石油贸易均以美元计价与结算。“石油美元”对美元本位制的支撑主要体现在两个方面：第一，与“亚洲美元”类似，“石油美元”也会通过投资美国金融市场而回流到美国；但不同的是，回流的“石油美元”多为主权财富基金所控制，这些主权财富基金的投资不仅符合其国家利益，而且比“亚洲美元”的投资更注重收益性。因此，“石油美元”投资美元资产的种类更加多样化，在一定程度上满足了美国金融体系在各个市场层次的流动性需求。第二，因为石油是以美元计价结算的，所以高油价既符合石油输出国的经济利益，同时也引致对美元需求的膨胀，从而进一步支撑了美元汇率。当然，“石油美元”的第二种支撑机制带有明显的顺周期性，即在经济繁荣时期，强劲的市场需求将拉升油价，进而导致美元供给增加、利率下降、国际大宗商品价格上升以及金融资产杠杆率提高，这一系列的变化无疑会增加企业的融资成本，且累积金融风险；而在经济衰退时期，市场流动性开始趋紧，利率随之升高，经济的不景气又同时会导致油价下跌，美元供给减少，从而导致利率的进一步提升，这对于本已低迷的经济无疑是雪上加霜。

虽然“亚洲美元”“欧洲美元”以及“石油美元”的形成与支撑美元本位制的机制有所不同，但三者之间是可以相互影响、存在互动机制的。从美元资产的流动与转换角度来看，“亚洲美元”“欧洲美元”以及“石油美元”通过各自的渠道回流至美国金融市场，并被其重新配置至全球；美国跨国金融机构将部分回流资金借贷给发展中国家或其他工业国，所获得的债务本息有些直接被借贷金融机构收回，有些则因资金调配与拆借需求而流入欧洲美元市场，从而形成“欧洲美元”再流回美国境内；美国金融市场将部分回流资金用于向居民发放信贷，从而刺激消费，国内消费需求的增加会扩大美国的对外贸易逆差，从而形成更多的“亚洲美元”；回流的三类美元补充了美国金融市场的流动性，使美国的金融体系更具活力，美国私人的跨国直接投资和金融交易助推着“欧洲美元”市场的发展，从而形成更多的“欧洲美元”。因此，这三类美元通过美国金融市场的重新分配互为补给，任何一类美元对美元本位制支撑力量的削弱，影响的不仅是美国的金融体系，也会对其他地区的资金需求与供给造成影响。

“粮食美元”在逻辑上与“黄金美元”“石油美元”是一致的，即满足美国享有欠债填写美元支票的权利，维系美元作为世界货币的霸权地位。但“粮食美元”相对于“石油美元”具有特殊的优势：一是，美国不是石油生产与出口大国，美元锚定石油需要美国与石油输出国达成“协议”，若美元锚定粮食，则美国自己就可以主导该体系，因为美国是世界粮食的最大供应国，出口量占世界粮食总出口量的50%。二是，美国农业竞争力具有比较优势，通过WTO谈判，美国打开了其他国家的粮食大门，渗透并试图控制世界粮食体系，进而有力促进美元输出。目前世界粮食储备主要集中于美国的5家跨国农业集团，其中阿彻丹尼尔斯米德兰（ADM）公司就已在中国的山东、河南、湖南、黑龙江、江苏等粮食主产区建立起粮食储备基地。粮食与石油相比，其重要性和战略性都更为显著。一旦“石油美元”地位发生动摇，其替代物就会自然落到粮食身上。

目前，有三个主要因素促使“石油美元”向“粮食美元”转变。一是美国在经济复苏过程中实施量化宽松的货币政策，导致了美元流动性输出的需求强烈。世界粮价上涨以及粮食需求弹性低的属性，则正是支撑美国输出流动性的重要渠道。同时，粮价的上涨会全面提高生产资料成本和生活成本，从而导致通货膨胀水平的上升，而通货膨胀又会提高名义货币需求从而导致国内信贷需求水平的上升，进而吸引更多的外资流入美国。二是北美能源独立正在改写全球能源供给的版图，页岩油、页岩气等非传统能源技术革命导致全球油价的相对下降。美国通过石油价格上涨输出美元的战略受到一定制约。三是美国在农业土地、生物科技上的优势使其间接或直接掌握世界大部分粮食生产，当美国粮食系统的全球扩张和粮食美元化达到一定的程度，“粮食美元”体系就将因此而兴起，粮食贸易就将成为美元霸权的新的支撑因素。粮价的持续上升不利于世界经济的稳定，使得粮食进口国的国际收支出现不确定性，因而这些国家纷纷提高他们外汇储备中美元资产的比例来维持汇率的稳定，这就进一步提高了对美元的需求。

美国推进“粮食美元”战略具有坚实的政治基础，这集中体现在美国政府长期对农业的支持和进口保护上。过去10年里，美国对农业的直接补贴每年约为50亿美元，美国产业化农民收入的1/3是源于政府补贴。同时，美国还不断拓宽支持农业发展的主体，鼓励金融资本介入农业，一方面通过农产品期货市场推高农产品价格，另一方面促进农场兼并，强化农业产业化集团的规模化生产，提高美国企业在国际农产品市场中的定价权力。

“粮食美元”的模越来越大，美国在农产品进口方面的保护措施很大程度上是为了调节国内各阶层的收入水平以减少社会矛盾。按照斯托尔珀—萨缪尔森定理，若实行自由贸易，一国丰裕要素的报酬提高，稀缺要素的报酬下降。具体到美国，其情形就是美国的富人更富、穷人更穷。因此，为了不使美国的穷人更穷，其在农产品的进口上实行贸易保护。对于丰裕要素是劳动力的国家，其希望通过自由贸易来提高劳动要素报酬，这为美国农产品扩大出口提供了机会。例如，随着中国加入WTO以来，中国在农产品上由顺差国转变为逆差国，进而成为全球最大的农产品净进口国。美国粮食系统通过农产品的出口贸易，日益使世界其他国家本来相对独立的农业生产体系和食物经销体系受到强烈冲击。随着美国粮食出口越多、出口范围越大，“粮食美元”的规模也越来越大，粮食的美元化过程支撑着美元的霸权地位。

（3）美元本位制向新制度转化的调整成本。在美元本位制运行期间，区域性或全球性的金融动荡较布雷顿森林体系时期有所增加，全球经济利益重心更倾向于发达国家，美国的金融霸权得到进一步强化。虽然这些都引起了除美国以外其他国家的不满，但必须承认，现行国际货币体系是一个可以令不同发展程度的国家利益均沾的制度性安排。因此，如果美元本位制向新制度转化，其所损耗的调整成本必然由全球所负担。那么，美元本位制的调整成本都体现在哪些方面?

第一，目前暂时没有任何其他主权货币或其他形式的资产可以代替美元作为国际货币体系的“本位货币”，因此，美元本位制的转换必然导致全球资本流动的紊乱。在布雷顿森林体系时期，黄金之所以能够作为货币发行的基础，是因为贵金属的特性决定了它既有价值又可以保值。既然美国能让美元被各国承认并接受其替代黄金作为国际本位货币，且帮助全球经济从布雷顿森林体系相对平稳地过渡到牙买加体系，那就证明美元在脱离黄金后依然具有与黄金类似的保值功能。美国对外开放的金融交易平台和发达的金融市场在相当程度上保证了美元的国际循环。在黄金退出国际货币体系后，美元的国际信用扩张的基础就是美国可以提供的全部可交易品的市场价值，这些可交易品不仅包括可供对外贸易的商品，更包括各类可跨国交易的金融资产。美国金融体系不仅自身具有品种齐全的金融工具、大量专业的金融机构和兼具广度与深度的金融市场，而且还能够充分利用诸如纽约、伦敦、东京和法兰克福等国际金融中心所构成的交易网络，在全球范围内配置资金。因此，美国在国际上的金融优势足以使其吸纳来自全球的资金且同时保持国内物价稳定。2007年的次贷危机使美国金融市场的国际声誉大受损伤，同时国际社会开始倡议对现行国际货币体系进行改革，此时正是调整美元本位制的绝佳时机。但事实证明，目前尚无任何一个调整美元本位制的方案具有可操作性。虽然全球金融危机使包括美国在内的发达国家遭受了重大损失，但人们也清楚地认识到，如果因此修改现行的国际货币制度，那么全球都将付出远高于2008年金融危机损失的调整成本。

第二，如果个别贸易国家或资源出口国欲突破或挑战美元本位制，那就意味着该国自动退出了国际竞争，本国的经济也将面临停滞或衰退的风险。由于国内经济结构或体制上存在不足，出口导向型国家的对外依存度都较高，这些国家不仅需要美国庞大的国内需求作为经济增长引擎，而且还依赖美国的金融体系转化国内过剩储蓄。虽然对美元本位制的依附给这些国家平添了一些问题与风险（如货币错配、货币冲击以及货币政策自主性削弱等），但从整体来看，这些国家将其货币在短期内“钉住”美元，并将贸易盈余以投资美元资产的形式输送回美国，也是一种双赢且稳定的策略均衡。如果选择不服从美元本位制又会如何呢？以中国为例，如果中国率先拒绝服从美元本位制，人民币汇率随市场需求走高，那么，中国在国内进行产业升级和经济结构调整的过程中，不但要承受国际出口市场份额被其他贸易国家所挤占的阵痛，而且还要面对因本币汇率自由浮动而导致的汇率风险，承担来自他国的经济冲击给国内经济政策造成不确定性的成本。

第三，国际大宗商品市场和国际金融市场已经形成了一种较为完善的美元定价联动机制。在这种情况下，调整美元本位制会使市场的不确定性大为提高。自美元本位制形成以来，交易者已经适应了商品市场和金融市场间美元定价的联动机制，能较为准确地对市场行情进行判断，对市场细微变化可能导致的投资风险也能在事先做到一定程度的防范。因此，尽管美元本位制会强化全球美元资产市场的系统性风险，其定价机制所导致的价格联动效应会使全球市场极易出现“一损俱损”的局面，但美元本位制的自我稳定机制也会帮助稳定市场，控制动荡和危机的范围与持续时间。然而，一旦美元本位制被其他制度所替代，国际大宗商品和金融资产的定价机制以及国际市场间的价格联动机制将荡然无存，交易者将面临市场波动的高度不确定性，由此所引发的全球金融动荡很可能比任何一次全球性金融危机的破坏力度都强。如果接替美元本位制的新制度尚不够稳定完善，那么市场动荡的持续时间将会更长。

第四章

现行国际经济关系的评述

第一节　当前国际经济关系的特征分析

美国和欧洲债务危机为国际经济关系的变革提供了新的契机，新兴经济体实力的增加促进了国际规则的变革，危机的蔓延为新规则制定和建立更加公平的国际经济体系提供了机会。金融危机推动了国际经济关系的重心向新兴经济体调整，对西方发达国家形成冲击。世界经济格局本身是世界各国间经济实力、经济活动空间和经济权力的一种结构性体系和势能状态。世界经济格局的变动一般表现在三个方面：其一是各国和各地区经济实力的对比关系变化，及其因实力消长而引起的世界经济重心转移；其二是各国和各地区经济活动空间分布关系变化，及其由空间变化引起的世界经济板块调整；其三是世界经济体制架构的等级关系变化，及其由此引起的世界权力转移。[①]

一、力量对比倾斜变化，美国和欧洲西方国家仍是主导

当前，一方面要看到由于此次美国和欧洲的债务危机发生在主要的资本主义核心地带，与美元、欧元的世界货币地位紧密相关，因此对世界经济的冲击特别大，影响范围特别广，关系着美国和欧洲国家的经济命运以及世界经济的走向。另一方面仍要看到，国际经济关系的变革是一个从量

①张幼文，等. 金融危机后的世界经济：重大主题与发展趋势[M].北京：人民出版社，2011：17.

变到质变的过程。量的积累是渐进的，它并不改变事物的根本性质，在这种量变过程中，行为体的实力对比仍未达到一定程度，这时的国际经济关系呈现相对稳定性。

由于美国制造业向新兴经济体的大量转移，美国失业率居高不下。2008年金融危机后，美国的失业率居高不下，呈现出“没有就业的复苏”[①]的经济现象，根据美国劳工部的统计，美国的失业率长期维持在9.5%左右。以个人储蓄为基础的资产负债表修复也需相当长的时间，美国的消费在未来几年仍处于低位。

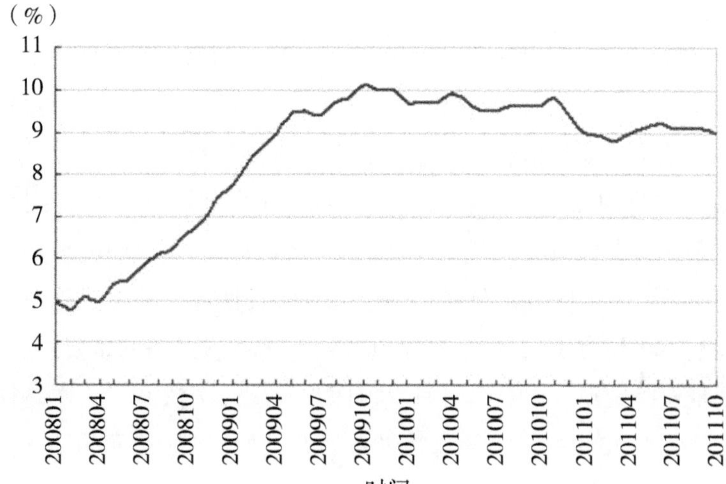

图2　美国月度失业率

资料来源：美国劳工部（Bureau of Labor Statistics，Current Population Survey）。

从图2可以看到，金融危机以来美国的失业率一度处于历史高位，根据美国劳工部的统计，美国的失业人口一直居于高位，到2012年6月达到530万人。

虽然再工业化战略正在实施，但不得不承认很多发展中国家都处于加速工业化的过程中，在全球制造业价值链中的地位和作用日益重要。“为适应制造业的变革，他们也在不断增加基础研究的投入，并且会发挥生产

①参见IMF发布的《2010年世界经济前景》。

一线创新的优势，增强自身的综合竞争力。”[①] 这场发达国家与新兴经济体等发展中国家的竞争仍将持续，国家间的竞争必然加剧，新一轮全球产业结构调整和科技革新正在酝酿中。《经济学家》杂志在2009年6月曾指出，美国相比其他国家拥有两个巨大优势——既拥有世界储备货币，又拥有最具流动性的资产市场，这些优势允许它相对镇定地面对自己的债务。美国在外贸逆差中获得了大量价廉物美的商品，降低了国内的通货膨胀；同时，回流的美元支撑了美国金融业的繁荣。

美国的经济与政治具有很强的自我调节能力[②]，虽然呈现出一定的衰势，但是其创新力等依然存在。美国2007年的研发投资达到3690亿美元，位居世界之首，占其GDP总值的2.7%，是中国的两倍；其专利申请数更是有约8万个，多于世界其他地区发明者在美申请专利的总和。[③] 金融危机后，美国的经济结构调整举措有：①支持和鼓励科技创新。在奥巴马的第一个预算方案中，将国家科学基金会、能源部等重要机构的研究费用大幅提高，并向企业研发提供减税优惠，政府未来将致力于基础研究费用。②推进绿色产业技术发展，发展低碳经济。③夯实长期经济基础。首先是2009年《美国复苏再投资法》，将改进基础投资作为刺激经济的重要组成部分；其次是力推医疗改革，2010年3月签署医疗保险改革法案；再次是加强教育改革，计划在2009—2016年增拨教育经费，如115亿美元的助学金计划和100亿美元的低收入家庭补助计划等。④推进“再工业化”。美国在金融业严重受挫的情况下，重新审视制造业等实体经济部门的作用，并将实现“再工业化”作为经济再平衡的目标之一，推进汽车行业等的制造业重组。受到美国本土成本下降、生产效率提升、美元汇率疲弱以及美国相关税收政策优惠等因素的影响，美国的制造业正在加速回流，美国产业空心化的趋势正在得到初步改变，未来美国在高端制造业方面的优势将更加突出。

---

①Peter Marsh [J]. *China seen as likely leader in tech innovation.* FINANCIAL TIMES，2012 (6).

②早在20世纪70年代，美国学术界就已经提出美国霸权衰落的观点，霸权稳定论等都是在此基础上诞生；其他学者如保罗·肯尼迪所著《大国的兴衰》、伊曼纽尔·沃勒斯坦所著《美国实力的衰落》等书都对美国霸权的衰落做了详细阐述。

③约瑟夫·奈.美国权力的未来——透视优势与衰落[J].国外社会科学文摘，2011(4): 18-22.

⑤推进金融监管改革。如提高金融机构的资本准备金比例，对资产支持证券实行更为严格的监管，加强对消费者和投资人的保护，授权美联储负责大型金融机构的监督与管理，推动全球金融监管的协调工作。这些措施的及时推进将改善美国的国际产业竞争力。

虽然美国在金融危机中受到重创，但是仍要看到美国的制度优越性，从宏观（全球化体制机制）到中观（产业和技术革命）以及微观（企业生产管理与开发），美国的制度创新仍在引领全球的发展。而中国则是资源投入型的发展，即使经济总量慢慢地向美国靠拢，但是发展的内涵远没有达到美国的程度。根据IMF《世界经济展望（WCO）》（2010年10月号）的数据，1980—2003年，发达经济体的GDP占全球GDP的比重平均为80%，而新兴经济体与发展中经济体平均只占20%；但是自2004年起，新兴经济体与发展中经济体的GDP整体增长速度加快，到2009年，其占比提高到31.1%，2010年底可望达到33.5%左右。据预测，未来5年，新兴经济体与发展中经济体的GDP占比还可以在此基础上增加5%—6%，2015年将接近全球总产出的40%。

判断一个大国是否已经或将衰落，其主要标志是国家制度是否有活力及经济实力、军事实力和国际影响力的消长。[①] 美国拥有众多世界顶级的研究型大学，其科技研发、发达的服务业、良好的人口构成、巨大的科技创新能力等决定了美国等西方国家不会因为一次金融危机就衰落。美国的制造业虽然处于下滑阶段，但是要看到美国的文化，美国的大公司如苹果、IBM、微软等仍是世界顶级公司，它的创意产业、文化产业等还处于稳步扩张时期。

2012—2013年欧美经济增长及相应的政策利率可见表2。

①保罗·肯尼迪.大国的兴衰［M］.蒋葆英，等，译.北京：中国经济出版社，1989.

表2　2012—2013年欧美经济增长及政策利率　（单位：%）

项目	2012				2013			
季度	Q1	Q2	Q3	Q4	Q1	Q2	Q3	Q4
GDP增长								
美国（QoQ SAAR）	2.0	1.7	1.9	1.6	1.3	1.8	2.6	2.6
欧元区（QoQ）	0.0	-0.2	-0.3	0.0	0.1	0.1	0.3	0.3
德国	0.5	0.3	0.2	0.2	0.3	0.3	0.3	0.43
法国	0.0	0.0	0.0	0.1	0.1	0.1	0.1	0.2
意大利	-4.8	-0.7	-0.7	-0.5	-0.2	0.1	0.1	0.2
西班牙	-0.3	-0.4	-0.8	-0.7	-0.4	-0.1	0.0	0.1
政策利率								
美联储	0～0.25	0～0.25	0～0.25	0～0.25	0～0.25	0～0.25	0～0.25	0～0.25
欧央行	1.00	1.00	0.75	0.50	0.50	0.50	0.50	0.50

如图3所示，欧元区经济在2012年第四季度达到最低，并于2013年开始复苏。

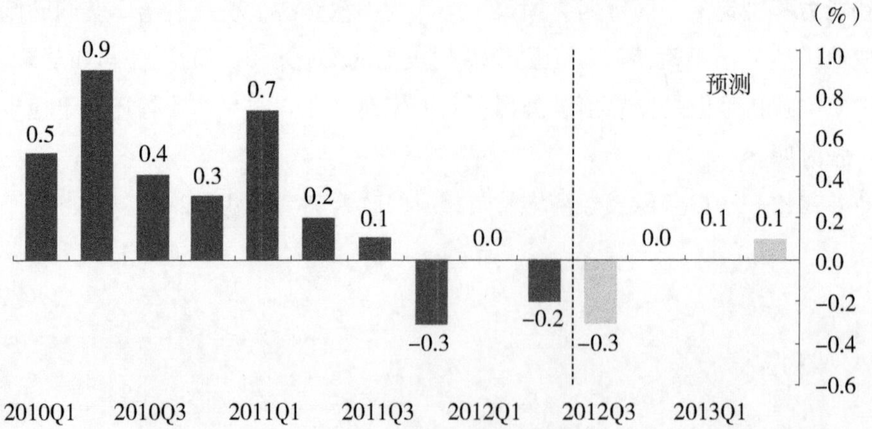

图3　欧元区GDP季度环比增速

资料来源：Eurostat、中金公司研究部。

如果说美国正在衰落，那也只是相对的衰落，如其占世界GDP比重下降，国际贸易、国际金融实力的重要性地位下降，尤其是其背负巨额财政赤字制约其解决世界问题的能力，美国的高科技及其高劳动生产率优势正在丧失，其他国家正在跟进。但是，美国在很长一段时间内仍是世界第一大国，比如其总体经济实力、人口规模和质量、科技和教育水平、军事实力、与同盟国的协同机制、凝聚力和感召力、地缘政治等方面。美国经济规模庞大，一些部门和地区在衰退，另一些新兴部门却在增长，不能因为遭受危机冲击而断言美国衰落。

二、新兴经济体的地位更加突出

本轮全球经济衰退后，世界银行行长罗伯特·佐利克这样描述新的世界经济版图[①]：

我们处在一个新的快速变化的多极化世界经济中——某些发展中国家正在跻身经济大国，其他一些正在成长为新的增长极，还有一些正在努力发挥它们在这个新体系中的潜力，南方和北方、东方和西方现在是指南针上的方位，而不代表注定的经济命运……随着发展中国家中产阶级的成长，数十亿人加入世界经济体系，新的一体化模式加上区域协作和全球开放的推进，我们正在见证一个走向多极增长的进程。（参见表3）

表3　发达国家与新兴经济体GDP占世界比重

（单位：%）

经济体	1980年	1990年	2000年	2010年	2015年	2020年
按市场汇率计算/美元						
发达经济体	68.5	75.1	76.4	63	56.8	50
新兴经济体	31.5	24.9	23.6	37	43.2	50
按购买力评价计算/美元						
发达经济体	62.4	61.4	59.3	49.1	42.8	39
新兴经济体	37.6	38.6	40.7	50.9	57.2	61

资料来源：IMF《世界经济展望》数据库。

①林毅夫.从西潮到东风——我在世行四年对世界重大经济问题的思考和见解［M］.北京：中信出版社，2012：141.

在2008年金融危机后，新兴经济体经济迅速反弹并持续增长，成为引领世界经济复苏的引擎。新兴经济体将国内的资源与全球化带来的增长机遇相结合，释放出巨大的增长潜力。新兴经济体受到的金融危机冲击，主要来自外部冲击，即外资的大规模撤离和外部市场的缩小与大宗商品交易额降低等因素导致的出口萎缩。与发达国家相比，其受到金融危机的影响相对较小，具有暂时性和外生性，并且随着各国相继推出的刺激性政策，其经济开始复苏。

与美国、欧盟国家依靠金融业和消费支出带动经济增长的模式不同，新兴经济体的金融机构受到金融危机的冲击相对较小，危机的冲击也更多地体现在实体经济方面。虽然降息和向市场注入流动性也是其稳定金融的有力措施，其对市场的操作主要是放在扩大出口、加大基础设施建设以及促进工业生产等方面。如中国，自2008年11月以来，通过推出高达4万亿元的经济刺激计划，在民生工程、基础设施建设、医疗文化教育等领域，同时实施调整，推出了“十大产业”振兴规划，保证了经济的平稳运行。新兴经济体成为全球经济增长和需求的主导。

1. 新兴经济体率先复苏，并引领全球经济复苏

金融危机后，世界经济的复苏始于2009年第二季度的中国、印度，并迅速传播到其他新兴市场和亚太地区的发达经济体，以巴西为首，大部分的拉丁美洲国家经济开始复苏。美国经济的复苏始于2009年第四季度，但欧洲一些国家受困于债务危机，导致整个发达国家经济体经济持续萎缩。从进口增长的速度来看，新兴经济体尤其是亚洲新兴经济体首先恢复进口的增加，其大幅的经济刺激政策保持了旺盛的需求。德意志银行董事于尔根·菲辰指出，德国等工业国家正在越来越依赖中印等新兴市场。①

2. 增长贡献度的变化

根据高盛分析，2000—2008年，金砖国家对于全球经济增长的贡献高达30%，远高于此前10年的16%；而G7国家的贡献由1990年的70%下降到40%。金融危机后的2009年，全球经济增长中，80%的贡献来源于发展

①张宇燕，田丰.新兴经济体的界定及其在世界经济格局中的地位［J］.国际经济评论，2010（4）：7-26.

中国家；同期，作为新兴经济体第二梯队的“新钻11国”的贡献由1%增长到11%。[①]

同时，仍要看到新兴经济体的出口、引资导向的开放战略虽然促进了其经济增长，但是这种粗放的开放模式亦存在诸多问题。[②]此次金融危机给新兴经济体的冲击表明，转变增长方式是其可持续增长的必要条件。

从产品贸易结构来看，新兴经济体的出口产品大都以附加值较低的初级产品为主，贸易效益较低。农产品、能源、矿产等原材料的出口增值环节少，加上没有国际大宗商品的定价权，这种结构决定了新兴经济体的经济不稳定性。而中国等一些国家则是以轻纺、配件等初级工业制成品出口为主，以苹果的平板电脑为例，从事加工贸易的中国厂商只是在组装环节用廉价劳动力换来加工费。这些国家如果不进行产业升级，便难以实现经济可持续的均衡发展。

虽然金砖国家经历了一段快速发展时期，但是其仍然没有摆脱依附性积累的基本模式，他们对西方中心国家的知识依附、技术依附、文化依附和积累依附依然没有彻底改观。据此而言，不但在现在而且至少在将来相当长时间内，中国都不能被称为“中心国家”。同样，按照这个标准，金砖四国的其他成员（印度、巴西和俄罗斯）都处于对当代发达西方国家的依附地位。在现实主义和自由主义看来，中国崛起的基础在于其强大的经济实力，而从世界体系结构的积累模式来看，相比政治和文化而言，中国的经济反而是比较脆弱的。崛起并不能掩盖这样一个事实：中国作为世界第二大经济体，2022年人均GDP却只有1.27万美元，位列世界第67位，属于中等收入国家，从“中等收入”国家进入发达国家之列，还有很长的路要走，而且难度越来越大。根据美国明尼苏达大学经济学家卡霍（Timothy Kehoe）和纽约大学经济学家鲁尔（Kim Ruhl）的研究，迄今为止只有韩国和新加坡成功地跻身发达国家之列，其他追赶的国家大都困在所谓的“墨西哥式第二阶段”。卡霍和鲁尔警告，“若不继续改革，中国的增长可能会大幅减速，从而可能困在一个比墨西哥还不如的位置”。

①奥尼尔.“金砖四国”有望提前统领世界经济风骚[N].21世纪经济报道，2009-12-28.

②张幼文，等.新开放观——对外开放理论与战略再探索[M].北京：人民出版社，2007.

目前，美国和欧洲虽然遭受重创，但也波及其他国家，在世界经济无国界的今天，中国等新兴经济体亦不能幸免而受到冲击。在国际经济关系变化的过程中，人们会看到各种偶然因素和突发事件在发生作用。世界不平衡发展的延续就是一个量变的积累，而美国和欧洲债务危机则可能成为突发的因素，正所谓量的积累达到一定极限会引起质的飞跃。诚然，在危机过程中，人们尚不能窥测其全貌，但是并不妨碍这一潮流的继续演进。

三、国际经济关系向多增长点、发展均衡演进

为了追求国家的现代化，许多发展中国家的知识分子到发达国家学习先进的理论，但是根据西方主流理论制定发展或转型政策的国家无一成功，发展或转型成功的国家的政策以当时的主流理论来看却经常是离经叛道的。[①] 以金砖国家为首的发展中国家的发展为其他国家提供了榜样，可以带动更多的国家实现经济的快速发展。另外，新兴经济体的进一步发展有赖于创造性地构建适合国情的世界治理模式，推动整个国际经济关系变革。中国自身曾经是发展雁阵中的追随者，正由低技能的制造业向资本和技术更密集的产业转型，即将成为“领头龙”[②]。金砖国家尤其是中国的经济转型将给低收入国家带来希望，中国的劳动密集型工作岗位可以转移给他们，如果这些国家抓住这一工业化机会，完全可以实现减贫和经济繁荣。因此，世界经济可能进一步走向多元化，即形成西方发达国家经济、新兴经济体经济和发展中国经济的多态势增长。

“世界经济正在走向多极化的增长体系”[③]，高收入经济体（如美国、欧元区国家和日本）在全球GDP的份额继续下滑，未来其经济增长率将持续低于新兴经济体的平均值。在未来，发达国家整体GDP增长率为1.5%～2.0%，新兴经济体将达到5.5%～6.0%。[④] 金砖国家“灵猫六国”“金钻11

①林毅夫.从西潮到东风——我在世行四年对世界重大经济问题的思考和见解[M].北京：中信出版社，2012：90.

②林毅夫.从西潮到东风——我在世行四年对世界重大经济问题的思考和见解[M].北京：中信出版社，2012：112.

③林毅夫.从西潮到东风——我在世行四年对世界重大经济问题的思考和见解[M].北京：中信出版社，2012：180.

④参见国际货币基金组织数据库。

国”……，都反映了世界经济的一个发展趋势，即全球经济增长正在向多极化转移，发展中国家正在逐渐取代发达国家成为世界经济的主要力量。根据高盛公司2003年公布的全球经济报告，“金砖四国”的GDP可能在2041年超过西方六大工业国（G7中除去加拿大），到2050年，世界经济格局将会大洗牌，全球新的六大经济体将变成中国、印度、美国、日本、巴西和俄罗斯。如果这种预测有一定的可能，那么金砖国家的出现和不断发展一定程度上将改变人们将世界看作发达国家与发展中国家的两极思维，新兴经济体与发展中国家的作用将受到更多的关注。加拿大学者安德鲁·库珀认为，金砖国家创造独特的后两极时代国家类型的三元组合（traid of statetype）：北方高度工业化国家构成“第一世界”，新兴经济体构成“第二世界”，剩下的是广阔的、异质的“第三世界”（先前77国集团）——这是一个新的世界结构。① 世界经济已经不能简单地说两极或三极就可以的，在美国和欧洲债务危机后，各个国家的利益诉求关系正在不断地分化和重组，多种的利益诉求正在推动国际经济关系向均衡改进。

世界经济的另一个发展体现在国际发展援助上，包括中国、南非、印度、巴西在内的30多个国家成为“非DAC援助者”（non-DAC donors），他们区别于传统的西方发达国家，尝试结合援助国国内的具体情况，提供更适合其发展的技术、经验和资金，并不附加援助的条件。根据世界银行的估算，新兴援助者2008年的援助额为120亿～150亿美元，大致相当于DAC援助者比重的10%～12%，② 并呈现出稳步上升的趋势。新兴援助者倾向于建立一种双向互动的新型关系，强调援它与利己的结合，强调共同的发展，极大地促进了这些国家的经济发展。

以俄罗斯为首的东欧国家正处在经济转型中，一部分东欧国家加入欧盟，以图融入欧洲作为发展依托；俄罗斯则在解决经济增长的结构和体制性问题后加速回归到世界经济的舞台。与此同时，中国等新兴经济体的力量继续成长，2010年中国成为世界第二大经济体，2012年中国成为世界第

①安德鲁·F. 库珀，等.全球治理中的新兴国家：来自海利根达姆进程的经验[M].上海：上海人民出版社，2009：28.

②胡美.新兴援助者与非洲发展[J].现代国际关系，2011：22-28.

一大贸易国。所有这些都预示世界经济关系面临新的重组和机遇。G20的治理模式表明新兴经济体以更加平等的身份参与到全球经济治理，其代表性和话语权也将增强。世界经济无论是在发展动力还是在治理模式上都面临着新的调整。

第二节　重视既往规则的作用

国际经济规则的制定与使用有力地促进了经济全球化的发展。2008年金融危机后，在国际上出现了去全球化或者说再全球化的趋势。无论是去全球化还是再全球化，核心都是改变国际经济规则，重新制定国际经济规则。对于现行的国际经济规则需要辩证地看待。

一、维持了世界经济运转的基本秩序

国际经济规则是世界经贸发展的历史产物，属于世界经济的上层建筑，代表世界经贸发展的要求，在促进世界生产力发展的同时，也在调节生产关系。现有的国际经济规则是在西方大国主导下制定的，反映了市场经济的基本规律，总体上维护了国际经贸秩序，为各国参与国际市场提供了可预见的环境。它们推动了战后的贸易自由化和投资自由化，加大了全球市场的开放与融合，为各国充分发挥比较优势和建立竞争优势创造了条件，比较公正有效地解决了成员间的贸易争端，避免和减少了贸易战，抑制了2008年全球金融危机引发的贸易保护主义的滥用。

总体来讲，“二战”以来，美国和欧洲等发达经济体为充分发挥各自比较优势，大力推动贸易投资自由化，开拓全球市场，主导搭建了一套完整的全球经贸体系。客观地讲，其作用总体上是正面的，营造了相对稳定的国际经贸环境，促进了世界经济平稳发展。一是倡导经济自由化，WTO的多次谈判都体现了自由贸易和投资的主张。二是推行市场经济体制，推动了世界市场的扩大和经济全球化的深入。三是保护产权和鼓励创新，市场经济完善的国家都很注重创新能力的培育，产权保护严格，并希望推向世界，成为国际标准，在一定程度上体现了“先进带动落后”的大趋势。四是通过协商妥协来争取共赢，WTO等各类国际组织总体是开放的，允许

各方提问、争吵、谈判、妥协，正和博弈远多于零和博弈。

二、现行国际经济规则的不适应性

1. 现行体系不能适应各经济体实力对比的变化

21世纪以来，金砖国家等新兴经济体迅速崛起，在中低端制造、投资等领域的竞争力快速提升，2013年发展中经济体占全球经济的份额首次超过发达经济体。发达经济体普遍感受到新兴经济体对其竞争优势构成了挑战：新兴经济体作为现行体系的最大受益者，热衷于“搭便车”，并以多种方式威胁国际经济秩序。2008年金融危机后，发达经济体继续主导全球经贸体系重塑，要求新兴经济体承担更多国际责任，以期巩固和强化自身优势。新兴经济体则认为，现行体系反映发达经济体的利益，它们一直处于被动接受和遵守状态，并没有获得与其实力相匹配的话语权和影响力；同时，它们认为在自身发展阶段还只能承担“共同但有区别”的国际责任。危机后，新兴经济体也提出一些重塑要求，但总体上“成事不足，败事有余”，缺乏新规则的建构能力。为此，新兴大国加强合作，争取共同发声，如金砖国家已经宣布成立金砖国家开发银行，拟建立资金规模为1000亿美元的应急储备基金，希望完善国际经济治理，增强国际规则的发展成分。此外，各发达经济体之间、各发展中经济体内部也在不同领域存在不同程度的利益分化，对体系重塑各有主张。作为实力雄厚的市场主体，跨国公司在重塑中有着切身利益，它们往往通过影响各国政府进而影响国际谈判。代表某些特定行业利益或某种意识形态的非政府组织也在各种国际谈判中竞相发挥场外作用。

2. 现行体系无法满足全球价值链深化的要求

近年来，经济全球化的一个显著特征是全球价值链的形成和深入发展。越来越多的商品与服务需要在不同地区经过众多环节才得以最终完成，涉及商品、服务、投资、技术和人员在多个经济体间的流动，这就要求价值链上各经济体的经济规则必须有效整合、协调一致，保证各环节都能衔接紧密、运转顺畅。但现行治理平台不能很好地协调各经济体的经济政策，一些规则呈现高度碎片化。如目前还没有一个类似WTO的，能“一统天下”的“世界投资组织”及多边投资规则，双边和区域性投资协定约3200

个，这些协定五花八门、各自为政。

3. 经济全球化新问题呼唤新的体系重塑

现行体系无法涵盖经济全球化带来的新问题，例如金融规则对量化宽松引发的金融动荡“失语”；服务贸易体系甚至难以明确大数据、云计算、社交网站等新兴服务所在的门类，不能适应新一轮科技革命和产业变革的要求；蓬勃发展的跨境电子商务闯入规则空白地带；环境保护、气候变化、劳工、人权、反腐败等逐渐与经贸挂钩，成为经贸谈判新问题。现行体系暴露出越来越多的规则“真空”，许多经济体都注意到这点，纷纷涉足相关领域，加快提出自己的解决方案，以期夺取新规则制定的先机，抢占未来竞争的制高点。

第三节　国际经济关系变革的主要来源

美国和欧洲债务危机后，国际经济关系处于重新分化组合及不断变化的过程中，多层次立体型的格局仍在缓慢进行。美国的经济实力受到影响，国际经济主导地位虽然衰落，但是其在国际经济关系规则制定方面仍然具有不可替代的作用，美元仍是全球居主导地位的储备货币。欧洲虽然经济结构受到质疑，福利政策的可持续性也受到冲击，欧元区的前景不明，但是其自身的强大经济实力尚存。2012年达沃斯世界经济论坛的主题是“大转型：塑造新模式”，博鳌亚洲论坛亦是以变革和转型为主线，聚焦“变革世界中的亚洲：健康和可持续发展”，这些主要国际智库对国际经济变革的关注充分说明当前世界经济正面临全面深入的变革与转型，只有在变革中找到新的模式、新的治理机制，才有可能实现长期的可持续发展。

一、世界需要新的发展模式

“这场金融危机的爆发不仅冲击了西方经济的发展，也引发了对西方自由主义模式的信任危机。”[①] 2012年，达沃斯年会的主题是“大转型：塑

①楼项飞. 中国人文外交的内涵与实践［Z］. 上海市社会科学界第九届学术年会论文集［C］（2011年度），上海市社会科学界联合会，88.

造新模式”，与会学者、官员等就全球金融危机后的各国经济发展问题做了深入讨论，并就寻求如何重塑全球经济发表各自观点。美国和欧洲债务危机凸显了西方发达国家深层次的结构性问题，只有改变以前的发展模式才能在变革中实现蜕变，也只有全面深入的变革与转型世界经济，才有可能实现长期的可持续发展。

1. 美国的“华盛顿共识”

“新自由主义”极力反对政府对经济生活的干预，强调私人企业精神的发挥，认为市场经济和自由竞争才是提高财富竞争力的有效模式，此次全球金融危机发端于美国就与此有关。从20世纪50至60年代美国联邦政府连续推出减税方案，到克林顿政府对低收入阶层的消费鼓励，再到布什政府的大规模减税政策，在政府一系列消费政策的鼓励下，美国居民的消费水平不断增长，2001年，美国居民的消费支出占GDP的比重超过70%，美国是十分典型的“过度消费”或“负债”增长模式。美国金融危机造成了美国家庭财富的迅速缩水，2009年美国家庭财富由2007年的66万亿美元减至48.5万亿美元，缩水17.5万亿美元。但是，少数富豪财富却继续增加，最富有的400名美国人拥有的财富超过1.5亿中下层民众的财富总和。在2010年的收入增长中，1%的美国富人占有93%的份额，而2001年，这一比例为65%。与此同时，剩余99%的人的实际收入没有出现任何增长。①美国的房地产政策和长期维持的宽松货币政策推动了美国的房地产泡沫，美国的过度消费模式也成为危机推手。

全球金融危机已经证明，负债消费模式的不可持续性，危机的最终结束需要对这种不平衡进行修复。美国需要提高私人储蓄率，降低负债/个人可支配收入比率。但是，根据麦肯锡全球研究所（McKinsey Global Institute）的调查，在其他条件不变的情况下，美国私人储蓄率每上升1个百分点，消费将减少1000亿美元；在收入不变的条件下，负债/个人可支配收入比率每下降1个百分点，消费也将下降1000亿美元左右。② 美国的消费积累不是一朝一夕的事情，由此导致的这种全球总需求，将在未来很长

---

①Edward Luce. *America's three takes on the crisis*[N]. The Financial Times, 2012-03-18.

②Lex.*What hapened to American consumption*[N]. The Financial Times, 2009-4-16.

时间内影响全球经济的复苏。

2.欧洲的福利社会模式

在美国模式下，倾向于依靠市场来解决问题，而欧洲模式更加看重社会公平和社会公正。福利国家是工业化社会的产物，其政策目的是解决工业化过程中出现的失业、贫困等问题，促进整个社会的公平。西方国家在“二战”后建立了“从摇篮到坟墓”的高福利制度，免费医疗保健、长期失业救济、高额养老金、漫长假期等一直是欧洲社会的显要标志。高福利带来了政府的高支出，西方国家的50%支出被用于免费的医疗和福利。老龄化加剧了这种趋势，2010年日本、欧洲和美国65岁以上人口占总人口的比重，分别为22.7%、16.5%和13.1%，远远超出了7%的老龄化社会警戒线。欧洲国家的养老金支出通常占这些国家财政总支出的25%～30%。人口老龄化加剧，带来就业人口的下降，2010年欧洲60岁以上的人口的增长率比2007年翻了一番，职业人口比例在2013—2014年将会出现下滑[①]，这将给欧洲的福利体系带来更大的压力。

福利制度的发展模式使这些国家在国际贸易竞争中失去了竞争力，贸易逆差积聚。为弥补贸易赤字，被迫走向市场融资，因此国债规模越来越大。欧债危机暴露了这一制度在面临金融危机时的脆弱性。健康的福利制度不仅要帮助弱势群体渡过生活、就业等难关，促进收入再次分配的公平性，而且还应抵制不劳而获的道德风险，促进竞争和社会生产力的提高。在欧债危机的压迫下，欧洲国家“去福利化”倾向开始显现。意大利、西班牙、葡萄牙和法国等一系列欧洲国家对现有社会福利传统发起了新一轮的挑战，个别国家开始提高退休年龄，减少养老金支出，改革劳工市场和失业救济，但福利制度的改革却遭遇到民众的强烈反弹，欧洲社会矛盾激化，各国政治纷争不断，国内政坛频频发生变化，多国政权易主。一些国家，如希腊，其国民宁愿国家违约，也不同意减少其原有福利。罗伯特·吉尔平认为，作为具有内在扩张性的全球体系，市场经济的行为逻辑与当代福利国家的逻辑是相左的。福利国家虽然能解决封闭式经济体系的

---

①吴志成，王天韵.金融危机背景下欧盟的体制改革及其前景[J].国外社会科学，2010(6)：4-11.

问题，但它也只是将市场经济及其生存发展所致的根本性问题转嫁到了国际层次范畴。[①] 欧债危机为欧洲的福利经济发展模式敲响了警报。

3. 再工业化：是否存在第三条道路

发展模式终结，指的是美国超前消费模式、虚拟经济过分发展模式的终结。随着全球经济一体化的加速和国际分工体系的变化，发达国家将不具备比较优势的传统制造业转移到劳动力成本比较低的发展中国家。而高新技术产业的一些生产环节也由不同的新兴经济体来完成，以美国为首的国家则将经济增长中心转移到了金融服务业。全球制造业和货币金融中心出现了分离。

（1）工业空心化后果严重。制造业曾经是美国的根基，“二战”后的顶峰时期，美国制造业占世界份额的40%。而进入21世纪，美国金融业迅速成长，金融业的利润迅速增加，从1995年到2007年，金融业利润在美国企业总利润的占比重膨胀了300%。[②] 越来越多的工业企业向国外转移，传统工业进入金融服务业，膨胀的虚拟经济压制了实体经济的发展。战争加大了美国的开支，斯蒂格利茨等认为：这场发生在2003年的伊拉克战争迫使美联储降低利率、增发国债，导致美国赤字扩张、经济减速，从而引发了美国次贷危机，并最终导致全球金融危机。[③]

当前，西方社会已基本步入后工业化社会，服务业稳居主导地位。长期以来的全球化使得跨国公司的生产布局、产业向外包方向发展，导致西方国家内部产业空心化现象严重。20世纪中后期开始，伴随着虚拟经济的逐年膨胀，美国的制造业逐渐萎缩。1980年到2009年，美国制造业增加值占GDP比重从21.1%降到12.6%，制造业就业人数占就业总人数比重从21.6%降到9.1%。[④] 危机前的2008年，美国的传统实体经济、虚拟经济低端

①伊弗·B.诺伊曼，奥勒·韦弗尔.未来国际思想大师[M].肖锋，石泉，译.北京：北京大学出版社，2003：186.

②约翰·B.福斯特，等.垄断金融资本、积累悖论与新自由主义本质[J].国外理论动态，2010(1)：1–9.

③约瑟夫·斯蒂格利茨，琳达·比尔米斯.三万亿美元的战争：伊拉克战争的真实成本[M].北京：中国人民大学出版社，2010：2.

④杜海涛，吴秋余.美国和欧洲国家纷纷回归制造业，我国也该大力发展实体经济[N].人民日报，2012-02-13.

服务业占GDP比重分别18.72%、33.01%和12.91%，而这一比重在1990年为23.88%、26.99%和13.90%。[①] 世界贸易的结构已经发生了重要变化，虽然美国、欧盟以及日本仍然处于全球价值链的高端，但是其产品却是在全世界进行生产，零部件由众多国家协作完成，最终由某一个国家如中国等来组装完成。目前，全球近60%的货物贸易都是零部件贸易，在亚洲这一比例接近2/3。出口产品的进口成分平均达到了40%，而20年前这一比例只有20%。[②] 相反，服务业，尤其是金融服务业已经成为西方社会的经济支柱。

"去工业化"不仅削弱了制造业的国际竞争力，也对国内就业产生了很大的消极影响。1996年到2007年，欧洲因"去工业化"失去了280万个就业岗位。[③] 西方国家长期失业现象突出，过度"去工业化"难辞其咎，美联储主席伯南克将美国面临的长期失业形容为国家危机。另外，制造业是衡量一国工业实力的重要标准，其发展不仅事关整个工业体系，更关乎国内工人就业。虚拟经济的过度发展，挤压了实体经济的空间。如果没有能够提供足够收入来源的制度，政府可能既无法获得足够的当前收入，也没用能力在必要时（特别是诸如金融危机时应付大规模的公共开支）发行国债。因此，丹麦首相施密特在达沃斯论坛上表示，即便是宇宙总统，第一任务仍然是要为年轻人提供工作机会。世界经济结构在美国和欧洲债务危机后进入调整期，发达经济体被迫改变负债消费模式。

（2）再工业化，道路开启。金融危机和债务危机后，西方再次意识到发展实体经济的必要性，把重归实体经济、推进"再工业化"战略提上产业结构调整的议事日程。2009年11月2日，美国总统奥巴马发表声明指出，美国经济要转向可持续的增长模式，即出口推动型增长和制造业增长，"再工业化"已成为美国重塑竞争优势的重要战略。面对"去工业化"在产业结构和就业方面带来的威胁，欧盟委员会几年前也提出了欧盟工业政策的方向与目标，其重点是促进创新，提升"再工业化"进程。

---

①数据来源：美国国家经济分析局网站，http：//www.bea.gov/industry/gdpbyind_data.htm.

②帕斯卡·拉米，吴海英.开放的贸易和开放的思维——迎接未来挑战的关键［J］.国际经济评论，2012(3)：160-162.

③李永群，刘仲华，管克江，等.提高实体经济抵御危机能力　欧洲推动"再工业化"［N］.人民日报，2011-11-28，22版.

2009年12月，美国公布《重振美制造业框架》。2010年3月，奥巴马政府宣布“国家出口倡议”，提出2010—2014年出口翻番的目标。2010年8月，公布《制造业促进法案》，该法案计划为制造业提供170亿美元投资，并拟通过降低关税减轻企业负担。另外，还通过《复兴与再投资法案》《清洁能源法案》等相关配套措施来帮助制造业恢复，出台7870亿美元的经济刺激方案，投资重点包括基础设施、可再生能源和节能项目、环境保护和医疗信息化等。虽然美国开始重视传统的中低传统产业及制造业，但是仍能看出美国的制造业战略重点仍然是高端制造业和新兴产业发展，其目的是依托科技进步和发挥既有优势，抢占全球制高点，主导全球经济，支撑未来经济的发展。如2011年6月的“先进制造伙伴计划”，就是希望构筑官、产、研、学一体的合作机制，加快从研发到生产再到相关配套政策的协调的战略。美国制造业的研发优势仍然存在，美国的劳动生产率依然具有竞争力。根据美国智库威尔逊中心（Woodrow Wilson International Center for Scholars）2012年3月发布的《全球先进制造业趋势报告》，美国研发投资量仍居世界第一，其中3/4投向制造业，在航天、医药、军工等领域竞争优势突出，在合成生物、先进材料和快速成型制造等先进制造业领域优势明显。金融危机之后，美国的制造业正在缓慢复苏，制造业投资增加、出口增速提升，也有越来越多的失业人员被雇佣。

另外，美国政府着力推行“内包”（in-sourcing）战略，有计划地将原本设在中国、墨西哥等新兴经济体的生产线撤回美国。要看到，欧美国家的“再工业化”绝非外迁工业的简单回归，而是再造一个新的实体，是以新能源、新材料为代表的低碳经济形态的崛起，是在继续强化传统产业既有优势的同时，努力在新兴技术产业的角逐中抢占制高点。因此，“再工业化”将催生新一波战略性新兴产业的崛起，电子信息、新能源、生物工程和新医药、新材料等将是潜力领域。发达国家将在清洁能源和绿色技术等领域增强自主创新能力，低碳经济将成为未来产业新模式。[①]2011年，美国通过《制造业促进法案》，拟大力发展清洁能源产业，并制定了一系列配套政策和措施。欧盟也以提升产业附加值为战略核心，在“欧盟2020战

---

①王力.发达国家“再工业化”颇多无奈[J].世界知识，2011(24)：48-49.

略”中设定目标，特别加强在纳米技术、生物技术等领域的创新力度。但在全球化大潮已不可逆，国际竞争日趋激烈的背景下，西方“再工业化”战略的实施依然任重道远。

在美国政府的大力扶持下，美国制造业迎来了重要的拐点，开始步入上升期，拉开了美国长期经济结构调整的序幕。由于生产率提高、工资增长放缓、美元持续贬值以及新兴经济体工资急剧上涨等因素，提高了美国的竞争力。2002—2010年，以美元计的美国制造业单位劳动力成本下跌了11%，而以美元计的日本和德国制造业单位劳动成本分别上涨了3%和41%，过去8年中国平均工资年度涨幅都达到或超过了15%，美国与其他国家的劳动力成本差距也在缩小。① 自此次经济开始复苏以来，美国制造业就业人数增速快于其他任何主要发达经济体。2010年初至2012年初，美国制造业净增工作岗位数量多于G7其余六国之和。这期间，美国制造业就业人数增长了2.9%，德国和加拿大分别增长了2.4%和1.9%，而日本、英国、意大利和法国的制造业就业人数都有所下降。②

二、世界经济发展新的动力来源

站在全球经济格局的立场来看，从1992年起，整个发展中国家的经济增长速度，已经超过发达国家。从2000年起，发展中国家对全球经济净增长贡献首次超过发达国家。全球经济增长重心进一步向新兴经济体转移，“金砖四国”和新崛起的中等发展中国家将与发达国家并驾齐驱，在金融危机后新兴经济体更是成为全球经济增长的发动机。

尽管世界经济增长重心的变化早在21世纪初已有萌芽（2000年以来，发达国家年均增长幅度仅为2%，而发展中国家则为6.36%，大大超越世界平均水平），但复苏中的两大特征预示着“金砖四国”和G7在全球经济版图中的重要性在这场危机中发生着引人注目的变化。其一是新兴经济体引领全球复苏，令“金砖四国”和G7在全球经济版图中的重要性在这场危机

①李永群，刘仲华，管克江，等. 提高实体经济抵御危机能力　欧洲推动“再工业化”[N]. 人民日报，2011-11-28，22版.

②Ed Crooks. *Jobs Spur hopes of US industrial rebirth*[N]. The Financial Times，2012-01-19.

中发生了巨大变化。2000—2008年，金砖四国对于全球经济增长的贡献率高达30%，而之前十年的贡献率仅仅是16%；G7国家的贡献率则由1990年的70%下降到2008年的40%。值得注意的是，仅2007年，中国对于全球经济增长的贡献率超过所有其他国家，甚至整个欧盟。[①] 2009年第二季度，全球复苏始于中国、印度和印度尼西亚，很快传播到新兴市场和亚太地区的发达经济体，由巴西带头，部分拉丁美洲的经济复苏随后也表现出相当大的动力。美国的复苏始于2009年第4季度，但由于欧洲国家深陷财政赤字危机，整个发达经济体直到2010年仍摇摆不定。新兴经济体，特别是新兴亚洲对全球经济复苏及后续增长的引擎作用得到普遍认同。

世界经济的增长还将体现在经济增长方式的变化。伊曼纽尔·沃勒斯坦在"世界体系论"中提出"中心—半边缘—边缘"的世界经济分析模式。他认为世界经济分为中心国家和边缘地区，两者之间是半边缘地区，它们过去曾经是中心或边缘地区，是世界经济结构不可缺少的区域。这种"中心—边缘"的关系实质反映了资本主义国家各生产部门的关系，是高利润生产活动与低利润生产活动的一种关系，也是世界资本与世界劳动的关系。中心区域的国家相对富裕，边缘地区则相对贫穷。中心与边缘所进行的交换关系往往是剩余价值从边缘向中心的转移，反映了国际间经济关系的依附与相互依赖，在新兴经济体的发展过程中，承担着从发展中国家到发达国家的产业衔接功能，不断地推进整个世界经济的前进。

这一轮经济周期后还有一个社会制度的变革的问题，中国、苏联和原东欧逐渐在20世纪80年代融入了资本主义世界。一批新兴国家借助廉价的劳动力和外国资本，开启了工业化的进程。全球生产供应链的变化和生产分工格局的大变化，提高了劳动生产率，也塑造了新的国际经济关系。经济全球化的速度进一步加快，出现了全球经济的高增长和低物价的良好局面。1998—2002年，全球GDP平均增长3.4%，物价平均上涨4.4%；2003—2007年，全球GDP年均增长达到4.9%，经济增长加快了，但物价反而下降了，全球平均是3.6%。2009年，在美国、欧洲、日本市场的消费能力因失业率仍居高不下和贸易信贷市场仍面临紧缩压力而难以恢复的

---

①奥尼尔."金砖四国"有望提前统领世界经济风骚[N].21世纪经济报道，2009-12-28.

前提下，新兴经济体依靠自身需求支撑了增长，并令发达国家企业的赢利和银行利润多来源于新兴经济体。美国标普500强公司平均45%的收入来自海外新兴经济体，日本制造业30家最主要公司2009年第二季度的分区域会计核算结果显示，来自亚洲等新兴国家的营业收益达到了上一季度的19倍。新兴市场经济正在成为全球经济新的增长动力。

三、世界经济治理需要新鲜血液

就世界治理问题而言，其核心就是加强全球经济治理，良好的全球治理环境促进了世界经济的增长，不断改进全球经济治理需要增加新兴经济体和发展中国家的发言权和代表性。世界经济论坛主席、经济学家施瓦普认为，“西方国家目前的体系显得力不从心，是因为很多问题必须由全球共同来解决”，“我们不仅要找到新的经济模式，还要发展一个新的领导模式，这种领导模式应与现代社会相符，基于价值、面向未来，能够解决目前的问题”。①

1. 集团之争（G7、G8、G20）

现在的全球治理机制是“二战”后由美国主导建立的，建立在美国的庞大经济实力、贸易投资规模和美元地位之上，其在国际组织中往往掌握着决定性权利，包括在IMF中的独大份额、在世界银行中的行长地位以及在WTO中的决定和影响力。这是对当时世界问题的反映，但是随着时间的推移，已经远远落后于全球经济的变革。尤其在金融危机后，这三大组织的多边协调机构的缺陷和困境越加凸显，“IMF未能有效预见和监管国际金融领域的失序和风险，WTO多哈回合谈判难达成成果，一些国家转向缔结双边或区域投资贸易协定，令全球经济治理中的分离思想趋于上升”②。就国际金融方面而言，IMF在有效防止金融危机方面，作用有限，在金融救助方面，由于其附载广泛的政治条件或改革限制饱受发展中国家的诟病。不合理的国际金融体系从一定程度上来讲就是此次金融危机的推手。

世界治理的变革在其他一些领域早已展开，早在2007年的八国集团峰

①刘潇潇.“大转型”能否塑造“新模式”[N].中国社会科学报，2012-01-30，A01版.

②奈瑞·伍兹.全球经济治理：强化多边制度[J].世界经济导刊，2009(3)：11-24.

会上，就发起了一个由主要发达国家（法国、美国、英国、日本、德国、意大利、加拿大、俄罗斯）和发展中大国（中国、印度、巴西、南非、墨西哥）参加的就全球性问题进行的对话，虽然进程议题本身并没有多大进展，但确实开启了一个关于以八国集团主导的世界治理模式向一种新的治理模式的转变。[①] 另外，如安德鲁·库珀的“新兴六国”（Brazil, Russia, India, China, South Africa and Mexico, BRICSAM）项目，以国际治理创新设计一系列研究活动，初始项目集中在经济层面上，关注BRICSAM国家——巴西、俄罗斯、印度、南非以及墨西哥并确定那些作为单个国家和一个集团的经济增长可持续性的长期趋势；其后，通过对两个集团的观念与决策方面的研究，揭示出未来世界治理方向的转变。这些都为世界治理的多元化做了有益探索。

G7起源于20世纪70年代，反映的是当时的国际力量结构，美国、加拿大、英国、日本、德国、法国、意大利等7国对世界的主导。G7/G8的合法性长期以来受到质疑，其最大的缺陷来自取其代表性和无选举的状态。美国学者Joseph Linn等人认为，一个全球治理机制的合法性取决于其代表性、效率和有效性三个要素。八国集团的代表性低以及联合国的决策效率低等都使其不能作为一个有效的全球治理机制存在。某种程度上来讲，G8是主导西方发达国家立场和政策协调的重要机制，但实际上却起着协调全球经济的功能。

G20合作机制产生于20世纪末，本意是防止由于缺乏全球经济协调而出现类似东南亚金融风险影响全球体系的状况，以应对全球风险的发生。当时的亚洲金融危机中，由于国际社会缺乏有效的危机协调机制，导致缘于泰铢贬值引发的东南亚货币危机逐渐演变为亚洲金融风暴，并直接拖累了全球经济的发展。可以说是1999年亚洲金融危机催生了G20财长论坛，当时G7与来自全球新兴经济体国家的财长和央行行长在柏林召开第一次非正式会议，开启了G20合作的新模式。其主要任务也只是集中在防范金融、经济等方面的各类危机，保护全球经济的运行。虽然自1998年以后的

①安德鲁·F. 库珀，等.全球治理中的新兴国家：来自海利根达姆进程的经验［M］.上海：上海人民出版社，2009：28.

十年里，例行的会议每年都开，但是并没有产生实际的治理效果。直到全球金融危机前，其在全球经济治理中处于边缘化的地位。为了应对此次全球金融危机，世界各国认识到只有加大现有的协调力量，进行多层次、多边国际合作，才有可能共渡难关。于是，G20由原来的仅为成员国财政部长和央行行长参加的会议升格为各国领导人参加的峰会，并在2009年9月的匹兹堡峰会上宣布G20将取代八国集团，成为国际合作的首要论坛。这标志着国际经济秩序由少数发达国家主导开始向发达国家与新兴经济体共同协商转变，为全球经济治理的改革指明了方向。全球金融危机后，G7和IMF应对金融危机的表现遭受严重质疑，其有效性和执行力在国际经济中受到了制约，合法性和效率性受到质疑。

G20的代表性广泛，参与国经济覆盖世界经济80%以上，其扮演的角色越来越重要，会议机制也越来越常态化，新规则的制定、相关政策的协调，都将在这一平台进行磋商。全球金融危机后，G20机制成为全球经济的治理的主要平台。2008—2011年的五次首脑峰会，确立了其成为全球经济的治理平台，也确认了新兴大国首次与西方大国平等地参与到世界经济治理中来，一起确定会议议程，制定危机救助方案，合作应对全球经济危机。但其仍面临如何进一步机制化，如何处理诸如和G8等组织关系以及成员国之间效率与平衡等问题。但是，不能否认，作为全球治理，G20是一个具有更大代表性、更能反映世界经济格局和国际权力演变的治理平台，是一个充满生机的机制。G20内部也有不协调性，主要因为因国家的构成不同，如俄罗斯、巴西、沙特等国是能源大国；在气候问题上，欧洲、日本主张激进的减排计划；在国际金融体系安排上，金砖国家又与欧盟一致主张对美元体系进行监管。总之，不同的领域、不同的斗争存在于G20国家之间。“G20、G8、BRICS三个平台并存，即相互关联又相互竞争，反映着国际体系变化的趋势。”① 20国集团从本身来讲就是世界经济的一种协调，即新兴国家与发达国家的协调，并逐渐形成新兴国家与传统西方国家进入了一个相互交叉、若干个全球机制并存的新的世界治理体系。

“重大的国际战争和国际危机是引发国际关系发生结构性变化的两个

①黄仁伟.金砖国家崛起与全球治理体系[J].当代世界，2011(5)：24-27.

根本因素。"[①] G20首先代表了一种国际经济力量的变迁，即G8已经在世界经济的舞台上力量相对下降，新兴经济体正慢慢地在经济总量、国际贸易、外汇储备等方面发挥越来越大的作用，以至于世界经济的复苏需要更广泛的力量参与到其中来。全球治理机制建立在国家主权的基础上，而治理本身就是主权国家相互协商和多重博弈的结果，是各种利益相互权衡的结果，因此妥协性是其本身固有的属性。[②]G20组织中国家众多，各种经济利益、政治利益、生态利益等既有冲突又有联合，不同的层面有着不同的合作因子组合，也说明了当代世界治理的复杂性。但就国际经济关系而言，G20已经开启了一个时代，即全球经济协商的时代，新的治理因素将在其中发挥更加积极的平衡作用。

2. 已有国际组织职能与结构的转变

国际机制的完善有助于将全球经济失衡控制在稳定的范围内，例如IMF就是重要的国际金融救助机构，虽然实践中IMF未能有效地救助与监督，这和其自身相关，如合法性不足、代表性问题以及危急中的"附带条件的贷款"要求，延缓甚至在某种程度上助长了危机。国际金融体制将在两个方面进行改革，一是改革以美元为中心的国际货币体系；二是微观领域的国际金融监管，即对过度的金融衍生品进行监管。金融危机后美国通过了新的金融改革法案，巴塞尔委员会亦通过了"巴塞尔Ⅲ"，对银行的流动性和资本充足做了更加严格的限制。现行的国际货币体系缺乏对储备国货币的制衡和监督机制，尤其对美国来讲，其享有的权利和义务更是不对等。美国利用其全球货币的地位，长期不受节制地发行国债以支撑其政府和居民的过度消费，并通过大量的美元输出，导致全球金融市场流动性泛滥，最终酿成世界经济危机。

IMF成员有190个，但是其领导权和决策权却掌握在发达国家手中。从份额和投票权来讲，长期以来发达国家所占比例超过60%，而美国一家更是占到17%，在组织内拥有否决权。[③] 当前的国际金融体系是以美元为中

①吉尔平.世界政治中的战争与变革[M].宋新平，杜建平，译.上海：上海人民出版社，2007.

②秦亚青.制度霸权与合作治理[J].现代国际关系，2002(7)：12.

③根据国际货币基金组织的决策程序，一般决策需要50%以上的投票权通过，重要提案要获得85%的投票权才能通过。

心的美元霸权的体现。经过20世纪70年代的改革，欧洲、日本的利益在一定程度上得到了体现。此次的金融危机为新兴经济体提供了一个舞台，提升了他们在国际金融领域的作用。因此，在IMF的治理结构和改革中，新兴经济体成为受益者，其在份额和投票权方面有了较大提升。新兴经济体的整体份额提高6%，投票权比重提升5.3%。金砖国家作为新兴市场的代表，其在IMF的份额上升到11.5，投票权上升到11%。在执行董事会构成上，发达经济体减少了两个席位，同时废除了“指定董事”的规则。这些份额和规则的修改增强了IMF的合法性和有效性，反映了美国和欧洲债务危机后世界经济的结构性变化。前IMF总裁卡恩认为，“IMF成立65年来的一次最根本性的治理改革，也是最大规模的有利于新兴经济体和发展中国家的权力调整，调整是为了认可它们在全球经济中越来越大的作用”。金砖国家外汇储备充足，资金实力雄厚，已经成为国际货币体系中的重要力量，“拿出1/6的外汇储备，就能成立一个和IMF同等规模的基金”[①]，这充分说明了国际货币体系的改革方向，只有吸收新兴经济体并使之成为其中一员，才能保证世界货币体系的良好运转。

世界银行是为发展中国家提供金融和技术援助的重要机构，其目的是通过提供技术和资金支持，促进长期经济发展和减贫。在世界银行的改革中，新兴经济体的地位也得到了强化，表现主要有两点，一是投票权的转移，如在国际复兴开发银行中，金砖国家的投票权升至13.1%，较改革前提高1.8个百分点；二是在世界银行的增资方案中，中国在世界银行的投票权从2.77%提高到4.42%，成为仅次于美国和日本的第三大股东国。世界银行执行董事会的高层人员变动，也反映出向发展中国家倾斜的趋势，2010年11月，代表安哥拉、尼日利亚和南非的第三位非洲执行董事正式加入世界银行执行董事会。

在国际金融监管方面，成立巴塞尔银行监管委员会及其新创立的合作伙伴——金融稳定委员会[②]，已经扩展到吸纳新兴市场成员。中国自2009

①赵广成，付瑞红.国际体系的结构性变化析论[J].现代国际关系，2011(8)：32-38.

②金融稳定委员会(New Financial Stability Board)又称“20国集团金融稳定委员会”，是20国集团伦敦金融峰会后设立的一个专门性国际组织。

年3月加入巴塞尔银行监管委员会以来，再次获得主要国际金融组织的席位。金融稳定委员会的职能将建立一套包括新兴国家和发展中国家，涵盖主要经济体的制度和机制，加强对银行、评级机构的有效监管，促进全球金融稳定；同时，强化金融安全网，防止国际资本流动所引发的金融系统波动，协调金融的国际监管与合作。

3.新兴国际组织的作用

庞中英、王瑞平在《相互治理进程——欧洲与全球治理的转型》① 一文中从新兴大国与国际社会的关系提出新兴大国参与全球治理的两种方式，一种是改革现存的西方主导的国际经济制度，提升非西方的大国及其代表或者象征的发展中国家在世界治理中的作用；另一种是“另起炉灶”。如1997—1999年亚洲金融危机时，在日本提议下，东亚计划建立了一个“亚洲货币基金组织”，虽然并不成功，但却最终出炉了中、日、韩三国的货币合作计划《清迈协议》。2010年3月，协议正式生效，东亚储备库形成。一些新兴的国际组织正在发挥作用，如下文会提到的“金砖国家峰会”，就逐渐成为新兴经济体在经济、政治和其他全球问题上独立发表意见的一个组织。

约翰·鲁杰在《集体福利和未来国际合作》一书中指出，国际组织的基本问题涉及国家在受制约的前提下所做出的选择。换言之，在当前国家间体系结构中，具有不同目标和不同能力的国家是基于哪些基本条件得以做出与其他实体合作的选择。② 全球金融危机及其后的美国和欧洲债务危机表明，新兴国际组织和原有的国际组织都需要进行调整来适应未来国际经济关系的变革，并从中来找出符合自己利益和公共利益的最佳组合，最终形成一个多层次互补的富有效率的国际经济治理体系。

---

①庞中英，王瑞平.相互治理进程——欧洲与全球治理的转型[J].世界经济与政治，2012(11)：50-63.

②伊弗.B.诺伊曼，奥勒·韦弗尔.未来国际思想大师[M].肖锋，石泉，译.北京：北京大学出版社，2003：242.

小　结

在世界经济的舞台上，美国经济受次贷危机和全球金融危机的影响正在进入经济转型修复期，其经济实力正在下降；欧盟内部受制于全球金融危机和欧债债务危机的困扰，正在进一步整合迈进，欧元的出现以及欧元区的进一步整合将更加冲击以美元为主导的国际货币体系；中国在未来的发展成功与否取决于中国利用国内资源和国际资源的能力，只有利用世界的资源、市场、技术和人才，才能实现经济结构的转型。

如果说，“二战”结束后的时期是霸权稳定时代，那么，20世纪最后25年是霸权合作年代，21世纪的前25年将是一个“非霸权合作”的年代。无论是美国还是中国，或者扩大到无论是发达经济体还是新兴经济体，都无法单独面对世界经济的衰退。G20，为大中型国家、发达国家和新兴经济体提供了同等的谈判地位。但是仍要看到，G20没有正式的章程，机构缺乏相应的执行机构和规则，各成员间缺少承诺，这都是其以后需要解决的问题。沃勒斯坦认为，资本主义世界经济体是在扩张中形成的，扩张本身就包含不平衡的发展。世界性劳动分工创造了世界性商品链，商品链在空间分布上呈现向心结构和等级化特征，正是向心性和等级化塑造了现代世界体系的“极性”，即三极化的核心—边缘—半边缘结构。核心地区是指那些集中生产核心产品的地区，边缘地区是指那些主要生产边缘产品的地区。核心产品是指使用高工资的熟练工人生产的资本密集型产品，边缘产品是劳动密集型的、使用通常带有额外经济强制的低工资劳工生产的产品，半边缘地区是指那些既生产核心产品又生产边缘产品的国家或地区。①世界体系的扩张需要更多的国家或地区参与到世界经济的发展中来，不断地为世界经济的发展提供动力，从而改进整个世界经济发展的进程。

世界经济在不平衡中恢复，贸易的不平衡、实体经济与虚拟经济的不平衡等状况在金融危机后将会减轻，但是发达国家和新兴经济体为代表的

①Albert Bergesen. *Studies of the modern world-system*[M]. London: Academic Press, Inc, 1980: 191.

发展中国家的发展不平衡仍有可能持续，发达国家受制于债务危机，其经济结构调整尚需时日。中国特色的市场经济模式、普京领导下的复兴模式以及印度，包括巴西的再次崛起也不是依靠拉美经济的发展模式。金砖国家的发展，也预示着对非西方发展模式的探索。世界经济的多元均衡格局正在缓慢发展，新兴国家的数量和整体经济增长将重塑世界经济版图。国际经济关系的变革正在展开，如在国际货币领域，金砖国家持有大量的外汇储备和对外投资，逐渐有了改变国际货币体系的意愿，尤其是中国，2009年4月，时任中国人民银行行长周小川关于改革国际货币体系、更多地发挥SDR的作用的提法引起广泛关注，中国关于改变储备货币币种的传闻引起美元等主要货币的大幅波动。不同经济力量的作用发挥将极大改变国际经济关系结构，给经济发展、国际贸易、国际金融和世界治理带来新的变革动力。

第五章

新兴经济体在国际经济关系变革中的利益诉求

第一节　发展中国家参与国际经济关系调整的情况

发展中国家和新兴经济体在多边贸易体制的确立与发展中从边缘地位成为重要角色。

第一，发展中国家在多边贸易体制中从少数成为绝对多数。WTO成员数量从最初的23个扩大到2014年的160个，其中28个是发达国家成员，其余均为发展中国家（或地区）和经济转型国家（或地区）。GATT从最初期的“富人俱乐部”成为全球性的WTO。

第二，发展中国家经贸权益逐步受到重视。1965年GATT加进贸易发展的3个新条款，1979年GATT通过“授权条款”，对发展中国家设立“差别和更加优惠的待遇”。

第三，加入GATT的发展中国家数量急剧增加，在GATT乌拉圭回合发起时，开始在谈判议题上与发达国家抗争，如以同意纳入服务、与贸易有关的知识产权谈判换取纺织品服装协议谈判，在WTO前言和各项协定与协议中对发展中国家成员均有一些特殊待遇。

第四，WTO建立后，随着发展中国家成员的增加，日益关注有利于本身发展的规则的加强和落实，对超前的和挑战更大的新规则采取冷对和抗拒的态度。

然而，就整体发展中国家而言，要想参与国际经济规则的重构，应从以下方面努力。

首先，应该调整对新规则的对抗战略，摆脱员多力薄的谈判困境。WTO决策构建在“成员驱动型”和经贸实力为基准的基础上。在WTO成员数量上，发展中国家成员已在160个成员中占到71%，但在整个世界贸易比重上，只占40%。在经贸实力仍弱和规则制定能力不足的状态下，一味对抗新经济规则的纳入，对巴厘岛会议决议出尔反尔，使多哈回合谈判的曙光褪去，重起谈判契机再挫，加重多哈回合谈判难度，将会两败俱伤，得不偿失。

其次，整合发展中国家对规则重构的诉求。发展中国家中有一般发展中国家，有最不发达国家和新兴经济体，它们在WTO中关注的权益并不一致，存在矛盾。如在多哈回合农业议题谈判中，以巴西、印度为代表的发展中国家组成“20国协调组”（G20），要求美国和欧洲大幅度削减农产品关税和扭曲贸易的农业补贴；以印度尼西亚为首的发展中国家组成“33国协调组”（G33），要求给予发展中国家“三农”以特殊和差别待遇；非洲“棉花四国集团”联手，要求美国大幅削减其棉花补贴；以南非、巴西为首的11个发展中国家成员组成了“非农11国集团”，主张切实保证发展中国家在关税方面“非对等性减让”原则的落实；以中国等新加入WTO的成员组成“新成员集团”，要求考虑其在加入过程中作出的巨大贡献。此外，“最不发达国家集团”“非加太集团”“弱小经济体集团”等，也作为整体提出议案争取利益。各谈判集团利益诉求的多样性，不断稀释多哈谈判的雄心水平，并使本轮谈判的矛盾主体从以往的“南北矛盾”转变成为“南北矛盾+南南矛盾”。这种情况，在多哈回合其他议题谈判中也有表现。在发展中国家成员中，新兴国家在国际经济规则中的作为更为引人关注。

最后，新兴经济体加大重构中的作用。在20世纪90年代后，新兴经济体或新兴经济体崛起。1993年，美国总统克林顿在制定“国家出口战略”时，把经济增长最快、市场潜力最大的十大“新兴市场”作为贸易对象，它们是墨西哥、巴西、南非、波兰、土耳其、中国、印度、印度尼西亚、韩国等。进入21世纪后，西方媒体和经济学家提出的新兴经济体数目不一，英国经济学家列出32个，《纽约时报》列出26个，世界银行前行长詹姆斯·沃尔芬森列出30个，国际清算银行列出23个，其中有几个大国居于重要地位。2001年，美国高盛公司的经济学家奥尼尔把其中最大的新兴国家——巴西、俄罗斯、印度和中国专门提出来，并冠以BRICS（金砖国家）之名，认为它们互补性强，可以相互促进，共同发展。2010年12月，南非加入。金砖国家总人口占世界人口的43%，幅员广阔，发展潜力巨大，经济总量已占世界经济总量的20%，占所有新兴国家经济总量的一半以上，它们已成为多边贸易谈判中制衡发达国家的重要力量。

新兴经济体在国际经济规则重构中作用的加大取决于对以下几个问题的处理：首先，它们能否主动减少在多边贸易体制中享受的各种特殊和差别待遇；其次，它们能否就发展中国家提出的各种诉求进行整合；再次，它们能否从完善多边贸易体制的角度出发，尽可能做出力所能及的让步，以助多哈回合谈判尽早成功结束。

第二节　发展中国家的主要利益诉求

上海国际问题研究所研究员俞正梁认为，21世纪的头十年发生了一些历史性的变化，全球性挑战风起云涌，不断深化的全球化浪潮也带来了前所未有的发展机遇，一些发展中国家抓住了重大历史机遇期，一跃成为新兴国家。[①] 随着发展中国家实力的变化，对国际事务发言权和决策权的要求也成为趋势，改变现行的国际经济运行结构，更多地参与到全球经济治理中成为必须。G20迅速成为全球经济治理的核心、发展中国家在世界银行和IMF的份额增加等都表明新兴经济体的参与度越来越高，发达国家对国际经济的垄断正在被打破。非西方国家的兴起并参与到国际机制中对国际经济关系变革起到不可估量的影响。2010年9月24日，金砖国家发表了一份共同声明，承诺加快自身改革，它们将与G20一起就解决全球经济危机作出贡献。金砖国家合作机制正在团结新兴经济体，共同参与世界经济治理。

一、改革国际金融体系

全球金融危机的爆发和传播引起了世界范围的经济危机，此次危机部

①俞正梁.全球性国家[J].国际政治（人大复印资料），2011（09）.

分是由现行国际货币金融体系的本身不完善造成的，只有改革和完善国际货币体系，加强发展中国家和新兴经济体的作用，才能平衡世界经济发展，改进全球经济和金融市场的运行。

1. 国际货币体系改革

国际货币体系大致经过了三个时期，金本位制及恢复期（1819—1939年）、布雷顿森林体系（1946—1973年）、后布雷顿森林体系（1973年以后）。美国和欧洲债务危机以来，美国的国际金融中心地位受到严重冲击，改革国际金融体系的要求成为必然，新兴国家与美国和欧洲之间的斗争成为显性现象。经济学家普遍认为，国际货币体系的缺陷是诱发金融危机的原因之一。美元作为国际货币为美国从国外融资提供了有利条件，但是过度的融资助长了美国房地产市场泡沫的形成。美国作为国际收支逆差大国，每年都会吸引大量资本流入，美元的泛滥助长了利率的下降，低利率支撑了房地产行业的持续繁荣，并进而造成资本泡沫。而金融危机后，美国又通过量化宽松政策来刺激经济，这造成了美元的下跌。美元的贬值一方面给中国这样的持有美元巨额外汇储备的国家造成了损失，另一方面造成了全球流动性的泛滥。大量的热钱流入不仅增加了新兴经济体的通货膨胀风险和资产泡沫，而且还带来了货币升值的压力。为了对抗这一以邻为壑的行为，新兴经济体必须采取措施阻止本币升值，为全球范围内的货币战拉开了序幕。在国际货币体系改革中，是否创立超主权货币成了重要议题之一，即是否可以创立超主权货币，用IMF的SDR作为国际储备货币，以代替美元的地位。2009年3月23日，时任中国人民银行行长的周小川在G20伦敦峰会前夕发表《关于改革国际货币体系的思考》的文章，此篇文章反映出一个事实，就是作为第一大全球外汇储备国，中国正在逐渐表露出对国际国币体系的思考。在金砖国家峰会上，加强国际金融监管和改革，促进全球金融市场和银行体系健康发展，成为金砖国家峰会和博鳌亚洲论坛的共同热点话题，SDR在国际货币体系中的作用、SDR一篮子货币的组成问题成为讨论焦点。会后，由金砖国家各方共同签署《金砖国家银行合作机制金融合作框架协议》，并承诺加强金砖国家发展银行间金融合作以及在世界银行、IMF年会期间举行财长和央行行长会议，开展多边协调工作。对IMF进行改革，希望通过提高金砖国家在IMF里的提款权来提高自己在国际金融体系中的地位。在2010年4月巴西利亚召开的第二次金砖国家峰会上，其《联合声明》再次敦促改革全球金融治理，提出治理结构的“首要目标是向新兴市场和发展中国家十字星转移投票权，使其在世界经济中的决策权与分量重新分配”[①]。

2. IMF改革

作为国际货币领域最重要的国际组织，在国际金融中的作用饱受质疑，在此次金融危机中更是毫无作用可言。《IMF协定》的第一条即列举了其宗旨：“促进国际货币领域的合作，促进国际贸易的扩大和平衡发展，促进汇率稳定，建立多边支付体系，纠正国际收支失衡”等，但是面对此次金融危机，IMF的作用却乏善可陈。IMF的缺陷表现在份额的分配不公，大多数发展中国家所拥有的份额过低，远逊于其占世界经济的比例，代表不足的现象明显。投票规则也不尽合理，IMF采取加权投票制度，每个IMF成员的投票权分为两部分——基本投票权和份额投票权，各成员的基本投票权均为250票，而份额投票权则由该成员拥有的基金份额来决定，每10万SDR可增加1票。截至2010年8月，中国的份额为8090.1百万SDR，占总份额的3.72%，也就是80901份投票权，再加上250份的基本投票权，共为81151份，占总投票权的3.65%。[②] 因此，改革其运行机制，有效发挥其作用成为一个重大议题。

IMF的一项重要职能是监督国际货币制度，监督各成员的汇率政策，其目的是防止经济危机的发生，维持对世界经济的有效监督。但是，全球化的时代，IMF的监测职能已经名存实亡，不能满足对国际金融的监管、对各个成员的监测和汇率监督以及对经常账户的监督，不能有效地反映整个金融市场和资本账户的监管。另外，在危机救助方面，严格的贷款条件限制了其贷款职能的发挥，使发生危机的国家不能得到及时救援，反而使危机向更多国家蔓延。1997年亚洲金融危机时，这个问题就特别突出。“采用双层标准、受美国等西方国家操纵、干涉受援国国内政策”等都是对其

①殷永健，陈威华．“金砖四国”巴西利亚峰会发出推动合作的新声音[EB/OL].http//www.gov.cn/jrzg/2010-04/16/content_1583656.htm，2010-04-16.

②数据来源：IMF官方网站，http://www.imf.org/exteral/np/sec/memdir/members.htm#c.

的批评，[①] 1997年泰国金融危机和2001年阿根廷金融危机中，IMF的苛刻贷款条件对两国的经济形势恶化起到了推波助澜的作用。对贷款条件的疑虑以及条件的谈判往往使危机救助错过了最佳时机，IMF拥有的资源有限也限制了其职能发挥。2008年10月美国国会通过7000亿美元的金融救助方案，而反观IMF，其可贷款的资源也就是2500亿美元，当面临主要发达国家引起的金融危机时，其资源性受到限制，份额缴款、营运收入和借入款项是其资源的主要来源。

金砖国家意识到，单个国家是不能解决问题的。根据IMF相关规定，凡是属于组织内的重大决策，需要获得超过85%的投票权才能通过。因此从反面来讲，只有拥有15%以上的投票权才能对相关决策行使否决权[②]，而任何一个金砖国家的份额都不足以拥有否决权。目前，欧盟有32%投票权，美国有17%投票权，都拥有否决权。从当今全球GDP的分布来看，金砖国家的GDP超过11万亿美元，欧盟的GDP是16万多亿美元，美国是13万多亿美元，如果按GDP分配投票权，只有金砖国家合起来才有可能超过15%，也就是在IMF改革中拥有一定的发言权。因此，金砖国家要想在全球金融体制改革中发挥作用，就必须保持改革方向的协调性和统一性。2010年的G20首尔峰会确认了IMF的改革，首先发达国家向新兴市场和发展中国家转移6%的IMF份额，其次让出两个执行董事会席位给新兴市场和发展中国家，最后，中国、印度、巴西、俄罗斯四国的份额全部进入前十名。最为突出的是中国的份额提升到6.39%，成为IMF的第三大股东国。IMF的改革反映了世纪经济力量的变化趋势，有利于促进世界经济治理的公平，也有利于克服全球金融危机的冲击。金融危机加快了世界经济中心向大西洋和亚洲地区转移的速度。在新的国际金融秩序中，"坚实的法律基础、各国监管机构和国际标准指定机构活动互不抵触、加强风险管理和

①卢萍.从国际货币基金组织的贷款条件性谈国际货币体系的改革[J].世界经济与政治论坛，2003(3)：40–43.

②根据2010年11月IMF改革方案，中国份额占比6.394%，印度2.751%，俄罗斯2.706%，巴西2.316%，发展中国家份额增加6个百分点，发达国家整体份额将降至57.7%，发展中国家升至42.3%。相关数据引自IMF官方网站。

实践”[①] 是基本原则。中国、印度、巴西、俄罗斯四国率先做出承诺：“加强国内监管，推动国际金融监管体系改革，并同包括金融稳定论坛在内的国际标准指定机构开展密切合作。”[②]金砖国家正在内部逐渐建立金融监管和金融改革的合作联系机制，并通过磋商在二十国集团中协调相互的立场。

二、重塑发展共识

有国际关系学者（Peter J. Katzenstein，2009）基于以往大危机后传统霸权衰落和新兴国家崛起的历史规律，断言美国的霸权将就此丧失。[③]创立“金砖四国”概念的美国学者吉姆·奥尼尔宣称，危机后金砖四国已走到全球决策中心，并将从各个领域改变世界。[④] IMF则认为，未来5年，世界经济增长的中心将从西方国家转移到亚洲，尤其是亚洲新兴国家，从而改变世界经济格局。以中国为首的新兴经济体正在群体性崛起，西方主导的国际经济秩序正在发生变化。美国和欧洲债务危机的发生，围绕市场、资源人才、技术等竞争会更加激烈，各种形式的贸易保护主义抬头，国家间的经济关系更趋复杂。

发展议题一直是博鳌亚洲论坛的核心议题，这一点从历年博鳌亚洲论坛的主题可以看出，如2003年主题“亚洲寻求共赢、合作促进发展”、2007年主题“亚洲制胜全球经济——创新和可持续发展”、2011年主题“包容性发展：共同议程和全新挑战”等，这些发展均侧重于发展中国家的发展。另外，一些分议题如“创业板：创新发展的新机制”“包容性发展——亚洲经济的新十年挑战”“包容性发展——健康、有序的增长博鳌电视辩论”等都贯穿着发展的主题，这些都表明论坛对发展中国家发展的重视程度。而从金砖国家的本身发展来看，在南非加入后金砖国家实现了第一次扩容，增加成员也是一种发展的集团化趋势。在未来，金砖国家峰会有可

①金砖国家领导人俄罗斯叶卡捷琳堡会晤联合声明，参见中华人民共和国外交部网站，http://www. fmprc. gov. cn.

②金砖国家领导人第二次正式会晤联合声明，参见中华人民共和国外交部网站，http://www. fmprc. gov. cn.

③Peter J. Katzenstein.美国不再拥有无形的霸权[N].21世纪经济报道，2009-12-28(19).

④奥尼尔.金砖四国有望提前统领世界经济风骚[N].21世纪经济报道，2009-12-28(19-20).

能成为新兴经济体协调立场、提出诉求、谋求共同利益的场所，成为新兴经济体发展的吸引力、向心力，并促使新兴经济体联合起来，成为与发达经济体平衡的新生经济力量。三亚峰会协调了金砖国家之间的立场，促进了金砖国家彼此互利合作，提高了发展中国家在国际舞台上的声音，推动了世界政治与经济朝着更加均衡的方向发展。在三亚峰会上，金砖国家领导人对一些重大的国际政治和经济问题进行磋商，并达成共识，这种共识对西方主导的国际秩序起到了一定的制约作用。

此外，金砖国家在世界经济中崛起，有可能凭借其快速的经济增长和巨大的产业规模，给低收入发展中国家提供一个工业化的机遇。在未来数年，有着8500万劳动密集型制造业岗位的中国富余劳动力将逐渐枯竭，工资水平提高，其经济结构将从低技能、低工资部门提升到资本和技术密集型的部门，这就会给低收入国家释放出巨大的就业机会，让它们借以启动本国的快速工业化进程——这就是“领头龙”发展模式。①如果这些低收入国家能够利用自身的比较优势，建立有利于自身比较优势的私营部门发展的政策框架，填补领头龙留下的空间，则有可能诞生一批新的经济体，从而推动国际经济关系的整体发展。

全球金融危机后，发达国家为了自己的利益不断地实施量化宽松政策，导致新兴经济体和发展中国家经济动荡。欧债的债务问题通过对银行系统的注资，被转移到国家层面；而美国则利用美元的国际货币储备优势，使其债务在世界范围内通过其量化宽松政策被国际化。发达经济体的量化宽松政策加剧了金融风险，催大了新兴市场资产泡沫，造成通胀压力，为克服金融危机带来的衰退增加了政策难度，亦减弱了政策执行的实际效果。据统计，2010年流入新兴市场与发展中国家的资金达到8250亿美元，较2009年增加42%。②仅涌入新兴经济体的债券投资就增加了两倍，达2720亿美元。美元的持续贬值加大了新兴经济体的货币政策

①林毅夫.从西潮到东风——我在世行四年对世界重大经济问题的思考和见解[M].北京：中信出版社，2012：108.

②陈凤英.新兴经济体与21世纪国际经济秩序变迁[J].外交评论（外交学院学报），2011(3)：1-15.

难度，扰乱了国际大宗商品的价格，造成世界范围内的通胀压力。国际大宗商品市场波动频繁，尤其是粮食、能源等大宗商品价格的高位波动成为世界经济复苏的障碍。粮食与能源市场一方面是实体经济问题，另一方面更是金融市场问题。粮食价格的巨大波动加剧了生产国和消费国之间的矛盾，特别是对一些发展中国家，还可能导致政治动荡。要稳定大宗商品的价格，一方面应该加强供给，加强对发展中国家的资金和技术支持，增加产能，才能保证粮食安全，另一方面就是加强对大宗商品金融市场的监管，开展国际监管合作，尤其是对大宗商品金融衍生品的市场监管，通过减少市场扭曲确保实体市场稳定和强劲发展，才能防止出现扰乱市场的行为。由于高收入国家的经济增速很有可能低于过去，要确保延续过去十年发展中国家与发达国家经济发展"大趋同"[①]的势头，经济发展要关注两个关键进程：一是发展中国家应通过产业升级和结构变迁维持较高增长率；二是扩大相互之间产品、服务、投资和知识交流，拓展发展中国家内部的联系。

三、国际贸易领域

新兴经济体的快速发展不仅成为推动世界经济增长的主要动力，也在国际贸易和国际金融领域改变了国际经济关系的格局。一方面，以金砖国家为首的新兴经济体已经成为全球重要的商品市场；另一方面，新兴经济体积极参与国际竞争，在全球分工中的地位和影响力也显著增强。另外，随着金砖国家间关系的发展，金砖国家在国际贸易、国际金融领域的合作也在进一步密切。

金砖国家资源丰富，人口众多、市场广大，其内部经济各具优势：印度提供信息软件和服务产品以及矿石原料；中国提供廉价的工业制成品；俄罗斯、巴西、南非提供大量的能源和矿产资源。金砖国家间的合作有利于发挥各自优势，促进整体经济发展协调。当然，金砖国家间也有矛盾，如在贸易领域，2010年1月巴西对中国的无缝钢管和烹饪不锈钢的反倾销

---

① "大趋同"一词由《金融时报》首席经济评论员马丁·沃尔夫提出。诺贝尔经济学奖得主迈克尔·斯宾塞称这种现象为"下一次大趋同"。

调查、2010年底印度对中国橡胶防老剂的反保障措施调查以及2010年6月俄罗斯对进口中国的焦糖征收为期3年的保障措施关税，这些都反映了在国际贸易中金砖国家间的冲突。但是，只要是本着合作的态度，这些贸易摩擦会被控制在一定范围内，不会影响金砖国家整体的合作进程。（参见表4）

表4　“金砖四国”相互贸易额

国家	项目	2007年	2008年	2009年
巴西	向其他三国出口（10亿美元）	15.4	22.2	26.5
	占其出口比重（%）	7.8	11.2	17.3
印度	向其他三国出口（10亿美元）	12.4	14.5	13.0
	占其出口比重（%）	8.5	8.0	7.0
中国	向其他三国出口（10亿美元）	64.0	83.5	13.0
	占其出口比重（%）	5.2	5.8	5.8
俄罗斯	向其他三国出口（10亿美元）	19.3	28.4	23.7
	占其出口比重（%）	5.5	6.0	7.9

资料来源：WTO网站和俄罗斯联邦海关局。

四、其他世界治理方面

全球治理是指通过具有约束力的国际规则，对全球性问题加以解决，以维持正常的国际政治秩序。全球经济治理则是全球治理在经济领域的体现。冷战结束后，经济全球化大幅推进，尤其是金融全球化，但是相关的全球治理的发展脚步却蹒跚不前。此次金融危机更是对全球不公正、不合理的国际政治、经济秩序的反映，全球治理机制在公平性、透明度和可问责性等方面存在大量问题，急需推进全球治理改革，发挥新兴经济体的作用。

金砖国家国土面积占世界领土面积近30%，人口占世界总人口的42%，俄罗斯和中国是安理会常任理事国，巴西、印度、南非目前都是非常任理事国。金砖国家领导人就利比亚问题、西亚北非局势等地区热点问题进行了充分讨论，强调尊重主权国家的独立、主权统一和领土完整，避免使用武力，通过和平手段和对话解决分歧；主张推进参与者共同利益的联盟，包括形成一个更公正的世界秩序；主张扩大合作应对新威胁和挑战，包括反恐、反对大规模杀伤武器扩散、贩毒和计算机犯罪等。"'金砖国家'的合作拥有很大的未来，因为这个联盟符合我们人民的根本利益、世界经济发展以及全球安全的需求。"全球气候问题实质上是未来国际经济规则的问题，不同的产业的碳密度是不一样的，鉴于此，气候变化规则一定程度上意味着全球产业的重新布置，全球气候规则未来将重塑一个全新的产业——清洁能源产业，并采用低碳经济的发展模式。世界经济已经在下一个十字路口，要求新兴经济体积极参与新规则的制定。规则本身来讲是中性的，但是在制定过程中加入了参与方的意志，因此，规则最终会对不同的参与者带来不同的影响。美国在2009年6月26日通过《美国清洁能源安全法案》(American Clean Energy and Security Act，ACES)，为其建立低碳游戏规则开展了工作。

从长期历史运动来看，随着"金砖四国"的崛起，世界体系中的中心国家数量将持续增加。老牌中心国家暂时不会有沦为半边缘国家之虞，但新兴经济体持续加入中心国家俱乐部，打破了西方国家垄断世界体系全部大国座席的历史格局。后金融危机时代，金砖国家面临世界经济复兴的挑战，如何进一步夯实经济复兴的基础，摆脱世界经济危机，在加快世界经济复苏中继续发挥火车头作用，实现世界和平、合作、发展，也是讨论议题之一。

金砖国家的经济实力、国际贸易占比、国际金融潜力等都会对国际经济关系的组织原则、国际制度和国际治理产生影响。这种转变需要时间，从量的积累到质的变化要走很长的路，最终能否形成新兴经济体与发达经济体在国际经济关系中的并存、共同引导世界经济的局面，尚待来日。

第三节　国际经济规则趋势分析

2008年爆发的全球性金融危机成为全球经贸治理体系的转折点。新兴经济体的群体性崛起，使得以美国和欧洲为代表的发达国家在现行的国际规则框架下无法继续保持绝对的竞争性优势。改革全球经济治理机制、构建国际贸易投资新规则成了发达经济体力求占据制度“霸权”地位的主要表现。

一、规则理念从追求贸易自由向追求贸易公平演进

未来由于国际经济规则的领域逐渐向边境后延伸，在针对一部分发展中国家时，仍将以重视自由贸易为主，而在针对发达国家和中国等新兴经济体时，将由强调自由贸易向更加重视公平贸易演进、从强调削减关税向强调监管协调演进、从强调市场准入向强调公平竞争演进。同时，“公平”的背后也可掺入有利于主导国家的战略导向，如一些谈判中的国有企业的竞争中立原则议题。尽管谈判各国有不同诉求，这一条款仍存在不确定性，但该标准体现了很强的与中国、新西兰等新兴经济体国有企业竞争的战略意图，有利于美国和欧洲等以私营企业为主体的国家发展经济，必将受到更多国家的重视。

二、规则内容从边境上措施向边境后措施演进

通过促进市场开放和贸易投资自由化，深化、细化国际分工，推动国际经贸发展，是在更广阔的领域自由配置资源与要素的必然要求，是经济全球化的题中应有之义。体现在国际经济规则的内容上，则表现出由边境上的措施逐步延伸至边境后措施的趋势，其背后反映出各主要经济体利益诉求的演变与差异。以美国为例，随着其投资、贸易的全球化，美国急需打开别国市场，因此，美国过去主推的国际经济规则主要体现在边境上，以降低关税与非关税壁垒、强调市场准入和针对实体经济为主。随着美国、欧洲等国家和地区的经济发展、产业升级、投资和贸易全球化以及价值链的全球化，美国、欧洲等国家和地区迫切需要打破发展中国家的国内规制壁垒，从而为其跨国公司获得“公平”竞争机会、市场资源、安全投资环境以及地区主导权做规则上的准备。

现在主要发达国家和部分发展中国家的关税壁垒已经较低，因此，未来的规则释放空间必然向一国边境后转移、向虚拟经济领域延伸，通过各种国内规制，在技术、环境、劳工、知识产权保护、竞争政策、监管方式、执法等方面消除贸易与投资壁垒。

三、规则性质从自愿型向更多强制型演进

在目前多边规则发展受阻的情况下，相对而言，自愿约束型和协商约束型规则达成共识并执行的成本较低，更易为各方所接收，因此率先出现。然而，这些规则背后仍体现着强权国家的主导利益。为了将规则固化并扩大影响力、增强执行力，这些规则呈现出逐渐演变为强制约束型规则的趋势。以美国为例，往往先由其跨国公司、行业协会、非政府组织提出某些规则标准，进而形成某一行业实际上的准入标准，由有意进入美国的企业自愿实施，最终将形成事实上的规则标准，并有可能上升为国际经济规则。又如，强制约束型国际经济规则的代表WTO的很多规则，最初都来自自愿约束型规则。因此，国际经济规则存在从自愿型向强制型转化的趋势，规则制定组织存在从单边向双边、诸边、多边转化以及从松散型组织向WTO此类组织转化的趋势。

四、规则执行从概念化向可操作化演进

纵观现有的国际经济规则演变，无论是投资政策，还是环境、劳工、竞争等政策，其执行都体现出从概念化向可操作化转变的趋势。美国在北美自由贸易协定（North American Free Trade Agreement，NAFTA）中对投资者的保护还很宽泛，到2004年BIT范本就已对投资涵盖的范围及投资者—东道国争端解决机制等做了详细规定，并加强了国内法律透明度，完善了环境和劳工条款等规定，提升了其可操作性。2008年全球金融危机后，美国经济低迷。相应地，其2012年BIT范本对金融审慎例外安排进行了明确界定，同时增加了投资者在环境和劳工保护方面的义务，目的是保护美国作为东道国的金融规制权和国家利益。后来美国提出在劳工和环境条款中加入争端解决机制，并对限制渔业补贴等具体环境领域提出有强制执行力的规则等。可见，在国际经济规则中，符合主导国家利益的一些重要条款将变得愈加可执行、可操作。

五、规则制定主导权的博弈更趋激烈

国际经济规则制定的实质是规则主导国家通过输出规则，达到实现自

身政治经济利益的目的。从国际经济规则的制定看，在磋商及表决中，新兴经济体的话语权将随其政治经济实力的增强而增强，从而使国际经济规则的制定更加公平，更加考虑发展中国家的诉求。但国际经济规则"非中性"的性质不会改变，主导者必然得到更多的规则制定"红利"，因此，国际经济规则制定的权力博弈仍会继续，并且随着发达国家与新兴经济体之间实力差距的缩小而变得更加激烈。

六、规则重构从以多边平台为主转向以自贸区平台为主

从WTO多哈回合的进展看，多边谈判的难度较大，国际经济规则在多边平台上直接得以实现的时间成本和谈判成本较高。纵观过去，大国利用区域贸易协定影响全球经济规则是其主要手段。如，美国推行的竞争中立政策早先已由OECD进行研究，之后该规则在2012年美国和欧盟的《欧盟与美国就国际投资共同原则的声明》中得以推行，未来势必影响到中国等国家的国有企业竞争规则。从诸边规则入手推动多边规则的制定，将会成为受各国推崇的发展路径，未来自贸区将会成为国际经济规则重构的重要平台。

第六章

“一带一路”倡议与国际经济关系重构

第一节　“一带一路”国家经济概况

一、“一带一路”的缘起

“丝绸之路”是古代贯通中西方的主要商路，也是中国与西方世界经济、政治、文化交流的重要纽带。陆上丝绸之路跨越陇山山脉，穿过河西走廊，通过玉门关和阳关，抵达新疆，沿绿洲和帕米尔高原通过中亚、西亚和北非，最终抵达非洲和欧洲，亦称骆驼之路、沙漠之路、草原之路。“海上丝绸之路”则以中国东南沿海为起点，经东南亚、南亚、西亚，到达非洲，亦称瓷器之路、茶叶之路、香药之路。“海陆丝绸之路”形成于秦汉，发展于魏晋南北朝，繁荣于唐宋，转变于明清，西亚地区在此期间都扮演着主要角色。

习近平就任国家主席后在2013年博鳌亚洲论坛主旨演讲中提出“一带一路”的最初构想，经过两年多的时间，构想逐步发展成型并付诸实施，具体可分为三个阶段：一是提出设想与明确概念的前期阶段；二是制定规划与建立机构的中期阶段；三是推出规划与实施阶段。

前期阶段大体是从2013年春季到秋季，“一带一路”倡议完成从初步构想到明确概念的转变。2013年4月，习近平主席在出席博鳌亚洲论坛做演讲时指出：“中国将加快同周边地区的互联互通建设，积极探讨搭建地区性融资平台，促进区域内经济融合，提高地区竞争力。”这里已凝练表述了“一带一路”倡议包含的基本要素和思路：致力于互联互通、创设新融资平台、促进区域内经济一体化等。

2013年10月，习近平主席访问印度尼西亚时提出共建“21世纪海上丝绸之路”，并倡议筹建亚洲基础设施投资银行（简称“亚投行”）；10月3日在印度尼西亚国会发表演讲时指出：“中国倡议筹建亚洲基础设施投资银行，愿支持本地区发展中国家包括东盟国家开展基础设施互联互通建设。……中国愿同东盟国家加强海上合作，……共同建设21世纪‘海上丝绸之路’。”①

2013年11月，中共十八届三中全会《全面深化改革若干重大问题的决定》要求“加快同周边国家和区域基础设施互联互通建设，推进丝绸之路经济带、海上丝绸之路建设，形成全方位开放新格局”。至此，中国已明确提出“一带一路”倡议。

中期阶段是2014年前后。一是紧锣密鼓地制定规划与筹创相关机构。2013年12月，国家发改委和外交部联合召开推进“一带一路”建设座谈会，陕西、广西等西部九省区市与江苏、福建等东部五省人员参加，研讨具体思路设想。2014年10月10日，国务院在西安召开了推进“一带一路”建设工作座谈会，讨论部署有关具体工作。2015年2月1日，中共中央政治局常委、国务院副总理张高丽在北京主持召开推进“一带一路”建设工作会议，安排部署2015年及今后一段时期推进“一带一路”建设的重大事项和重点工作。二是积极进行机构创新，创设“两行一基”②。2014年10月24日，中国等21个首批意向创始成员国的财长和授权代表在北京签约，共同决定发起成立亚投行。11月4日习近平主席提出“要以创新思维办好”亚投行与丝路基金，明确“发起并同一些国家合作建立亚洲基础设施投资银行是要为‘一带一路’有关沿线国家的基础设施建设提供资金支持，促进经济合作；设立丝路基金是要利用中国资金实力直接支持‘一带一路’建设”。2014年12月29日丝路基金正式注册，2015年1月6日召开了第一次董事会，标志着基金开始运作。2014年7月15日，中国、巴西、俄罗斯、

①习近平.携手建设中国—东盟命运共同体——在印度尼西亚国会的演讲［EB/OL］. http://www.gov.cn/ldhd/2013-10/03/content_2500118.htm，2013-10-03.

②两行是指亚洲基础设施投资银行（AIIB）、金砖国家开发银行（NDB）；一基是指丝路基金。

印度和南非在巴西福塔莱萨签署协议，成立金砖国家开发银行，其功能定位与“一带一路”倡议也有交集。

2014年11月亚太经合组织（APEC）北京峰会期间，习近平主席在有关演讲中全面阐述“互联互通”：“我们要建设的互联互通，不仅是修路架桥，不光是平面化和单线条的联通，而更应该是基础设施、制度规章、人员交流三位一体，应该是政策沟通、设施联通、贸易畅通、资金融通、民心相通五大领域齐头并进。”“互联互通”既涉及道路等基础设施的“硬联通”，也包括规章制度方面的“软联通”，还将推动人员流动的“人联通”。

以2015年中国两会热议与3月中下旬亚投行旋风为标志，“一带一路”引发了更为广泛的关注。3月5日李克强做政府工作报告，在第三部分“把改革开放扎实推向纵深”中指出：“构建全方位对外开放新格局，推进丝绸之路经济带和21世纪海上丝绸之路合作建设。加快互联互通、大通关和国际物流大通道建设，构建中巴、孟中印缅等经济走廊。”在第四部分“协调推动经济稳定增长和结构优化”中要求：“把‘一带一路’建设与区域开发开放结合起来，加强新亚欧大陆桥、陆海口岸支点建设。”

实施阶段是2015年3月28日发改委、商务部、外交部联合发布了《推动共建丝绸之路经济带和21世纪海上丝绸之路的愿景与行动》（以下简称《愿景与行动》），阐明了“一带一路”倡议的时代背景、共建原则、框架思路、合作重点、合作机制、中国政府为之作出的积极行动和中国各地的开放态势。至此，预热已久、举世期盼的“一带一路”规划正式面世，“一带一路”进入实施阶段。

二、“一带一路”的地理范畴

“一带一路”具有上千年发展历史，地理上涵盖亚非欧三个大陆。其依托三条欧亚大陆桥和中缅印孟经济走廊、中巴经济走廊和中亚天然气管道、中缅石油管道，以及多条铁路、航空、公路、水运、电网、电信线路等构成的交通运输干线，并以我国北京、上海、广州、福州、扬州、西安、乌鲁木齐等城市和沿途亚非欧地区若干个大城市为核心，发挥经济集聚和辐射功能，联结带动周围不同等级规模城市的经济发展，由此形成了点状密集、面状辐射、线状延伸的生产、流通一体化的带状经济区域。

陆上“丝绸之路经济带”以我国太平洋沿岸的环渤海、长三角和珠三角经济圈为起点，途经俄罗斯、哈萨克斯坦等上海合作组织主要成员国，抵达波罗的海、大西洋和地中海沿岸。沿途在空间上大致可分六个区段：东亚段、中亚段、西亚段、南亚段、中东欧段、西欧段。

21世纪海上丝绸之路的主要航线包括：南洋航线，由中国沿海港至东盟诸国；西洋航线，由中国沿海港至南亚、阿拉伯和东非沿海诸国，从我国沿海连接东北亚和东南亚，向南亚、西亚与非洲等亚非地区辐射，可由沿线的东南亚核心经济圈、东北亚重要经济圈和非洲拓展经济圈组成，南太平洋航线，即从中国南海到南太平洋的新海上丝绸之路航线。

从总体上看，“一带一路”起始于繁荣的亚太经济圈，中间由沿线的中亚经济圈、西南亚经济圈、非洲经济圈、欧亚经济圈等组成，最后到达发达的欧洲经济圈。尽管由于发展差异，中间处于凹陷地带，但由于两端由当今国际经济最活跃的两个主引擎带动，该区域有着巨大的发展机会和动力。从目前和未来一段时间看，“一带一路”经济带将是一个地理划分难以完全确定、亟须引导发展、可以有多元化、多类型创新的区域。

“一带一路”沿线及相关国家分为四个类型，有助于中方更好地了解自身对这些国家的影响，谋求有针对性的合作。

第一类是资源上游型国家，以蒙古、哈萨克斯坦和印度尼西亚为代表。石油、矿产资源出口在这一类型国家的经济体系中占据重要地位，主要出口对象是中国。因此，中国经济增速放缓和结构调整对这些国家的经济总体上有负面影响。这类国家最关心的就是如何实现生产结构的多元化，中国作为世界制造业第一大国，可以帮助这些国家探寻行业多元化的路径，利用好资源价格下降的时间窗口，完成单调资源经济向更加多元化经济转型的任务。此外，它们在经济困难时期有贷款需求，如果中方企业愿意提供以人民币计价的贷款，将会很有市场。

第二类是工艺及零部件上游型国家，以新加坡为代表。在国际产业链中，这类国家相对中国处于上游位置。短期内，出口的增加值会随中国出口放缓而降低，但在中长期这类国家可以在亚洲或全球重新布局，以适应中国的新常态。在合作的过程中，中国的对外投资可以更多地瞄准它们的技术和品牌，这对中国产业升级和经济结构转型特别有帮助。

第三类是平行竞争型国家，代表是泰国、马来西亚。这类国家和中国的发展阶段不相上下，总体上的比较优势也和中国差不多。即便如此，中国与这些国家的行业之间还是有错位竞争的可能，双方企业可以寻找互补行业的投资机会。

第四类是错开竞争型国家，以越南、孟加拉国、印度和斯里兰卡为代表。这类国家的发展水平比中国低，劳动力价格相对低廉。在中国劳动力成本上升的背景下，以往有比较优势的行业如低端纺织品业和廉价电子产品行业需要退出中国，这类国家就可以利用这个机会承接产业的转移，从而获益。

三、“一带一路”沿线国家经济状况

1. 经济规模

“一带一路”沿线国大多为发展中国家和新兴经济体，在64[①]个国家中只有7个国家属于IMF定义下的发达经济体（Advanced Economy），分别是捷克、爱沙尼亚、以色列、拉脱维亚、新加坡、斯洛伐克和斯洛文尼亚。2013年，沿线国家GDP达12.8万亿美元，平均GDP为2086亿美元，低于同年度世界各国平均水平（3900亿美元）。沿线有17个国家处在该区域平均水平以上，有25个国家的GDP在1000亿美元以上，其中6个国家GDP总量在5000亿美元以上，分别为俄罗斯、印度、印度尼西亚、土耳其、沙特阿拉伯和波兰（按GDP从大到小排列）。

2. 人均GDP

2013年，“一带一路”沿线国家人均GDP为1.2万美元，略低于同年度世界平均水平（1.37万美元），其中有20个国家处在该区域平均水平以上，有23个国家人均GDP在1万美元以上，主要集中在西亚北非和中东欧地区，其中10个国家人均GDP在2万美元以上，分别为卡塔尔、新加坡、科威特、阿联酋、文莱、以色列、巴林、阿曼、沙特和斯洛文尼亚（按人均GDP从大到小排列）。人均GDP最少的5个国家分别是阿富汗、尼泊尔、缅

---

①习近平.携手建设中国—东盟命运共同体——在印度尼西亚国会的演讲[EB/OL]. http://www.gov.cn/ldhd/2013-10/03/content_2500118.htm, 2013-10-03.

甸、孟加拉国和柬埔寨（按人均GDP从大到小排列）。

3. **经济增速**

2013年，“一带一路”沿线国家平均GDP增速为3.9%，高于同年度世界经济平均增长率（2.2%）。沿线有29个国家处在该区域平均增速以上，其中19个国家的GDP增速在5%以上，12个国家的GDP增速在7%以上，分别是伊拉克、也门、立陶宛、新加坡、沙特、拉脱维亚、马来西亚、马尔代夫、东帝汶、吉尔吉斯斯坦、埃及和波兰（按GDP增速从大到小排列）。增速最慢的5个国家分别是柬埔寨、阿富汗、捷克、亚美尼亚和匈牙利，这5个国家都是GDP负增长的国家。

4. **人口红利**

“一带一路”沿线国家共有44亿人口，占全球总人口的63%，其中人口大国（亿级以上）有印度、印度尼西亚、巴基斯坦、孟加拉国和俄罗斯，除俄罗斯外均为南亚和东南亚国家。有12个国家人口在5000万以上，除上述5个国家外，还有菲律宾、越南、埃及、伊朗、土耳其、泰国、缅甸。从劳动力情况看，沿线国家大多未出现人口老龄化现象，劳动力充沛。2013年，15—64岁人数占比平均为67.5%，其中，有21个国家的劳动力人数占全国总人口的70%以上。

5. **城镇化和收入水平**

首先，“一带一路”沿线国家城镇化水平较高，2013年城镇人口占比平均为57.27%，高于中国。有31个国家处在平均值以上，其中，19个国家的城镇人口数量占比超过70%，主要集中在西亚、北非和中东欧地区。新加坡、卡塔尔和以色列3个国家的城镇化人口比例超过90%，城镇化程度最高；斯里兰卡、尼泊尔、柬埔寨和阿富汗的城镇人口占比最低。其次，“一带一路”沿线国家人均收入水平高低不等，2013年人均收入水平约1.7万美元，高于中国，但仅有19个国家的人均收入在平均线以上，大部分为中东欧国家。人均收入在1万美元以上的国家共有30个，其中收入最高的3个国家为卡塔尔、新加坡和沙特。沿线国家中收入最低的3个国家为阿富汗、尼泊尔和塔吉克斯坦。

6. **基础设施**

“一带一路”沿线国家基础设施水平在全球位于中下程度。根据世界银行物流绩效指数中的基础设施指标，2013年，沿线国家的平均基础设施指数得分为2.7分，其中有27个国家的基础设施处在沿线国家平均水平以上，比中国得分（3.7分）高的国家仅有新加坡（4.3分）；得分在3分以上的国家共有19个，主要分布在西亚、北非和中东欧地区，南亚国家和中亚国家的基础设施相对较弱。

以人均耗电量（千瓦·时）为例，2011年"一带一路"沿线国家平均值为人均4032千瓦·时，共有20个国家处在平均值以上。人均耗电量前5位的国家分别是科威特、卡塔尔、立陶宛、巴林和阿联酋；人均耗电量最低的几个国家大多为南亚和东南亚国家，分别为尼泊尔、缅甸、柬埔寨、也门、孟加拉国和巴基斯坦。

第二节 "一带一路"对于国际经济关系重构的意义

"一带一路"是中国重构新型国际经济关系的着力点。新型国际经济关系的核心是合作共赢，其中合作是路径，共赢是目的。也就是说，新型国际经济关系的核心要义在于通过合作实现共赢，打造"人类命运共同体"，进而使得世界走向一个更加广阔而美好的未来。合作是新型国际经济关系的基础路径。在经济全球化的大势之下，各国联系更加紧密，相互依存度空前提高，人类仿佛生活在同一个地球村里。在面对全球性经济问题时，任何国家或者地区都无法独善其身。"零和思维已经过时，我们必须走出一条和衷共济、合作共赢的新路子"[①]，即在追求本国利益和发展的同时合理关切他国利益，从而建立平等和共享的伙伴关系。建立这种伙伴关系的最为基础的路径就是国际合作。各个国家之间之所以能够达成经济合作，是因为不同国家之间的经济条件存在着差异，通过合作可以弥补短缺，从而可以获得更多的利益。诚如习近平在首届中国国际进口博览会上所讲，"国际贸易和投资等经贸往来，植根于各国优势互补、互通有无的需要"[②]。

---

①习近平.习近平谈治国理政[M].北京：外文出版社，2014.

②习近平.共建创新包容的开放型世界经济[N].人民日报，2018-11-06(3).

一、从合作理论来看

20世纪50年代欧共体建立之前，欧洲不同国家之间的铁路轨道不同、电源插头也不同，各国之间想实现互联互通面临着很大的不便。随着欧共体的建立，欧洲各国通过政策沟通，统一了轨距和操控系统，统一了电源插头，这大大地降低了合作成本，方便了人员与贸易的流动。"一带一路"沿线国家设施联通合作，如重点铁路、公路、港口建设，输油、输气管道等基础设施，跨境电力和输电通道建设，跨境光缆等通信干线网络建设，这些都需要建立统一规则和标准，而规则和标准的确立又离不开各国政策的联通，推进"一带一路"政策、规则、标准的三位一体联通，有助于进一步整合"一带一路"的各项规划，进一步完善"一带一路"发展，推进人类命运共同体建设。

（一）推动区域经济合作理论发展

从区域划分本身来看，"一带一路"东部连接亚太经济圈，经欧亚大陆延伸到西部欧洲经济圈。它具有横跨欧亚大陆，连接亚欧非三大洲，对接西方发达经济体、亚太新兴经济体和欧亚大陆发展中经济体不同区域经济板块等地缘结构特征。可以说"一带一路"提出的本身就是对区域经济合作理论的发展和创新。

1."一带一路"的区域化格局视角更新

进入21世纪，经济全球化的发展使世界发生了诸多变化。贸易投资自由化的发展正在打破传统的海陆分界和地缘政治分割，使全球变成相互联系和相互依存的整体。中国的"一带一路"使传统的海权和陆权观念转变为新的"和合"地缘观，由过去的海陆控制转向海陆开放，由传统的地缘政治博弈转变为区域互利合作。"一带一路"倡议所倡导的合作共赢的区域合作新范式，也突破了以往地缘政治中"国强必霸"的传统逻辑，有助于实现中国与丝路沿线国家的和谐相处、共同发展和共同繁荣。中国"一带一路"建设提出了横跨欧亚大陆，连接亚欧非陆海经济走廊和贸易通道，以及发展区域经济合作的宏伟蓝图。它是基于中国位于欧亚大陆东部和陆海相兼的地缘特征而提出来的地缘构想，并使其具有地缘政治蕴涵。

2.“一带一路”赋予欧亚大陆开放包容的地缘政治内涵

传统的地缘理论中，以军事为基础的权力是第一位的。无论是麦金德还是斯皮克曼都，都强调对“心脏地带”和“边缘地带”的控制，突出军事权力在控制与争夺中的重要性。而中国推进“丝绸之路经济带”，不谋求建立势力范围，不谋求控制“心脏地带”，不谋求军备竞赛，而是与各国平等相待，共同建设“丝绸之路经济带”。中国“21世纪海上丝绸之路”建设强调的是开放、自由、合作和发展。在经济全球化时代，通过“一带一路”塑造欧亚大陆的开放性与非封闭性、合作性与非对抗性，以共商、共建、共享性为特征的地缘政治内涵。

3.“一带一路”赋予中国和丝路沿线国家新型地缘关系

在传统地缘理论中，遏制政策和均势政策始终是一国对外政策的取向，目的是平衡世界主要政治力量，以实现外交战略的“纵横捭阖”。英国和美国之所以能够相继成为世界历史上的海洋大国，是因为这两个国家时刻关注欧亚大陆的地缘政治形势，通过遏制和均势政策防止霸权国的出现。“一带一路”建设始终秉承开放和包容的理念，扩大贸易与投资合作，实现共同发展与繁荣。通过“一带一路”的合作纽带建立双边和多边合作网络，推动建设和平友好、平等互利、合作共赢的新型地缘关系。

（二）推动新时代合作理论发展

“一带一路”建设是新时代的合作发展理论，这种合作突破了以往区域合作和分领域合作的范畴，以多领域联通的形式引领着全球合作向新的方向拓展。通过合作的纽带，推动发达国家和发展中国家在更广阔的世界进行全方位合作。

1. 双向合作特征明显

“一带一路”建设的合作理论不是单纯的引进来或者走出去，而是坚持引进来和走出去并重的双向合作。这有利于进一步挖掘沿线双向投资潜力，促进要素自由流动、资源高效配置和市场深度融合，为发展开放型世界经济注入新动能。

2. 创新合作为发展新动力

“一带一路”国际合作是沿线国家创新资源共享，创新优势互补，共同实现创新引领和驱动发展。各国将增进发展理念和战略的沟通，建设好智库联盟和合作网络，为各国开辟发展新路径提供智力支持。积极探索建立“一带一路”国家合作创新治理机制，打造“一带一路”国际开放创新合作网络，实施更加开放的人才政策，扩大互派留学生规模，为互联网时代的各国青年打造创业空间、创业工场，成就未来一代的青春梦想。

3. 开放合作

“一带一路”国际合作，要致力于建设开放型世界经济，推动经济全球化朝着更加开放、包容、普惠、平衡、共赢的方向发展。为实现开放合作，一方面要提升贸易和投资便利化水平，落实“一带一路”贸易畅通合作，共同反对保护主义；推动相关国家扩大市场开放，支持多边贸易体制，加快实施WTO《贸易便利化协定》；推动沿线地区降低关税壁垒，减少贸易投资成本，促进海关通关、检验检疫、电子商务、过境运输等规范化和机制化。另一方面是要提升经济治理水平，主动参与和引领全球经济议程，支持扩大发展中国家在国际事务中的代表性和发言权；积极商建自由贸易区，逐步形成立足周边、辐射“一带一路”、面向全球的高标准自贸区网络。

4. 多平台合作，构筑多层次人文交流平台，促进包容发展

“一带一路”建设是我国为世界搭建的具有广泛包容性的发展合作平台。“一带一路”国际合作高峰论坛后续联络机制，共同打造多主体、全方位、跨领域的互利合作新平台；在文化、体育、卫生领域，创新合作模式，推动务实项目；用好历史文化遗产，联合打造具有丝绸之路特色的旅游产品和遗产保护；加强各国议会、政党、民间组织往来，妇女、青年、残疾人等群体密切交流，促进包容发展。

（三）推动人类命运共同体理论发展

2013年，习近平主席首次提出构建人类命运共同体的倡议。中国同世界各国的友好合作不断拓展，人类命运共同体理念得到越来越多的支持和赞同，这一倡议正从理念转化为行动。人类命运共同体旨在追求本国利益时兼顾他国合理关切，在谋求本国发展中促进各国共同发展。人类只有一个地球，各国共处一个世界，要倡导“人类命运共同体”意识。2015年9月28日，中国国家主席习近平在纽约联合国总部出席第七十届联合国大会一般性辩论并发表题为《携手构建合作共赢新伙伴 同心打造人类命运共同体》的重要讲话。2018年3月11日，第十三届全国人民代表大会第一次会议通过的宪法修正案，将宪法序言第十二自然段中“发展同各国的外交关系和经济、文化的交流”修改为“发展同各国的外交关系和经济、文化交流，推动构建人类命运共同体”。

推动建设人类命运共同体，源自中华文明历经沧桑始终不变的“天下”情怀。从“以和为贵”“协和万邦”的和平思想，到“己所不欲，勿施于人”“四海之内皆兄弟”的处世之道，再到“计利当计天下利”“穷则独善其身，达则兼济天下”的价值判断……同外界其他行为体命运与共的和谐理念，可以说是中华文化的重要基因，薪火相传，绵延不绝。新时期，中国人民致力于实现中华民族伟大复兴的中国梦，追求的不仅是中国人民的福祉，也是各国人民共同的福祉，关于命运共同体的传统理念得到进一步发扬光大。

推动建设人类命运共同体，是中国领导人基于对世界大势的准确把握而贡献的“中国方案”。经济全球化让“地球村”越来越小，社会信息化让世界越来越平。不同国家和地区已是你中有我、我中有你，一荣俱荣、一损俱损。国家之间，过时的零和思维必须摒弃，不能只追求你少我多、损人利己，更不能搞你输我赢、一家通吃。只有义利兼顾才能义利兼得，只有义利平衡才能义利共赢。

推动建设人类命运共同体，是新时期中国特色大国外交的生动实践。从致力于构建新型国际关系到不断拓展全球伙伴关系网络，从亲诚惠容的周边外交理念到真实亲诚的对非工作方针，再到共建“一带一路”的构想，从抗击埃博拉病毒到也门撤侨行动，再到尼泊尔强震救援……中国不仅坚持走和平发展道路，更敞开胸怀欢迎各国搭乘中国“快车”、共享发展机遇，以实际行动为构建人类命运共同体注入中国智慧，贡献中国力量，同世界各国合作共赢。

合作共赢，就是要倡导人类命运共同体意识，在追求本国利益时兼顾他国合理关切，在谋求本国发展中促进各国共同发展，建立更加平等均衡的新型全球发展伙伴关系，同舟共济，权责共担，增进人类共同利益。

人类命运共同体意识超越种族、文化、国家与意识形态的界限，为思考人类未来提供了全新的视角，为推动世界和平发展给出了一个理性可行的行动方案。整体来看，真正意义上的人类命运共同体是一个完整的理论体系。具体而言，这一理论由如下知识内核构成。

1. 其逻辑基础是合作共赢

西方传统国际关系的逻辑是对抗独占，即在竞争和冲突中获得自身利益的最大化。人类命运共同体的关键词就是“各国和各国人民一起”，这里不再是单个的国家，而是多个国家一起，同心协力，共同变压力为动力，化危机为生机。

2. 其交流态度是平等协商

西方传统国际关系的交流态度是武力强制，即往往用以暴制暴的方式来解决问题，最后导致冲突的加剧。人类命运共同体的原则是：国家不分大小、强弱、贫富，一律平等，不能以大压小、以强凌弱、以富欺贫；同时，在出现争端时，不到万不得已不能轻易诉诸武力，要坚持通过协商对话的方式来和平解决争端，各国在平等的基础上展开对话和交流。

3. 其行为模式是互联互通

西方传统国际关系的行为模式是封闭狭隘，即划分势力范围，在一个封闭的地域空间中求得一己私利的发展。人类命运共同体要推进各国经济全方位互联互通和良性互动，减少全球发展不平等和不平衡的现象，使得世界各国的人民都有机会来享受世界经济增长带来的利益和好处。“一带一路”是互联互通的主要载体，互联互通不仅是道路和基础设施的贯通，更是全方位、立体化、网络状的大联通，是群策群力、共创未来的开放系统。

4. 其运行过程为包容共建

西方传统国际关系的运行过程表现为排斥独享，即排斥和反对其他国家以及其他行为体的利益诉求和价值关怀，不能从对方的角度来综合考虑问题。人类命运共同体要推进不同文明和发展模式的交流和对话，使得各国在优势比较中取长补短，在交流和理解中共同发展。

5. 其实现目标为公正合理

西方传统国际关系的实现目标为霸权统治，即少数霸权国家通过强力干预和控制体系实现其对发展中国家资源和利益的攫取。人类命运共同体要在参与全球治理的过程中推进全球治理体系变革。全球治理体系是地球上的各个国家共建共享的，不能单独由某一国家独占，不能把世界长期发展建立在一批国家越来越富裕而另一批国家长期贫穷落后的基础上；同时，推进全球治理体制的变革，并不是推翻现有体制，而是要对其进行创新和完善，使该体制能够更好地反映国际格局的变化，使其更多地反映大多数国家特别是新兴经济体和发展中国家的意愿和利益。

二、从实际影响来看

1. 提振了“一带一路”的经济活力

“一带一路”涉及面广，为国际合作开拓了新空间和新领域。它覆盖了全球100多个国家、地区和国际组织，总人口超44亿，约占全球的63%；经济总量超过20万亿美元，约占全球的29%，对全球经济有着举足轻重的作用。“一带一路”倡议提出五年来，将本国发展战略与“一带一路”倡议对接的国家越来越多。以中俄元首共同签署《关于丝绸之路经济带建设与欧亚经济联盟建设对接合作的联合声明》为标志，“一带一路”建设进展到战略对接阶段，并扩展到蒙古国的“草原之路”、越南的“两廊一圈”、柬埔寨的“四角”战略、欧盟的“容克计划”等。当前，金融危机的深层次影响仍在持续显现，有效需求不振，全球贸易争端持续发酵，发达经济体总需求持续疲软，新兴经济体面临较大困难，贸易增长低迷，地缘政治风险的冲击不时显现。而中国及沿线国家共同参与的“一带一路”成为一抹亮色，为世界经济增添了新的发展动能。

2. 激活了“一带一路”经济增长潜能

从发展水平上来讲，“一带一路”沿线国家普遍人均收入水平低于世界平均水平，沿线国家大部分尚属于发展中国家，有的尚未实现经济起飞、启动工业化；有的尚处于工业化的中期。这些国家有着类似的发展需求：大量的基础设施、出口加工园区、初级和中级适用技术等等。中国在过去四十年的高速增长中积累起来的资金、技术、管理能力和经验，更符合“一带一路”相关的发展中国家的发展需求。通过“一带一路”建设推动相关发展中国家的合作发展和共同发展，会有效带动这些国家自身经济增长，也必然会强劲提振全球总需求。另外，随着“一带一路”沿线国家之间的合作开展，随着时间推移，必将超越现有范畴，将使沿线国家的区域经济融合进程加快，有利于更有效地配置全球资源，并优化分工，最终形成某种形式的自由贸易区。

3. 完善了经济治理

从当前世界经济发展的总体环境来看，以美国为首的部分国家开启保护性贸易保护政策，自由、开放的全球多边贸易体系也面临着重要挑战，改善全球经济治理方式成为重要的课题。“一带一路”顺应了发展中国家改善现有全球治理机制的诉求。在全球经济增长乏力的背景下，虽然世界范围内都有改善全球治理机制的意愿，但是并没有哪个国家愿意主动放弃对全球治理的领导权。而“一带一路”通过向丝路沿线国家提供公共产品的方式，促进亚欧非国家的发展，这种以开放多元为主要特征的方式有可能成为推动全球贸易投资自由化的新途径。与以往参与全球治理的方式略有不同，“一带一路”并不是一个实体机构，而是中国首倡的发展方式。同时，丝路沿线诸多国家也提出了很多发展规划，这就需要中国与丝路沿线国家的发展战略对接，利用好既有的双边和多边合作机制，主动参与全球经济合作，共同打造利益共同体、命运共同体和责任共同体。习近平主席提出的“一带一路”建设基于中国经济发展的内外部环境，主动参与国际间合作，标志着中国主动引领全球经济发展，推动全球治理变革。21世纪以来，中国已经成为世界第二大经济体、世界第一出口大国、第一贸易大国、外汇储备最多的国家。作为全球负责任大国，中国应该更多地承担推动世界经济发展的责任。“一带一路”区别于欧美国家推动全球化发展造成全球贫富差距的方式，有助于推进“一带一路”国家合作，共同解决经济发展的不利因素，形成互利共赢的治理效果。

4. 搭建了文明沟通对话的桥梁

“一带一路”沿线地区都有着古老的文明和文化，是多民族和多宗教交叉汇集的地区，民族结构复杂，文化呈现多样性。

首先，民族众多。“一带一路”沿线很多都是多民族国家。尤其是东南亚地区，民族结构异常复杂。由于历史和地理因素，每个民族都有着明显的文化特色。东南亚地区民族众多，语言十分丰富。全区共有90余个民族，其中缅甸有42个民族，135个支系；印度尼西亚有300多个民族和支系（印度尼西亚政府2014年公布数据）；菲律宾约有90余个民族，70多种语言；老挝有49个民族。一些国家不存在占人口绝对多数的主体民族，因而民族问题非常复杂。由于各民族在多个国家的跨国分布，各种民族矛盾常引起国内或邻国间的动荡与冲突。民族文化的多样性既是交流的动力，也可能对各国和各民族之间的交往形成一定阻碍，增加经济合作所要付出的成本。

其次，宗教众多，信仰呈现多样性。亚洲是世界上主要宗教的发源地，按民族地域划分，世界上共有300余种宗教，其中亚洲所占比重最大。发源于亚洲的主要宗教包括佛教、道教、印度教、基督教、犹太教、伊斯兰教、神道教和锡克教。亚洲各国间宗教差异明显，各国内部的宗教组成也比较复杂。以东南亚为例，东南亚各国宗教组成极为复杂，多样性成为东南亚地区宗教最显著的特点。多数国家都存在几种甚至几十种宗教，各宗教流派分支又极为复杂多样，不同宗教、不同流派之间常表现出排他性，这使得社会矛盾也较为复杂。部分国家拥有一种占主导地位的宗教，如菲律宾大部分人信奉天主教；缅甸、泰国、老挝、越南和柬埔寨信奉小乘佛教；印度尼西亚、马来西亚和文莱多数民众信奉伊斯兰教；新加坡，佛教与道教占统治地位。由于各宗教的教义和禁忌不同，经常出现一国国教在他国遭到歧视的情况，这为区域内的国家关系平添了不稳定因素。一些宗教极端主义分子，还成为国际恐怖主义的主力军。

表5 “一带一路”主要沿线国家宗教信仰状况

国家	宗教信仰	国教	是否政教合一
阿塞拜疆	伊斯兰教	无	否
巴基斯坦	伊斯兰教	伊斯兰教	否
不丹	佛教	佛教	否
俄罗斯	东正教、伊斯兰教、天主教、犹太教、佛教	东正教	否
菲律宾	天主教、佛教	天主教	否
吉尔吉斯斯坦	伊斯兰教	伊斯兰教	否
柬埔寨	佛教	佛教	否

续表5

国家	宗教信仰	国教	是否政教合一
卡塔尔	伊斯兰教	伊斯兰教	是
马来西亚	伊斯兰教、佛教、天主教	伊斯兰教	否
缅甸	佛教	佛教	否
尼泊尔	印度教、佛教	印度教	否
沙特阿拉伯	伊斯兰教	伊斯兰教	是
斯里兰卡	佛教、伊斯兰教	佛教	否
塔吉克斯坦	伊斯兰教	伊斯兰教	否
泰国	佛教	佛教	否
土耳其	伊斯兰教、东正教	伊斯兰教	否
土库曼斯坦	伊斯兰教	伊斯兰教	否
文莱	伊斯兰教、佛教	伊斯兰教	是
乌兹别克斯坦	伊斯兰教	伊斯兰教	否
叙利亚	伊斯兰教	伊斯兰教	否
伊朗	伊斯兰教	伊斯兰教	是
以色列	伊斯兰教	伊斯兰教	否
印度尼西亚	伊斯兰教、佛教、印度教、天主教	伊斯兰教	否
欧盟	基督教、天主教、伊斯兰教	—	否

资料来源：李彤彤.“一带一路”中的文化交流研究［D］. 北京：中国艺术研究院，2016：22. 金亚娜. 俄罗斯国情［M］. 哈尔滨：哈尔滨工业大学出版社，2009：20。

从表5中可以看出，在“一带一路”的主要国家中，把伊斯兰教作为国教的国家14个，佛教作为国教的国家5个，东正教作为国教的国家1个，印度教作为国教的国家1个，天主教作为国教的国家1个，这就形成了同种文化中的同质性和不同文化特征上的异质性明显，同种文化之间的向心力很强，而不同文化之间的差别较大，特别是西方文明与非西方文明之间的冲突将不可避免。

再次，国家传承不一，文化呈现非同质性。从文化特质的角度来看，一个区域内各国的文化特质呈现出两种状态。一种是同质化，即一个区域内的各个国家、各个民族在文化认同、价值取向和行为方式等方面表现出趋同的特性。同质化地区的典型代表是欧盟成员国。另一种是非同质化，即一个区域内的各个国家、各个民族在文化认同、价值取向和行为方式上存在着较大差异，且部分文化冲突不可调和。亚洲文化的非同质性有着复杂的原因。一方面，亚洲是多种文明的发祥地，受地理限制，在很长的一段历史时期内，不同文明都在相对封闭的环境下发展，形成了各自鲜明的特点。另一方面，即使是文化同源国家，由于战争、宗教、民族等原因，也都具有自身的独特性。亚洲地区的非同质性特点，给“一带一路”建设带来了很多复杂性和不确定性。区域内，各国在文化心理上相对松散，甚至存在排斥，因此一个系统性的工程却需要分段设计相应对策，既提高了成本，又很难形成合力。

总之，“一带一路”沿线国家民族、文化的多样性与文明板块断层问题突出，由此而滋生出的民族主义、恐怖主义将会严重影响沿线国家的合作，是“一带一路”能够顺利推进的重要变量。妥善处理这些问题，搭建不同文明、民族发展沟通的桥梁，有助于沿线国家的发展。

三、从发展模式来看

1. 揭示世界发展的新路径

当前全球经济增长动力不足，政治事件多发，发达国家内部出现明显的“逆全球化”现象，尤其是美国、欧洲等发达国家和地区内部的“逆全球化”势力及其对区域合作机制带来冲击。在特朗普“美国优先”的思路下，美国在全球范围内实行战略收缩，NAFTA重谈、全球贸易战等都威胁着全球贸易的发展。逆全球化更多是出现在欧美国家，带有地域性、周期性与阶段性的特点。从总体上看，欧美国家的经济体量和影响力对全球有较大影响，但新兴经济体对全球化的影响正逐步扩大。中国正在积极推进“一带一路”建设，印度的外包产业也在快速发展，全球化的趋势无法逆转，但是会呈现出新的态势，这是由社会生产力和技术进步所决定的。未来，走传统的全球化道路难以行进，实施保护主义又不可行，唯有推进人类命运共同体建设。

2017年中国举办“一带一路”国际合作高峰论坛和金砖国家领导人峰

会，会议标志着中国正利用“峰会外交”机遇，引领“新型全球化”发展的新路径，而其中“一带一路”就是发展重点。中国正稳步推进“一带一路”与亚投行建设，与沿线各国互利共赢，打造政治互信、经济融合、文化包容的利益共同体，实现全球化的再平衡。“一带一路”改变了过去中国对外开放更加偏向与发达国家互动的格局，是中国打造包容性全球化、推进贸易自由化和投资便利化的重要战略，既着眼于国内发展，输出优势产能，也放眼于沿线国家的贸易往来与经济增长。而亚投行作为区域性国际金融机构，为基础设施建设提供全方位、多元化的金融支持，强化了国际产能合作的力度，有利于提高“一带一路”沿线国家的经济整合能力与制度性话语权。

2. 描绘“一带一路”区域发展的新蓝图

习近平主席提出要将“一带一路”建设成和平之路、繁荣之路、开放之路、创新之路、文明之路，这“和平、繁荣、开放、创新、文明”十个大字非常重要。和平是前提，繁荣是目标，开放是导向，创新是动力，文明是内涵。“五路”为人类命运共同体的构建提供了坚实支点，描绘了共建“一带一路”清晰的新蓝图。

“一带一路”沿线的国际合作是国际合作中前所未有的一个新事物。一是开放性，不分发达国家、发展中国家或国际组织，共同参加；二是共商性，不需要国家主权的让渡，所有事务平等协商；三是包容性，“一带一路”不是一个实体，不会取代或对抗现有的区域合作，而是对现有合作的补充和完善。作为国际合作的新范式，“一带一路”不是全球秩序中的“另起炉灶”，但为全球化提供了新的方向，塑造了新的愿景。不同于以往的全球化愿景，“一带一路”不是“从面到点”的全球秩序推广，而是“从点到线、从线到面”的平等合作方式，将从三个维度引领全球化的未来。

首先，为国际合作提供新范式。与以往的国际合作道路相比，“一带一路”是寻求合作意向的对接。在规划中的沿线各国、各地区组织有自身的发展战略，比如俄罗斯的“欧亚经济联盟”、蒙古的“草原之路”、哈萨克斯坦的“光明之路”、东盟的互联互通总体规划、欧盟的“容克计划”等。“一带一路”顺应世界经济区域一体化的潮流，与沿线国家发展战略对接，为各地区的发展战略统筹提供一个全局性的新型“上层建筑”。

其次，为全球治理供给新公共产品。当今，全球化面临一系列新的变化与趋势，现行国际体系越来越难以应对新的变化，过去的公共产品或多或少地面临门槛高、附加条件多等问题，无法很好地惠及广大发展中国家。而“一带一路”以共商、共建、共享的方式应对国际公共产品的供给问题，能够有效应对国际基础设施不足等公共问题，为广大发展中国家的发展提供了新的机遇。

最后，为世界经济找到新的前进方向。在全球经济仍未走出金融危机阴影的今天，新兴经济体与发展中国家是全球经济前进的希望所在，但传统的国际合作范式难以让新兴经济体与发展中国家发挥出“火车头”作用。“一带一路”顺应全球经贸发展格局的变革趋势，为发展中国家以及新兴经济体在全球治理结构中发挥效用提供广阔舞台，解决了当代世界经济发展中的结构性难题。“一带一路”为新兴国家在世界平台上发挥更大作用创造了条件，推动发展中国家参与国际治理，从而引领世界经济找到了新的前进方向。

“一带一路”建设的持续推进，不仅把中国发展同沿线国家发展结合起来，把“中国梦”同沿线各国人民的梦想结合起来，也为全球经济创造了新的增长点，描绘了一幅中国与世界共同发展的新蓝图。

3. 指出各国发展的新方向

“一带一路”国际高峰论坛后，沿线国家发展合作掀开了新的篇章，跨入了发展的“快车道”。未来，“一带一路”政策对接将会更加顺利，项目落地更加顺畅，资金配置更多元化，“一带一路”建设迈进广泛性和高效性的新阶段。对各国而言，“一带一路”进入了塑造互动新模式的时代。

首先，“一带一路”塑造了合作双赢的新型世界关系模式。在社会面临大发展大变革的时代，中国提出的“一带一路”不仅是对“要致富，先修路”的中国发展模式的国际实践，更是对症世界良药，旨在为各国许下一个更开放、更包容的未来。通过建设连通多个大洲的交通大动脉，与各国进一步融合，中国将推动自身改革开放的2.0版，实现资本、技术、服务等要素“走出去”。同时，中国也将被各种外来压力和刺激刷新理念认知，不断为自身注入蜕变活力。重在打造基础设施“互联互通”的“一带一路”，将有效地推动各国生产要素的自由便捷的流动。通过这条路，各国将找到新的经济增长点，世界“经济再平衡”也更加可期。这种将双赢作为宗旨的理念，跳出了历史上大国发展建立在牺牲小国利益上的“窠臼”。

其次，“一带一路”的智慧还在于和平包容。中国自主设计和提出的“一带一路”建设，蕴含和平、开放、包容、互鉴等精神内涵，是超越民族国家和意识形态的价值理念，也是中国对人类未来如何发展的理性思考。在“经济全球化”遭遇逆流之际，在传统安全和非传统安全面临多事之秋之际，谁都不能独善其身，单凭一个国家也不可能力挽狂澜。这种主张“兼容并包”“和而不同”的世界观，崇尚团结、强调合作，是对各国的疑难杂症开出的有效良方。“一带一路”就是要通过沿线国家合作甚至全球合作，展现出解决问题的能力，向各国证明全球化的意义。当然，中国也想通过“一带一路”向世界说明，各国必须牢固树立人类命运共同体意识。只有国际合作“化零为整”，人类才会有足够战胜困难和挑战的能力。

最后，“一带一路”塑造了一种与时俱进的治理原则。它倡导“共商、共建、共享”原则，这意味着各参与国地位平等。国不分大小，地不分南北，各国诉求都会被回应，各国利益都会被尊重。这可以推动现有治理模式不断进化，日臻完善。

“一带一路”最终能否打造自身品牌，塑造世界互动新模式，则要看中国能否清醒认识到未来的挑战，及时做好评估和应对。比如，要进一步做好解释沟通，消除误解；在推进“一带一路”过程中要注重方式和手段；在“五通”中，要对“民心相通”多下功夫，因为一项政策的推行和落地，民众的态度相当重要。

从全球贸易的角度来看，“一带一路”可能会是一件比较大的节点性事件。过去所有新兴大国和崛起的大国的贸易导向基本限于欧美国家，基本上是新兴国家生产、欧盟国家消费的模式。未来新兴国家、发展中国家的贸易自我循环体系将会进一步形成和拓展。换句话说，发展中国家内部的贸易频率将逐渐增加。

第三节 “一带一路”经济规则的建立

一、回应全球治理的新情况

1. 共建“一带一路”将为中国经济和世界经济提供新动力

“一带一路”建设将欧亚大陆的两端，即发达的欧洲经济圈和最具活力的东亚经济圈更加紧密地连接起来，带动中亚、西亚、南亚、东南亚的发展，促进形成一体化的欧亚大市场，并辐射非洲等区域。从历史上看，“丝绸之路”一直是世界上最重要的贸易通道。而当今世界，全球化进程使各国经济与全球经济更紧密地联系在一起，共建“一带一路”通过发挥沿线各国资源禀赋，实现优势互补，这将大幅提升世界贸易体系的活力，这个过程也正是中国经济与世界经济实现互利共赢的过程。对于中国，“一带一路”建设对于新常态下促进经济结构转型升级，寻找新经济增长点，培育打造新的区域增长极具有重大意义；对于世界，“一带一路”合作项目和推进措施的实施，必将对沿线国家产生广阔的辐射效应，缩小地区发展差距，加快区域一体化进程。改革开放40多年，中国在国际产业分工调整中抓住有利时机，把中国的市场和劳动力优势与发达国家的资金和技术优势结合起来，承接来自发达经济体的产业转移，实现了经济快速发展。将这些宝贵的实践经验，与中国目前的资金优势、产能优势和技术优势结合起来，转化为对外合作优势，全面提升对外开放和对外合作水平，让“一带一路”共建成果惠及更广泛的区域，外溢效应惠及更多国家，必将为世界经济增长注入新的动力，为世界和平发展增添新的正能量。

2. 共建“一带一路”将为促进亚欧非区域发展和人类和平发展作出重要贡献

“一带一路”是促进共同发展、实现共同繁荣的合作共赢之路，是增进理解信任、加强全方位交流的和平友谊之路。推进“一带一路”建设是加强和亚欧非及世界各国互利合作的需要，中国承担更多责任义务，为人类和平发展作出更大的贡献，这体现了中国作为负责任大国的担当精神。“一带一路”沿线有70个国家，约44亿人口，占世界人口的63%。共建“一带一路”致力于亚欧非大陆及附近海洋的互联互通，建立和加强沿线各国互联互通伙伴关系，构建全方位、多层次、复合型的互联互通网络，实现沿线各国多元、自主、平衡、可持续的发展，而且要推动沿线各国发展战略的对接与耦合，发掘区域内市场的潜力。“一带一路”以交通基础设施建设为重点和优先合作领域，契合亚欧大陆的实际需要，尤其是亚洲，许多国家和地区的基础设施亟须升级改造。加强对基础设施建设的投资，不仅本身能够形成新的经济增长点，带动区域内各国的经济发展，更可以促进投资和消费，创造需求和就业，为区域内各国未来发展打下坚实的基础。根据基础建设的乘数效应，每投入10亿美元的基础建设资金，将新增3万—8万个就业岗位，国内生产总值将增加25亿美元。共建“一带一路”肩负的使命是促进全球2/3的人口的发展，这是造福沿线各国人民的大事业，也是为人类发展作出的重大贡献。

3. 共建“一带一路”有利于优化和创新国际合作与全球治理机制

习近平主席在2015年博鳌论坛演讲时指出，“一带一路”建设秉持的是共商、共建、共享原则，不是封闭的，而是开放包容的；不是中国一家的独奏，而是沿线国家的合唱；不是要替代现有的地区合作机制和倡议，而是要在已有的基础上，推动沿线国家实现发展战略相互对接、优势互补。同时，共建“一带一路”的途径是以目标协调、政策沟通为主，不刻意追求一致性，可高度灵活，富有弹性，是多元开放的合作进程。因此，“一带一路”不针对第三方，对世界全面开放，既与其他合作组织或机制有效衔接，又是对新型国际合作和全球治理机制创新的积极探索；既能缓解当今全球治理机制权威性、有效性和及时性难以适应现实需求的困境，又能满足发展中国家尤其是新兴国家期望变革全球治理机制的需求。共建“一带一路”，是以合作共赢为核心的新型国际关系的具体实践，既有利于以新的形式使欧亚非各国之间的联系更加紧密，互利合作迈向新的历史高度，又有助于相关国家携手应对贸易保护、气候变化、贫困问题、极端主义等现实威胁，共同提供新的全球公共产品。共建“一带一路”符合国际社会的根本利益，彰显人类社会共同理想和美好追求，加快推进“一带一路”建设，将促进沿线各国经济繁荣与区域经济合作，促进世界和平发展，造福世界各国人民。

国际经济规则的制定既是一种博弈也是一种合作，受到世界各国政治、经济、外交综合能力等众多因素的影响。现行的国际经济规则是以美国和欧洲为主导的西方国家制定的，主要反映的是发达国家的利益。加快对“一带一路”经济规则制定的研究，推进“一带一路”经济规则制定，将是今后研究的主题。“一带一路”经济规则制定不仅可以动员和组织沿线各国积极行动，还可吸引区域外国家和资本积极参与，打造政治互信、经济融合、文化包容的利益共同体、命运共同体和责任共同体，共同维护区域乃至世界的和平稳定，促进既有全球治理规则的改革与完善，推动形成国际合作以及全球治理新模式。

二、“一带一路”倡议首倡国的使命

“一带一路”倡议是中国提出来的，中国理所当然要承担着倡议者、谋划者、推动者的责任。这种责任，既体现在思想理念的创新层面，更体现在行动的具体落实层面。“一带一路”倡议提出十年来，在中国政府的推动下，“一带一路”正在从构想变为现实，从战略规划变为具体项目，中国与“一带一路”沿线国家互通互联的大格局正在形成。“一带一路”继承并发扬了古丝绸之路的文化精神，与沿途国家携手“五通”和“共同体”建设，主动为各国提供更多的公共产品，这些物化的项目将实实在在地改善沿途国家的基础设施，刺激国内外消费市场，寻求新的经济增长点，以更博大的胸怀欢迎各国人民搭乘中国发展的便车，展现了中国作为负责任大国的使命感。

“一带一路”经济规则是推动中国与沿线国家经贸合作的顶层设计，也是中国主导、诸多发展中国家合力拓展区域经济发展的重要环节。目前，“一带一路”沿线国家签署的相关协定存在着碎片化、自由化程度低、覆盖面窄等问题。随着“一带一路”倡议的推行，我国需要坚持服务“一带一路”倡议的核心目标，遵循主权和互信共赢的合作原则，进行宏观层面的布局，推进高水平贸易协定谈判，设计协定范式，加强区域内外重要经贸安排的对接、协调和互动，建立一整套调整沿线国家包括投资、贸易、金融、能源等方面的国际经济规则。这诸多领域的经济规则将构成“一带一路”国际经济规则内容的创新，是实施“一带一路”倡议的重要措施。

构建统筹和协调的“一带一路”经济规则有助于解决与重要经济体的利益分歧、高门槛的贸易壁垒、区域内法制和政治经济发展水平的差异等诸多挑战，推动“一带一路”倡议的顺利进行。

三、发展理念对经济规则的重构

伴随着“一带一路”倡议的推行，“自由至上”的传统国际经济法理念面临冲击，代之以“自由与公平并重”的国际经济规则理念。“一带一路”经济规则制定将以“开放合作、市场运作”为方向，强调一方面遵守市场规律和国际通行规则，另一方面尊重各国发展道路的多样选择。概言之，“一带一路”倡议在坚持“市场运作”的同时倡导“开放合作”，相比于世界银行和WTO经济自由化和市场开放的“入场券”，显然实现了国际经济规则的理念从“自由至上”向“开放平等”的创新。这一理念的创新在“一带一路”倡议下具体规则的设计上也得到充分体现，诸如《亚洲基础设施投资银行协定》（以下简称《亚投行协定》）第2条规定：“亚投行成员资格向国际复兴开发银行和亚洲开发银行（简称亚行）成员开放。”这表明，亚投行无意与其他国际金融机构对抗，无意划分阵营和势力范围。相反，无论大国和小国，不同社会体制、文化和意识形态，亚投行均一视同仁，不搞排他性制度设计，不附加条件，完全尊重成员国的独立和平等。这是“一带一路”倡议的国际经济规则对体现西方中心主义的传统国际经济规则苛求市场化和自由化的突破，直接体现“一带一路”倡议的开放合作与和谐包容理念。再如，《亚投行协定》中有关成员国股权（第4条）明确亚投行决策机制不存在一票否决权，亚投行中最大的股东国中国业已宣称任何一国不因占据绝对股份而享有否决权。显然，这一决策原则构成了对世界银行巩固美国霸权的加权投票制的一种修正，以平等决策直接冲击世界银行中维护美国资本权益的国际经济规则。

“一带一路”经济规则的发展理念将为国际经济规则投射新的智慧，在合作内容上对现有的国际经济规则带来创新，包括国际经济规则理念的更新与内容的拓展（涉及贸易、金融、能源、投资、争端解决等领域的完善）。同时，引导“一带一路”沿线国家经济规则经由双边化向多边化发展，并最终贡献于国际经济规则一体化发展，促进“一带一路”倡议下的经济合作法治化。

四、国际合作方式调整对经济规则的重构

“一带一路”沿线国家经济贸易结构比较单一。“一带一路”所涉及的国家相对较多，并且这些国家与我国的对外贸易整体上呈现一种上升的发展趋势，但是很多国家仍然存在着贸易结构单一以及贸易模式固化的问题，一些国家的经济发展仅仅依靠能源的发展、农产品出口以及廉价制成品的出口，这种单一的经济发展模式给国家经济的发展埋下了隐患，在2008年金融危机的影响下，大多数国家都遭受了前所未有的损失。这种严重依赖出口的经济发展模式在“一带一路”倡议发展初始或许会为出口国带来竞争优势，但是不利于经济的长远发展。

随着多哈回合谈判陷入僵局，多边贸易体制面临严峻挑战。在此背景下，国际经济规则发展呈现出新的趋势，区域化、拓展化和差异化现象在国际经济规则发展中愈发凸显。“一带一路”的合作方式能够以发展中国家的利益为立足点，积极捍卫多边经贸体制的既有成果，并统筹发展具有重要战略意义和地缘优势的区域贸易安排，以制度保障我国和沿线国家经济的可持续发展。

1. 国际经济规则合作发展的区域化

WTO素有“经济联合国”的美誉，是当代最重要的国际经济组织之一，在国际经济规则的制定方面一度独占鳌头。自1995年1月1日正式运行以来，在贸易自由化、规范贸易行为、贸易争端解决等方面发挥着协调各国利益的功能。然而，始于2001年的多哈回合谈判进展却相当缓慢，其谈判终止日期也一再延期。多哈回合谈判困境的原因是多层次的。据统计，WTO的成员方已经从1995年成立初的120个增加到目前的160多个。成员方的增多加大了谈判合意的难度，谈判各方的利益存在严重分歧，在敏感领域始终难以达成一致意见。在多哈回合停滞的背景下，作为GATT第24条、GATS第5条和东京回合授权条款等所许可的更优惠的区域贸易安排方式却繁荣发展，对多边贸易体制产生了强烈冲击。以GATT第24条为例，其允许WTO成员方之间缔结更加优惠的区域贸易安排，包括自由贸易区和关税同盟等形式，构成WTO最惠国待遇的合法例外。如今，世界上绝

大多数国家都参与到区域贸易安排之中，截至2018年，向WTO通报并仍具有效力的区域贸易安排共计249个，所辖范围囊括全球所有经济地理区域。在WTO之外，欧洲联盟、NAFTA、南方共同市场、TTIP等多边经贸安排在各自区域经贸事务处理中发挥着愈发重要的作用。

2008年金融危机以来，由于地缘政治、经济效应、利益诉求等差异，国际经济规则日渐体现为多层面的区域规则，国际经济规则的区域化趋势进一步凸显。由此，区域经贸安排成了跨国经济治理的主要形式，区域化规则成为国际经济规则的模板。首先，区域经济规则自由化程度更高。规则的高标准性质最关键，将传统的边界控制规则拓展到边界后规则的改革，并重点关注贸易投资的便利化。其次，区域经济规则与一体化模式相匹配。由于区域经贸安排的大量出现，在国家间形成复杂的、相互交织的网络，然而实质上，区域经贸安排形成“轮轴—辐条”体系，轮轴国通过自由化的制度构建，吸引各辐条国的投资，因此，以新加坡等为代表的轮轴国的区域贸易规则将更加自由化与便利化。最后，区域经贸安排也体现出跨区域等新特征。传统上的区域贸易安排主要是在区域内基于交通便利和文化相近等因素形成“自然的”（natural）贸易伙伴，但是，新兴区域贸易安排具有跨区域的特点，已突破了传统的地理限制。在规则层面，跨区域经贸安排相应地体现出除纯粹的经济福利外的特殊价值追求，如政治利益、文化利益等。在某种程度上讲，带有歧视性的区域贸易安排之所以被当作最惠国待遇的合法例外，在于其能够增强人类共同的福祉。

传统的区域贸易安排被视为各国家之间进行优惠安排的“先行先试”的场所，通过多元化、自由化和便利化的发展，从而成为多边舞台的垫脚石。21世纪以来，随着全球范围内多边主义的式微，各国开始在区域舞台上寻求立足点。因此，国际规则的区域化特征已经深刻地影响到全球经济体制，并逐渐抵消区域一体化所能增加的共同福利。其一，多边规则的进一步“碎片化”。时至今日，区域贸易安排下常常存在着众多的次区域贸易安排，众多的贸易协定使得多边规则和双边规则进一步相互交织，增加了规则的辨识成本。其二，相互规则的差异为私人投机创造了可能性。由于规则适用的多重性，在对外决策时，企业会以最大利益为目标，更多地投资于轮轴国，通过轮轴国进一步散布到各辐条国。毋庸置疑，其最终结果将是：在经贸领域中，成为轮轴国的强国恒强，而弱国愈弱。

2. 国际经济规则合作内容的拓展化

WTO乌拉圭回合将服务贸易、与贸易有关的知识产权、与贸易有关的投资等内容纳入调整的范畴，形成了WTO广泛的管辖范围。21世纪以来，面对日益复杂的国际经济政治格局，国际经济规则的调整对象进一步拓展，包括竞争政策、技术转让、腐败问题、文化权利、气候变化与生态环境、劳工权利和人权保护等。从GATT到WTO的转变过程中，谈判的议题范围扩大至21个。虽然在坎昆会议无疾而终后，谈判各方在2004年“七月框架”中将“竞争政策”“贸易与投资政策”和“政府采购透明度”等三个新加坡议题排除在多哈回合谈判范围之外，以巩固先前谈判的成果。然而，相比于乌拉圭回合及先前的谈判议题，瘦身后的多哈回合议题数量仍相当庞大。

在区域层面上，经济规则的适用范围也不断拓展，出现了涵盖广泛领域的高水平自由贸易协定，不仅体现在传统贸易自由化规则的深化之上，如新西兰—新加坡自由贸易协定废除了所有产品的关税，而且也体现在新领域自由化规则或相关规则的拓展之上，如投资自由规则、劳工标准、环境保护和企业社会责任等领域。甚至在欧盟和墨西哥的双边协定中还包括了关于国内民主发展的条款。以美式范本为典型的新投资协定在传统内容的基础上，增加了劳工标准条款、环境保护条款和企业社会责任条款，其规制内容进一步拓宽。可以说，新兴经济规则所涵盖的深度和广度对多边贸易体制造成了冲击，呈现出下一代经济规则发展的走向。

国际经济规则的拓展化现象对全球经济体制具有双重影响。从微观层面分析，议题的多样化实际上反映出不同国家的利益诉求。在经济规则谈判中，以美国为首的发达国家关注新领域，如竞争政策、环境问题等，而广大发展中国家将重点放在农产品、渔业产品补贴和国内支持等领域。在一定程度上，议题的多样化能够推动谈判博弈的进程，平衡不同利益主体的要求，以“打包”的方式达成妥协。但是，议题的多样化也会加深谈判各方的意见分歧，尤其是在敏感领域，在谈判各方均不妥协的情况下，谈判进程将停滞，而这正是目前多哈回合遭遇困境的成因。从宏观角度而言，国际经济规则已从传统的贸易规则发展至国内规制、竞争政策、劳工标准等方面，其加速了经济全球化的进程，促进了全球福利正向的增长。然而，经济规则的拓展趋势也将极大地限制国家主权的行使。总而言之，国际秩序是国际社会中主要行为体尤其是大国权力分配、利益分配、观念分配的结果，而其主要表现形式就是全球性国际机制的创立与运行。

因此，发达国家积极推动、拓展的全球经济规则也必然反映大国的利益而非发展中国家的利益以及全人类共有利益，正因为如此，伴随着国际经济规则向纵深拓展，“反全球化”运动也愈发频繁。

3. 国际经济规则合作的差异化

国际经济规则的区域化发展将导致规则的差异化，经济实力的差异直接决定了各国在对外经济交往中的利益诉求有所侧重。国际知识产权规则最能体现差异性的特点。20世纪末期，国际知识产权规则以WTO和世界知识产权组织（World Intellectual Property Organization，WIPO）为主要平台。21世纪以来，由于南北国家在更新知识产权保护制度的问题上难以达成一致见解，知识产权的区域或双边规则开始兴起。从区域层面看，以美国、日本等西方国家为主签订了标准较高的《反假冒贸易协定》（Anti-Counterfeiting Trade Agreement，ACTA），在知识产权执法程序、边境措施等方面设置了严格的要求；从双边的角度，近年来美国、欧盟等签署的贸易协定有较为翔实的知识产权保护规则，试图以差异化规则的方式实现竞争性自由化（competitive liberalization）的目的。不仅在知识产权保护领域，在竞争政策、投资及其相关的环境、劳工保护等领域中，由发展中国家和发达国家主导的不同区域贸易规则所体现的自由化水平和涉及领域的差异性特征非常明显。

即使在发展水平相当的国家间，双边或多边经济规则也呈现了差异化。大量的贸易争端，处于中心的都是“贸易和其他”问题。“贸易与文化”议题在发达国家之间也并未形成统一观点，美国、法国和加拿大之间的分歧尤为明显，法国所推崇的“文化例外”观点与美国“文化贸易自由化”的主张相悖，这也导致了乌拉圭回合的谈判文件并未明确列明文化产品与服务的待遇问题。有鉴于此，法国、加拿大等国将“文化例外”转换成“文化多样性”，通过联合国教科文组织制定并通过了《文化多样性保护公约》，赋予国家对文化产品贸易管制的合法性。然而，美国至今未批准

《文化多样性保护公约》，同时，在区域经贸安排上，美式的贸易协定减少了国家采用或维持文化政策措施的权限。在文化产品贸易方面，美国—智利自由贸易协定与美国—新加坡自由贸易协定等均采取负面清单（negative list）的方式，限制了缔约方适用文化贸易管制的范围和手段。相反，在欧盟对外签署的自由贸易协定中，缔约方采取的都是正面清单（positive list）的模式。

阿根廷经济学家普雷维什提出“中心—外围理论”，其从经济上证明了中心国家（发达国家）在国际经济发展中获利，而外围国家（发展中国家）在国际经济发展中不断被边缘化的观点。国际经济规则的发展构建着新的国际经济秩序，新的国际经济秩序对不同国家利益的关注度必然有差异，实际上也反映在不同国际经济贸易规则的差异化问题上。

伴随着区域经贸安排激增，不同发展水平的国家间的经济交流与合作阻力增大，其结果自然为强者更强，弱者仍弱。换言之，发达国家间自由化水平更高，而发展中国家间自由化水平较低，发展相对受限，多边或双边经济规则的差异化最终将阻碍全球统一体制的形成与发展。进一步说，国际规则的差异化已然对全球经济体制造成威胁，尤其是发达国家不能在重要部门形成共识。

当前，多哈回合停滞不前，从某种意义上说，可归咎于美国在谈判中的消极态度，以及美国和欧洲之间难以达成“交易”。美国和欧洲之间的“交易”本质上是两大主要成员方间对利益分配方案妥协的结果。国际规则的差异化适合于“自助餐食堂”的谈判模式，却不适应“要么全有、要么全无”的一揽子谈判方案。如此，差异化利益的诉求给多边贸易体制带来了严峻的挑战。

此外，国际经济规则的差异化会进一步加剧发达国家对发展中国家的歧视。受制于经济条件，由于开放程度相对较低，规则差异化的结果极有可能加大区域间的贫富差距，进而影响到发展中国家的发展权。

五、区域合作对经济规则的重构

近年来，多哈回合谈判受挫，贸易全球化进程受阻。同时，自由贸易区、共同市场等区域经济一体化取得快速发展，各种区域经济一体化的机制与安排层出不穷。尤其是以美国和欧洲为代表的发达国家纷纷参与到双边和区域贸易协定谈判中，谈判的规模更大、标准更高，推动了全球经济规则的加速演变。2015年4月澳大利亚与韩国签订自由贸易协定，并于2015年7月与日本签订自由贸易协定。东盟积极推动与中国、日本、印度、韩国及澳大利亚等国家开展区域全面经济伙伴关系谈判。以阿根廷、委内瑞拉、巴拉圭和乌拉圭为成员的南方共同市场于2015年初与欧盟开展自由贸易协定谈判。俄罗斯、白俄罗斯和哈萨克斯坦成立了关税同盟，并积极推动组建覆盖大多数独联体成员的“欧亚经济共同体”。印度也在积极与欧盟、东盟、巴西及南非等国开展自由贸易谈判。随着这些自由贸易协定的发展，区域性经济合作组织的实力和影响不断增强，对WTO构成严峻的挑战，削弱了WTO的影响力。

“一带一路”横贯亚欧大陆，涉及国家众多，区域内现有的经济合作组织为推进建设提供了现实的合作平台，以区域合作组织为平台挖掘沿线国家市场潜力。丝绸之路经济带区域内除上海合作组织和欧亚经济共同体外，还存在如中亚区域合作、欧亚运输走廊、中西亚经济合作组织、突厥语国家合作委员会等多个区域性合作组织，这说明上合组织和欧亚经济共同体的成员国、观察员国、对话伙伴国之间已经建立全方位联系。因此，以上合组织和欧亚经济共同体为主体框架，能进一步提升“一带一路”沿线国家的经贸合作空间和水平。21世纪海上丝绸之路也是现有合作的延续和升级，是现有合作机制的进一步推进。东盟是海上丝绸之路的关键区域，既是陆路起点又是海路枢纽。中国—东盟自贸区是推进“一带一路”的重要抓手和平台，以中国—东盟自贸区为平台，打造自贸区的升级版能够进一步挖掘中国与东盟各国的贸易潜力。

六、全球价值链对经济规则的重构

20世纪90年代，杜克大学的杰里菲（Gray Gereffi）教授提出了全球商品链（Global commodity chain，GCC）概念，这一概念把价值链与全球化组织联系起来，对生产者驱动和购买者驱动的商品链进行了比较分析。之后，全球商品链逐步发展为全球价值链，越来越强调价值链分工对企业发展的重要性，关注的领域从制造业扩展到设计、发明、制造、加工、营销、品牌、物流等领域，同时强调价值链外部环境的重要性。从全球经济的趋势来看，价值链的发展日益体现在中间产品的贸易上。目前，世界货物贸易的60%是中间产品贸易。中间产品贸易的出现改变了原有的基于比较优势基础上的国际贸易格局，构成了“全球价值链”分工体系的基础。

2008年全球性金融危机爆发以来，主要发达国家已经认识到，全球价值链对本国抢占未来竞争制高点具有重要意义，并且开始围绕资源、技术、市场、制度和规则的竞争展开布局。例如，美国和欧洲推动在贸易和投资两大领域中打造新一代的、标准更高的国际经济规则。国际产业竞争与合作的态势正在发生重大变化。可见，全球价值链的出现和展开要求国际贸易规则更多地满足生产环节分布在不同国家和地区的需要，推动了全球经济规则的变革。因此，国际经济规则正面临着WTO成立以来最全面、最深刻的一轮变革和重构。在国际权力结构和全球价值链的双重驱动下，国际经济规则的变革已成为大势所趋，但规则的变革不可能一蹴而就。从2001年多边回合谈判进程受挫以来，以区域合作为代表的区域价值链的构建成为国际经济规则变革的集中体现。在全球性经济规则无法取得实质性突破的背景下，区域性价值链的构建将继续成为国家之间经济合作的主要形式。例如，受欧洲经济一体化的推动，20世纪90年代初，美国主导的NAFTA正式生效，非洲、拉美区域价值链共同体的构建也在加速推进，形形色色的区域性经济合作机制成为全球价值链构建的主体结构。

“一带一路”贸易合作将促进可持续发展、平衡发展、共同发展，然后由市场力量形成以中国为中心的国际产业分工体系。以“一带一路”平台形成国际分工有序的产业链条对于中国打造世界经济中心的地位非常重要。在英国成为世界经济中心时，英国对印度、澳大利亚、美国进行投资和转移产业，印度生产棉花、澳大利亚生产羊毛、美国生产粮食满足英国生产及消费需求，英国向世界各国供应工业制成品，形成以英国为中心的国际分工体系。如今美国成为世界经济的中心，以美国跨国公司对外直接投资形成以美国为中心的全球生产、贸易、分配和消费网络体系，美国资本掌握着全球生产、贸易、金融、货币、技术、文化的核心地位。现有国际分工体系仍然主要以欧美为中心。中国要通过实施“一带一路”倡议逐步改变目前以美国、欧洲为中心的商品、技术、资金、货币、生产和消费体系，中国产业要加快向高端升级，生产质量更高，技术含量更大，竞争对手无法复制的高端、高价值商品及服务。正如我国古代以丝绸、茶叶、玉石、陶瓷、香料为主要产品畅销丝绸之路沿线各国市场一样，今天中国同样要发明创造出具有中国特色、他国无法复制的高技术、高价值产品及服务，供应和满足全世界的消费者。虽然目前中国已经较大程度地融入全球生产网络，但在全球价值链所处地位较低。中国要不断丰富“一带一路”倡议规划，以金融机构战略投资为先导，中国跨国公司商业投资紧密跟进，努力构建以中国核心产业为中心的全球价值链生产网络体系，推动全球形成以中国为中心的全球贸易、货币、金融、技术、人才、消费体系。

目前，中国与“一带一路”沿线国家尚未建立互补的产业内分工关系，没有形成由中国全面主导的全球价值链分工关系。西亚中东各国的能源资源产业过分单一，中国与其只有产业间分工关系，没有形成产业内分工关系，与中国上下游产业关系配套不够紧密，未能构成平衡的贸易关系。中国要保持核心产业竞争力，加快外围产业对外梯次转移序列，生成、促进、培养和改造周边及“一带一路”沿线各国产业，与中国产业形成有序配套的分工体系，形成以中国为中心、周边为腹地、其他地区为外围的国际产业分工体系。不仅要长期保持成本优势，还要保持技术、品牌等知识产权优势以及贸易渠道、工业配套等综合优势，让沿线各国产业依赖中国产业和市场，培育亲中人才，让沿线各国政治、经济与中国衔接，受中国支配，打造与中国交通体系相连的高速公路、高速铁路和航空、航海网络，形成以中国为中心的货币金融体系，开放商品、技术、资金、货币、人才市场，构建商品、技术、资金、货币、人才等各领域大型交易场所，最终形成以中国为中心的全球开放型经济体系。

另外，从力量对比来看，以中国为代表的新兴大国群体性崛起，对世界经济的贡献比例日益增大，在世界经济中的地位举足轻重。然而，作为国际产业链下游的经济体，这些发展中国家始终未取得与其经济地位相匹配的国际话语权，在国际规则和政治游戏中只能处于被动的境地，其整体在国际组织和机构中寥寥的投票权即可见一斑。以金砖国家为代表的新兴经济体和发展中国家迫切呼吁改革，希望赋予发展中国家与其经济地位相应的国际话语权，为自身发展谋求更大空间，平等地参与全球治理。在此背景下，中国代表新兴经济体和发展中国家利益的“一带一路”倡议应运而生，得到了广大发展中国家的热烈响应，开启了发展中国家和发达国家协同参与全球治理的新征程。

第四节 “一带一路”经济规则制定难点分析

构建“一带一路”经济规则就是要形成沿线国家链接全球与区域的联动经济发展机制。现有的“一带一路”沿线国家的经济合作呈现出层次较多、范围宽泛和自由化整体水平低等特点，面对沿线国家存在着与其他全球重要经济体的利益分歧、法制的不完善、高门槛的贸易壁垒和政治经济风险等问题，“一带一路”区域经济发展互动的构建面临着重大的挑战。

一、与相关大国战略的冲突

国际政治安全环境复杂、战争频繁延绵影响着“一带一路”倡议的有效实施。为了维护美国全球霸权和俄国地区势力，中美、中俄在中国、俄罗斯周边地区展开了一轮接一轮的战略博弈，至今还没有明显有利于我们的国际政治安全环境，增加了“一带一路”倡议实施的国际政治安全不确定性，影响了倡议的有效实施。美国、俄罗斯、日本等一些大国不愿意看到中国与欧洲、非洲以及中东地区加强经贸合作，对“一带一路”倡议进行制衡和拆台，在中国东海、南海制造事端，在中东地区挑起民族宗教仇恨和战事；诸如印度等一些国家对我国存在战略戒备，政治、安全有不信任问题；还有个别国家以居于关键和重要地理位置而自重，对中国的倡议不愿积极配合。

首先，美国积极推动“超区域”贸易协定谈判，试图继续掌控新一轮国际经济贸易规则制定的主导权。随着国际政治经济格局的变化，以美国为代表的西方发达国家，不顾多哈回合谈判发展中国家所关注的发展议题和完善多边贸易体制的需要，将主要精力用于推进《跨大西洋贸易与投资伙伴协定》和《诸边服务贸易协定》等超区域贸易协定的谈判。从近期来看，是为了摆脱经济危机的困扰，竭力圈占国际市场；从长远来看，是试图抢占新一轮国际经济规则制定的主动权。美国和欧洲发达国家试图通过超区域贸易协定谈判制定新的规则，然后利用其在全球价值链上的优势地位，将区域规则上升为其他国家不得不接受的全球贸易规则，从而绕开以WTO为核心制定多边贸易规则的平台。

其次，大国在亚太地区的战略竞争不断加剧，东亚区域经济合作凝聚力有所下降、进展缓慢。在美国高调战略东移、推行亚太经济方略的大背景下，如何协调中美日的战略竞争，直接影响着亚太区域经济合作的进程。最近几年，美日都提出了以自己为核心的区域合作设想，并积极争取东南亚国家的支持。日本安倍政府的所作所为，不断激化中日和韩日关系，直接影响了中日韩三国自由贸易区的谈判。长期以来，我国积极推动东亚区域经济合作，成为该地区在冷战结束以后保持相对稳定的重要条件，而现阶段大国之间战略竞争的加剧，却致使亚太区域合作的核心议题开始从经济发展转向安全与军事扩张。

最后，俄罗斯积极推进欧亚联盟建设，以维持和提升其在中亚地区的影响力。中亚国家与俄罗斯的政治经济关系密切，俄罗斯也在努力推动建设欧亚联盟，以整合俄罗斯与东欧、中亚国家之间的经济合作关系，“一带一路”建设不可避免地会引起俄罗斯的担忧。俄罗斯国际事务委员会发布的一份报告指出，中国在中亚大力投资管道基础设施和连接中亚各国与中国东部省份的交通基础设施建设，“已经使俄罗斯在中亚经济领域中的影响严重下降，使俄罗斯丧失了作为中亚各国优先考虑的主要经济伙伴的地位”。由此可见，妥善处理与俄罗斯在中亚地区的关系，明确丝绸之路经济带与俄罗斯在东亚地区合作机制之间的互补关系，对于中国顺利推进丝绸之路经济带建设至关重要。

二、需求各异，协调困难

不同国家在“一带一路”的合作中有着不同的诉求。如欧洲国家为推动欧洲克服欧债危机对增长和就业的影响，于2014年底出台了大规模的投资计划，即容克计划。容克计划包括三方面内容，即在不增加公共债务的情况下增加投资；支持关键领域内的项目和投资，包括基础设施、教育和研发创新；消除行业以及金融和非金融投资壁垒。容克计划的行动重点不仅与中国的“一带一路”倡议具有高度契合的特征，也与中国经济转型的方向一致。中欧在上述领域内具有各自的经验和优势，推动双方倡议的战略对接不仅有利于扩大和深化双方在多领域的互利合作，还可以增加中欧在第三方的合作机遇，实现多方共赢。当前，双方倡议的战略对接已具备现实的合作基础和先行的合作经验，并已制定了对接的短期路线图计划。但战略对接能否可持续地实现，很大程度上仍取决于中欧能否加强战略互信，克服域外因素的干扰，在务实原则下切实推进合作。由于容克计划的行动重点也包括基础设施的互联互通，因此与中国“一带一路”倡议高度契合，为双方的战略对接奠定了坚实的基础，有利于双方展开务实合作、扩大利益融合。

“一带一路”沿线国家政治经济发展水平差异较大。虽然沿线国家相互连接，具有促进各国之间区域合作的有利条件，但其经济发展水平差异巨大，既有经济发达的新加坡、马来西亚等国家，也有贫困落后的阿富汗、格鲁吉亚等国家。由于经济发展水平不一、政治动荡、历史问题等因素，尚未形成以本地区成员为主、具有广泛代表性的多边机制，制约了丝路地区区域内合作的深度和广度的提高。各成员方存在不同的利益诉求，很难达成一个统一的一体化方案，“一带一路”区域内可能出现更多不同层次的FTA并存重叠的现象。东盟部分国家的社会政治转型进程加快，中南半岛“民主化”势头不断拖累着经贸投资环境所需的政局稳定。中亚地区权威体制虽在延续，但执政根基和社会管理模式遭遇新挑战。此外，各国决策能力差异较大、政策不稳定等社会政治风险无法保证法律政策的延续和稳定。

又如一些中小国家在“一带一路”合作中也有着利益诉求。中东的一些海湾产油国，虽然石油美元增强了其金融实力，但毕竟经济体量小，要想长期发展，还需要有一个强大的经济体起到带动和联动作用，才能够走得远、做得大。以科威特为例，该国准备用1300亿美元在科威特北部沿海索菲亚地区建立一个新城，到2035年建成后将成为连接中国与欧洲的新丝绸之路的重要战略枢纽。尽管科威特在资金上极为充裕，但还是需要一个强有力的合作伙伴。所以，当中国提出“一带一路”倡议的构想后，得到了本来就有“丝绸之路”情结的科威特的积极呼应。

三、标准不同

由于“一带一路”沿线国家发展水平参差不齐，各种标准在区域内互不统一。以关税为例，在“一带一路”沿线的中亚、西亚，各国的关税水平仍总体偏高。在中亚，俄罗斯、哈萨克斯坦、乌兹别克斯坦、吉尔吉斯斯坦、塔吉克斯坦五国的平均进口关税税率分别是10%、8.6%、14.8%、10%和9.8%。在上合组织中，只有中国、俄罗斯和吉尔吉斯斯坦是WTO成员，因此在哈萨克斯坦、乌兹别克斯坦和塔吉克斯坦尚未“入世”的情况下，构建自贸区将使之在产业发展和资金、技术等方面承受压力，所以这些国家对贸易投资自由化、便利化的态度会十分谨慎。例如，新欧亚大铁路途经多个欧亚国家，各国的轨距不同，换轨将耗费大量的金钱与时间；一些国家的港口设施较落后，各国口岸之间尚未形成合作机制，贸易便利化程度较低，物流成本偏高，这些都构成了各国货物贸易和服务贸易合作的障碍。在南亚的印度等国，关税、非关税壁垒等保护措施和较高门槛的准入政策常被用作保护本国产业的手段。

四、法律差别各异

“一带一路”沿线国家的法制存在差异性和不稳定性。沿线国家的法律体系和法律制度具有多样性和差异性的特点，既有属于英美法系的马来西亚、新加坡等国，也有属于大陆法系的俄罗斯、哈萨克斯坦等国，还有属于伊斯兰法系的阿富汗、伊朗等国。不同的国家国情不同，语言、习俗、宗教与文化存在差异，导致了法律制度的不同。以伊斯兰法系为例，法律规定利息属不合法的收入，金融行业禁止收取利息的贷款，所有的交易形式都只能以商品买卖合同的形式表现。“一带一路”自贸区网络的建设涉及对成员国的法律制度进行协调的问题，法律体系和法制的差异性将是一个严峻的挑战。此外，沿线国家法治化程序不同，法律环境良莠不齐，不同发展水平的国家有不同的利益诉求。沿线国家大都属发展中国家，法律体系和法治水平相对落后，透明度和公正度欠缺。在如此复杂和具有差异化的法律环境中，实现贸易投资便利化和自由化必然困难重重。国际规则缺乏相关国内法的配套与实施法律，这显然不利于保护外国投资者的利益，限制了本国与其他国家的经贸合作，势必影响到“一带一路”经济规则的制定和执行。

五、文化宗教多样

“一带一路”跨度大、范围广，是多民族、多宗教、多文明交融的网状地区，具有鲜明的文化多样性特征。但由于历史的积淀，宗教在地理上的分布格局呈现出鲜明的板块化特征。中亚地区、西亚北非地区以伊斯兰教为主。中亚五国的主体民族哈萨克、吉尔吉斯、塔吉克、乌兹别克、土库曼族都信仰伊斯兰教，绝大多数是逊尼派。西亚、北非的20多个国家，除以色列是犹太教国家、塞浦路斯以东正教信仰为主外，其余都是伊斯兰国家。在这些伊斯兰国家中，除土耳其、伊朗外，其余都是阿拉伯国家。2011年中东剧变以来，地区局势恶化，世俗化进程受挫，阿以对立加剧，伊斯兰教逊尼派与什叶派教派矛盾严重，伊朗、土耳其等国的影响力上升，阿拉伯世界在地区格局中影响力下降。

中东欧地区主要信仰基督教，此外还有伊斯兰教。信奉天主教的有波兰、捷克、斯洛伐克、匈牙利、克罗地亚、斯洛文尼亚、立陶宛七国；信奉东正教有俄罗斯、白俄罗斯、乌克兰、保加利亚、塞尔维亚、黑山、马其顿、罗马尼亚、摩尔多瓦九国；信奉基督新教的有爱沙尼亚、拉脱维亚两国；信奉伊斯兰教的有阿尔巴尼亚和波斯尼亚—黑塞哥维那。乌克兰危机是2013年以来这一地区最严重的事件。这一危机的原因既与外部力量的政治干预有关，也与乌克兰东西部地区的文化隔阂密切相关。乌克兰东西部之间的文化差异很大。在乌克兰，乌克兰族约占77%，俄罗斯族约占20%，东正教是第一大教，其次是天主教。2010年亚努科维奇当选总统后，没有解决乌克兰地区的矛盾，东部和西部的独立日渐加剧。

东南亚地区以佛教、伊斯兰教为主，基督教、儒释道信仰等并存。半岛地区，除越南主要信仰汉传佛教外，缅甸、泰国、老挝、柬埔寨（佛教是国教）等国人民主要信仰南传佛教；海岛地区，除菲律宾主要信仰天主教（国教）外，马来西亚（伊斯兰教为国教）、印度尼西亚、文莱（伊斯兰教为国教）等国主要信仰伊斯兰教。佛教（上座部）于公元前3世纪传到缅甸和泰国，13世纪在半岛地区取得主导地位。伊斯兰教在13世纪前后传入海岛地区。

南亚地区以印度教为主，伊斯兰教、佛教、锡克教等并存。印度教是南亚主要宗教，印度教徒占南亚总人口60%，印度约有10亿人信奉印度教。伊斯兰教是南亚地区第二大宗教，巴基斯坦、印度和孟加拉国三国的穆斯林约5亿人，约占全世界穆斯林总人口的30%。印度教主要流行于印度、尼泊尔（自2005年修改宪法，印度教不再是国教），伊斯兰教主要流行于阿富汗、巴基斯坦、孟加拉国、马尔代夫，佛教主要流行于斯里兰卡（南传上座部佛教）、不丹（藏传佛教为国教）。

南太平洋地区以基督教为主。澳大利亚约63.9%的居民信仰基督教，新西兰55.6%的居民信奉基督新教和天主教，斐济53%的人信奉基督教。除了澳大利亚和新西兰两国属于发达国家外，其余14国均为发展中的岛屿国家，称为南太平洋岛国。南太平洋岛国过去是英、法、德等国的殖民地，基督教化过程在各个岛国处于不同的阶段，但从整体上说，至今已有200多年的历史，现在绝大多数居民信仰基督新教和天主教。

“一带一路”合作面对不同文明和宗教的交流互鉴，搭建平等、多元、开放的高层次对话、交流、合作平台，有助于“一带一路”的民心相通。

六、与相关国际组织的功能冲突

从涉及的地理位置上来考虑，“一带一路”包含的国家和地区相对较多，并且涉及的地域范围比较广阔，同时涉及的利益方也比较多，因此，涉及国家层面发展方向、国家政策等多方面的内容，具有时空范围广、地域跨度大以及经历时间长等多方面的特征，给倡议的实施带来了较大的难度。

“一带一路”沿线国家先后不同层次地参与了多个地区性组织，如东盟、南亚区域合作联盟、海湾合作委员会、南部非洲关税同盟、欧亚联盟、上海合作组织等，参与成员大都有一定重合。这些不同层次、不同定位的经济合作交织在一起，形成一个类似“意大利面条碗”①现象的迷局，多种

① “意大利面条碗”现象一词源于美国经济学家巴格沃蒂1995年出版的《美国贸易政策》一书，指在双边自由贸易协定（FTA）和区域贸易协定（RTA），统称特惠贸易协议下，各个协议不同的优惠待遇和原产地规则就像碗里的意大利面条，一根根地绞在一起，剪不断、理还乱，这种现象贸易专家们称为“意大利面碗”现象或效应。

规则的交织必然对区域内贸易和投资便利化明显不利。同时，也不排除某些国家利用现存的多个竞争性国际合作方案与我国讨价还价，谋求更优惠的合作条件、更大的单边利益让渡的情况出现。这对构建“一带一路”自贸区网络产生了压力和竞争。此外，“一带一路”沿线国家建立自由贸易区，与已有组织如《区域全面经济伙伴关系》(RCEP)、欧亚经济同盟和上合组织都属于广域一体化范畴，参与成员上重叠，地域上交叉，经济功能上亦有重合，它们的作用具有可替代性，其发展会相互影响和相互架空。目前，RCEP虽处于谈判之中，但不可忽视其潜在的影响，谁的谈判进程快，谁就可能设立新的贸易规则，推行有利的贸易标准，构建起占据主导地位的亚太经贸秩序，这不可避免地使“一带一路”的建设与RCEP产生竞争和摩擦，给“一带一路”经济规则的构建带来了挑战。

小　结

国际经济关系处在不断变化当中，科学技术的创新和应用使世界经济呈现周期性的上升，科学技术的发展可能会深深地影响国际合作的态势，科学和技术创造出了国家无法完全驾驭的发展可能性。[①]因此，要看到国际经济关系的不可完全预见性。如信息经济导致虚拟经济的发展，而过度繁荣导致了危机发生，危机的发生又促使更多的经济力量走向国经济关系的前沿，推动着国际经济关系的前进。

随着中国为首的金砖国家的群体性崛起，世界经济的发展正在呈现非同步性，一方面发达国家进入了一个新的经济周期，低碳产业正在萌芽；另一方面新兴经济体正处在上一轮的经济周期之中，这种不同的周期虽然同时受到世界经济危机的影响，却呈现出不同的运作趋势。如美国、欧洲等西方发达国家和地区，因为金融危机引起的经济衰退而陷入长时间的调整，而新兴经济体则在内需以及其内部整合方面得到加强，经济增长得到快速恢复。这种经济发展的不平衡，进而体现在经济力量对比、世界经济

①伊弗·B. 诺伊曼，奥勒·韦弗尔.未来国际思想大师[M]. 肖锋，石泉，译.北京：北京大学出版社，2003：169.

治理等多个方面，最终会导致世界贸易格局、世界金融体系和世界经济协调的多方面变革。

建立国际经济新秩序，意味着各国有权利选择符合本国国情的社会制度、经济模式和发展道路，各国有权对本国资源及其开发实行有效控制，各国有权参与处理国际经济事务，发达国家与发展中国家应加强在商品、贸易、资金、债务、货币金融等重要领域的调整改革与沟通。新兴经济体的发展为全球经济的进一步发展提供了动力，推动着国际经济关系向更加公平、公正的方向前进。虽然道路仍然漫长，但是国际经济关系的变革序幕将在美国和欧洲债务危机后进一步打开。

第七章

重大突发公共事件与国际经济关系变革——以新冠疫情为例

第一节　重大突发公共事件概念与特征

一、重大突发公共事件

重大突发公共事件是影响人类生命安全和身体健康的大敌，对区域乃至全球经济、政治、文化、社会、生态等的冲击是全方位和系统性的。作为全球大流行病的新型冠状病毒感染的肺炎疫情，具有不同于以往重大突发公共卫生事件的自身特征和环境条件，对全球的产业链和产业政策产生了巨大影响，加上围绕着新冠疫情而产生的竞争与合作，一定程度上彰显了国际经济关系的困境和未来国际经济关系的演化趋势。

从词源上来看"突发"指爆发、迸发之意，"重大"是对突发公共事件的度量。2007年11月1日施行的《中华人民共和国突发事件应对法》第三条中明确界定，"本法所称突发事件，是指突然发生，造成或者可能造成严重社会危害，需要采取应急处置措施予以应对的自然灾害、事故灾害、公共卫生事件和社会安全事件"。对于突发公共事件的度量往往采取"分级"的方法，例如《中华人民共和国突发事件应对法》第一章第三条规定："按照社会危害程度、影响范围等因素，自然灾害、事故灾难、公共卫生事件分为特别重大、重大、较大和一般四级。"

突发公共事件主要包括自然灾害、事故灾难、公共卫生事件和社会安全事件，这些事件都具有一些共同的特征：

1. 客观性和复杂性

它们不以人的意志为转移，它们由多种原因、多种因素、多种条件构成，而且这些原因、因素和条件往往相互联系，相互影响，甚至相互转化。因此，既要进行科学分类管理，又要加强相互协调和沟通，采取科学、系统、综合的措施应对。

2. 长期潜伏性

这些事件的发生有一个量变过程，具有隐蔽性。所以，应当极其重视这一阶段，加强科学研究，尽可能地化解这种量的积累，防止量的扩张和质的突变。这就是国家一贯倡导的预防为主的方针。

3. 突发性

这些事件会在何时、何地或何种情况下发生，具有极大的不确定性。这为我们防止突发公共事件的发生和选择采取应对措施的时机，增加了难度。因此，建立健全公共安全应急体制具有特殊意义。

4. 灾难性

这些事件对社会大众的财产和生命有时会带来灾难和毁灭性影响，这种损害是刚性的、不可逆转的。一旦发生，必须动员必要的力量和资源进行紧急救援，力争把损失减小到最低程度。

5. 广泛性

如1976年发生在唐山的大地震，波及北京、天津、河北、河南等多个省区市；2002年底至2003年的“非典”疫情扩散到中国20多个省区市，并波及欧美。为此，有必要建立区域性或全国性的应急机制，并与其他国家或有关国际组织建立联系，共同抗击突发事件。

6. 共振性

突发公共事件一旦发生，往往会造成连锁反应。如大洪水不仅影响农业，而且影响教育、交通运输、工业生产、商业流通等；洪水退后还可能造成大面积的流行病疫情暴发，房屋和基础设施损毁会影响建筑业等。为此，必须采取一系列应对措施。

在漫长的历史长河中，传染病等重大突发公共卫生事件一直是人类生命安全和身体健康的重要杀手，是人类生存与发展的大敌。欧洲黑死病、西班牙流感、埃博拉病毒、“非典”病毒、禽流感以及此次新型冠状病毒等重大突发公共卫生事件有爆发频次增加、冲击力度加大的态势，因此，越来越多的学者开始关注重大突发公共卫生事件对经济所产生的影响。

二、新冠疫情作为突发公共事件的特征

新型冠状病毒肺炎（Corona Virus Disease 2019，COVID-19），简称“新冠肺炎”，世界卫生组织将其命名为“2019冠状病毒病”，是指2019新型冠状病毒感染导致的肺炎。2019年12月以来，湖北省武汉市部分医院陆续发现了多例有华南海鲜市场暴露史的不明原因肺炎病例，后被证实为2019新型冠状病毒感染引起的急性呼吸道传染病。

2020年2月11日，世界卫生组织总干事谭德塞在瑞士日内瓦宣布，将新型冠状病毒感染的肺炎命名为“COVID-19”。2020年2月21日，国家卫健委发布了关于修订新型冠状病毒肺炎英文命名事宜的通知，决定将“新型冠状病毒肺炎”的英文名称修订为“COVID-19”，与世界卫生组织命名保持一致，中文名称保持不变。2020年3月4日，国家卫健委发布了《新型冠状病毒肺炎诊疗方案（试行第七版）》。

2020年2月28日，国家卫健委主任马晓伟介绍“这次新冠肺炎疫情是新中国成立以来，传播速度最快、感染范围最广、防控难度最大的重大突发公共卫生事件”。2020年3月11日，世界卫生组织总干事谭德塞宣布，根据评估，世卫组织认为当前新冠疫情可被称为全球大流行（pandemic）。

2022年12月26日，国家卫健委发布公告，将新型冠状病毒肺炎更名为新型冠状病毒感染。2023年5月6日，世界卫生组织宣布，新冠疫情不再构成“国际关注的突发公共卫生事件”。

1. 新冠疫情的基本性质

此次新冠疫情发生，其性质和特征已非常明确，即突发的全球性灾难（global catastrophe）。它既不同于外生的突发性自然灾害，如地震、台风，也不同于内生的突发公共事件，如911事件。其起源虽是外生的，即COVID-19病毒，但其影响又取决于全球的抗疫举措，从而是外生伴随内生、两者互相作用。正因如此，其影响更具有全球性，持续时间更长，且具有极大的不确定性。

这场突发的全球性灾难，已经对全球经济和金融市场造成了剧烈冲

击，并有可能演变成为一场全面的经济和金融危机。与历史上以往的全球经济金融危机相比，此次疫情的起源和性质截然不同，它直接冲击实体经济的基础，即居民和企业。

由于新冠疫情的演变取决于外生与内生的相互作用，各国政府的应对措施是否得当，以及全球政策是否能够协调配合，对控制新冠疫情在全球蔓延有着决定性的作用。而新冠疫情的逐步扩散，以及其严重程度的不断增加，也导致了政府的应对模式从常态管理模式急速转变为非常态模式，并且应对措施不断升级加码。

2. 新冠疫情的特征

与一般自然灾害和公共突发事件相比，此次新冠疫情具有以下特征。

第一，发展的全球性。截至2022年12月，全球已有超过200个国家（地区）出现新冠肺炎病例，确诊超过6亿例，美国、印度、巴西三国占比超过50%。

第二，影响的全面性。此次新冠疫情对经济基本面的冲击罕见的同时体现在供给端和需求端，给各国政府的公共卫生防疫系统、社会组织秩序和制度体系以及经济体系带来了巨大的考验。

第三，程度的严重性。美国、印度成为全球受新冠疫情影响最严重的地区。疫情蔓延期，很多国家面临了经济发展与抗疫的同时挑战。

第四，较长的时间性。从2020年1月下旬开始至今，新冠疫情尚未完全结束。就目前人类对新冠病毒的认知而言，从防治上克服可能还需要相当长的时间。

第五，极大的不确定性。疫情的演变、持续时间、影响范围都存在着巨大的不确定性。疫情的蔓延，对全球经济带来较大的影响和不确定性。

表6　21世纪以来全球影响范围较广的重大传染病疫情

事件	暴发时间	开始暴发区域	列为PHEIC
口蹄疫	2001年1月	英国	否
登革热	2001年5月	泰国	否
非典型肺炎（SARS）	2003年3月	中国	否
禽流感	2003年12月	亚洲诸国	否

续表6

事件	暴发时间	开始暴发区域	列为PHEIC
甲型H1N1流感	2009年3月	美国、墨西哥	是
中东呼吸综合征（MERS）	2012年7月	沙特阿拉伯	否
野生脊灰病毒	2014年5月	阿富汗、巴基斯坦和尼日利亚	是
西非埃博拉病毒	2014年8月	非洲西部	是
塞卡病毒	2016年2月	巴西	是
刚果埃博拉病毒	2019年7月	刚果（金）	是
新冠疫情	2020年1月	中国	是

全球重大传染病疫情的爆发呈多发频发态势，随着经济全球化进程的加快和全球分工的不断细化，使得上述重大突发公共卫生事件等灾难性事件的波及范围越来越大，影响程度也不断加深（见表6）。疫情无国界，世界各个国家和地区在突发大规模疫情时都很难独善其身，例如“非典”对70%的亚洲国家造成了明显影响，即便其中一些国家根本没有发生过疫情。

第二节　新冠疫情与国际经济关系变革

新冠疫情在全球化时代大暴发，凸显了现代全球化国际体系的弱点和弊端。各国人员流动频繁，便捷的交通有利于病毒的传播。尽管俄罗斯等国家在中国出现疫情的初期便切断了与中国的联系，但却没能阻止疫情从其他国家输入。面对疫情的蔓延，国家之间难以有效协调。部分国家在中国抗疫之初便采取停航、禁运等极端手段，加剧了国际恐慌；还有一些国家因为国内原因无法有效开展抗疫工作，进而成为国际疫情输出国。

一、新冠疫情下各国经济影响不平衡

大国竞争是实力竞争，其中主要是经济实力竞争。因此，大国进行战略规划首先必须关注自身经济状况尤其是发展前景。而在经济全球化深入发展的背景下，各国经济发展在很大程度上取决于全球经济的总体态势。新冠疫情阻断人员、货运甚至金融往来，造成多国生产活动停止、失业率

激增、财政负担加重，全球经济状况不容乐观。世界银行发布的《全球经济展望》报告指出，新冠疫情造成2020年全球经济下滑5.2%，是“二战”以来最严重的经济衰退。当前的中国经济带有外向型经济特征，部分沿海地区的产业集群高度依赖海外贸易，因而新冠疫情的暴发无疑影响了许多企业的生存。2020年4月9日，在IMF与世界银行联合举行的远程春季会议上，IMF总裁格奥尔基耶娃在揭幕演讲中忧心忡忡地表示，新冠疫情是一场与以往“截然不同的危机”，它正以“闪电般的速度和前所未有的规模扰乱社会和经济秩序”。仅在2020年初，IMF还乐观地预计：2020年成员中将有超过160个国家实现人均收入正增长，而到了4月，IMF不得不调整自己的预计，认为2020年将有超过170个国家出现人均收入负增长，世界也将出现自20世纪30年代大萧条以来最糟糕的经济状况。就地区层面而言，世界银行发布报告警告称，“如果不采取‘紧急行动’，新冠病毒大流行的经济后果可能会导致东亚和太平洋地区新增1100万贫困人口，亚洲地区可能遭遇20多年来最严重的衰退”。基于历史经验，如果全球经济总体上长时间陷入低迷状态，某些国家尤其是大国为了率先实现复苏，有可能采取以邻为壑的不光彩手段；个别大国为了转嫁国内危机，甚至有可能对外采取军事行动。一旦如此，大国博弈将更为激烈，大国进行相关战略规划的压力将增大。

世界经济遭受的冲击是全方位的，不仅包括衍生经济影响，还包括金融和债务风险以及并发性灾难。

第一是公共卫生灾难本身带来的冲击。应对新冠疫情需要大量财政拨款购置相关医疗资源，对我国而言，政府承担了治疗新冠肺炎患者的大部分费用，同时也承受了封城造成的经济损失。而随着疫情长期化，暂时性的、局部性的封锁时有发生，给国家以及地方政府造成了一定的财政压力。

第二是新冠疫情造成的衍生经济影响。新冠疫情造成全球经济活动较为普遍的、长时间的停顿，国际产业链、供应链上的企业受到重创。与此同时，由于多国采取封城、限制聚众活动等政策，对现金流要求较大的零售业和服务业遭到沉重打击，以航空业为代表的运输产业更是如此。美国《华盛顿邮报》援引多家大学的研究，称美国自2020年3月至5月就已经有10万家以上的小型企业倒闭；尼曼百货、杰西潘尼等多家大型企业也申请破产。在中国、日本以及欧洲，疫情同样使得多个行业受损。额外的防疫成本、停滞的现金流以及工资、场地租金等刚需冲击着大量中小企业。由于受损的服务业、零售业、制造业等恰恰是低收入人群聚集的产业，失业率高，又要求政府进行相应救济，因而大大增加了财政压力。

第三是金融和债务风险。新冠疫情快速蔓延的初期曾引发股市多次熔断，显示了国际资本对疫情负面影响的焦虑情绪。随后，美联储开始实施无上限的量化宽松政策，产生了恶劣的示范效应，并且很可能引发新一轮的通货膨胀。针对美国许多公司即将面对的公司债务问题，美联储通过二级市场企业信贷工具购入公司债券，资产负债急剧扩张。美国不负责任的大水漫灌政策给美债持有国以及贸易伙伴带来了一定的风险。

第四是并发性灾难。2020年可谓多灾多难，例如东非蝗灾等“天灾”、美国种族危机等“人祸”，接踵而至。东非蝗灾波及范围巨大，目前已经殃及人口大国印度，很有可能造成世界粮食危机。与此同时，世界经济停顿与沙特阿拉伯、俄罗斯、美国等国家的石油价格战同时发生，石油市场的供需两端同时受到冲击。除此之外，部分国家剑拔弩张，冲突蓄势待发，令跨国生产、物流运输等充满不确定性。事实上，即使世界粮食与能源储备充足，货运中断也可能导致部分地区资源短缺。

二、脱钩与伪脱钩

所谓脱钩，主要是指美国主导的与中国脱钩的孤立主义。这次疫情充分表明，世界已经成为一个密切联系的整体。中国现在已经和整个世界密切联系在一起，2018年，中国成为全球最大的贸易国，其贸易量占到了全球的12%，和全世界230多个国家和地区有贸易联系，是65个国家的最大进口商品来源国，是33个国家的最大商品出口国，是120个国家的最大贸易伙伴。在全球产业链条中，中国成为世界上最为重要的以各种制造业为主的国家。疫情中发现，美国使用的青霉素中有45%为中国制造，而布洛芬则接近100%由中国制造，生产口罩的必需原材料熔喷布中国供应的占全世界的80%，在疫情暴发之后占比则更多。改革开放以来，中美两个大国的联系日益密切，双方经济上的相互依赖已经呈现深层次、结构化局面，同时，双方都是现有国际经济机制的深度参与者，可谓“你中有我，我中有你”，只要国际经济机制不瓦解，中美两国就会通过国际经济机制产生事实上的联系，就不会有真正意义上的脱钩。另外，欧洲、日本等主要经济体仍然坚持多边主义，反对贸易保护主义，世界上多数国家并不反对现在的国际体系，都想使国际机制朝着有利于自身利益的方向改革，而不希望推倒重来。因此，疫情导致的全球各种联系的断裂只是暂时的，一旦疫情过去，很快就可以恢复，正如第一次世界大战末期的“西班牙流感”没有阻碍全球化的发展一样，这次疫情同样不会阻碍全球化的进一步发展。

所谓伪脱钩是指疫情背后的数字全球化更加紧密。随着人类科学技术的进步，世界已经通过另一种途径更加紧密地联系在一起，这种途径就是互联网。疫情发生之后，互联网课程、网络会议方便快捷地把人们联系在一起，疫情事实上在促进全球化以另一种形式展开，那就是数据的全球化。当前的世界正处于第四次工业革命前期，而第四次工业革命的核心是数字经济，数据生产和数字跨境流动成为全球化的新特征。根据国际数据公司（IDC）的预测，全球数据生产将从2016年的16.1ZB增加到2025年的163ZB，增加10倍以上。据统计，跨境宽带使用量从2005年到2016年增长了90倍，而到2023年将还要比2016年增加13倍。数据的跨境流动的增速要远远超过货物、货币以及人员的跨境流动的增速。数字全球化“大大丰富了全球化的内容，也推动了全球化以一种新的形式发展”。新冠疫情的暴发必然导致全球货物贸易、人员流动的大幅下降，但同时也毫无疑问推动了数据跨境流动的爆炸式增长，全球化将以另一种方式得到补偿。

三、新冠疫情背后各国的合作与竞争加剧

新冠疫情造成国家之间的物理隔绝以及资源争夺，迫使一些国家在大国政治斗争中站队，已经对世界政治造成了一定影响，甚至加剧了中国与西方国家在意识形态领域的对抗。

1. 欧盟的非协调性

新冠疫情再次暴露出欧盟治理能力赤字问题，欧盟主要成员国的政治不稳定性有所加剧，跨大西洋关系裂痕进一步拉大。近代以来，欧洲始终是关系世界和平与发展的关键地区，也是此次疫情的一个集中暴发点。疫情在欧洲多国集中暴发后，欧盟一度反应迟缓，救助行动严重不力。其间，

疫情严重的意大利曾请求欧盟启动民防机制，以便获得必要的医疗设备，但未得到积极响应，反而是中国和俄罗斯两个域外国及时伸出援手，派遣专家并提供医疗援助。不仅如此，欧盟各成员国不择手段地争夺抗疫物资，使得该组织内部长期存在的分离主义、民族主义、民粹主义势头进一步增强，多国极右党派和民族主义者借此大做文章。法国极右翼政党领导人玛丽娜·勒庞（Marine Le Pen）就公开要求法国政府关闭本国与意大利的边境。民粹主义的升温加剧了欧盟内部已有的政治极化和社会分裂，使其政治和社会形势更加不稳定。欧盟的经济形势同样不容乐观，各成员国为防控疫情所采取的"封城""闭关""停工"等措施，已导致相关国家大量中小型企业濒临破产，申请失业补助的人数激增，各国财政均面临巨大压力。尽管欧盟及各成员国近期已陆续推出多项经济救助措施，其中德国和西班牙的救助计划甚至被视为力度"前所未有"，但欧盟所拥有的调控资源并不充足，各成员国的分歧依旧很严重。比如，法国、西班牙和意大利等国提议发行"新冠债券"，以便从金融市场筹措资金，然而德国、奥地利和荷兰等国对此坚决反对，担心会为财政收支不稳定的国家"埋单"。

2. 发达国家的裂痕加大

疫情暴发后，美国总统特朗普于2020年3月13日宣布国家进入紧急状态，并禁止欧洲人前往美国。但美国政府在宣布该项措施前并未与其欧洲盟国沟通，这被认为是自20世纪70年代初时任美国总统尼克松单方面宣布美元与黄金脱钩以来美国最严重的单边主义行为。作为今年G7轮值主席国，美国把自己的欧洲盟友完全抛之脑后，令欧洲的政治家、战略家们深感震惊。不仅如此，美国还通过出高价乃至直接扣留等方式，不断"截胡"其欧洲盟友的防疫物资。比如，德国、法国在中国订购的一批口罩，就被美国在海外拦下并转运回国。不仅如此，美国政府还动用《国防生产法》，禁止本国生产的医疗物资出口，并要求本国N95口罩主要生产商3M公司将其在海外生产的口罩运回美国。对于美国这种"民族自私主义"行为，欧盟多国提出严厉批评。法国学者彼得·斯拉莫尔在《世界报》撰文指出：新冠疫情为本就矛盾重重的跨大西洋关系开辟了"新战场"。可以断定，无论疫情结束后美国政府采取何种回调措施，其欧洲盟友对它的信任感短期内都不会有明显提升。

3. 世界多国面临复杂考验

除欧美国家和地区以外，俄罗斯、巴西、印度等国家也已经成为疫情的重灾区，非洲和拉丁美洲地区的国家也面临考验。首先是俄罗斯。俄罗斯在疫情初期对中国边境严加防范，却未能对欧洲方向输入的病毒提高警惕。虽然俄罗斯学习中国经验，建立方舱医院，但抗疫效率不如人意。俄罗斯在疫情期间仍然面临西方国家的经济制裁，虽然后来疫情已经逐渐得到控制，但政府的经济压力仍然沉重；对于正在推动修宪和“任期清零”、试图长期执政的普京而言，新冠疫情后的经济复苏将是俄罗斯面对的首要挑战。其次是巴西。2020年，巴西新冠肺炎感染和死亡人数快速增加，已经成为世界疫情的“震中地带”。巴西部分地区经济发展水平较低，疫情之下大批贫民被感染。巴西总统博索纳罗自上台以来主打经济牌，受新冠疫情影响国家经济衰退，但其仍然顶着疫情压力主张复产复工，在国内引发很大争议。博索纳罗在抗疫过程中进退失据，遭到多方批评。再次是印度。印度存在着规模巨大的贫民窟，部分地区公共卫生水平落后，还面临蝗灾的压力。作为人口大国，印度的沦陷可能导致全球抗疫难度骤升。不可否认，印度同时与中国、巴基斯坦以及尼泊尔发生边境冲突，有一定的转移矛盾的意味，但这并不足以解决疫情等问题。对以煽动民族主义情绪见长的莫迪政府而言，新冠疫情可能是对其治理水平的一次重大考验。最后是非洲和拉美的许多国家。这些国家在疫情之下处境艰难，虽然世界卫生组织和多国积极对其予以援助，但仍然可能出现人道主义危机。

相比之下，亚太地区在疫情期间的表现总体不错。中国和韩国都采取了封城等措施，有效遏制了疫情的蔓延。在韩国，面对“新天地教会”对防疫工作的抵抗，文在寅总统采取了坚决快速的处置措施，在政治上扭转了韩国左翼的不利态势。日本疫情时有发生，虽然为了奥运会的顺利举办耽误了一些抗疫时机，但社会运行基本稳定，民众自发隔离、自觉戴口罩。东盟国家在新冠疫情中总体损失较小。疫情过后，东亚、东南亚各国的优异表现有助于消除民众对西方国家的盲目崇拜，区域内的经济一体化也有利于亚太地区的政治稳定。

四、新冠疫情引起新一轮“制度保卫战”

新冠疫情也给世界带来意识形态上的冲击。

一方面是“唯西方论”的盲目崇拜受到打击。长期以来，以美国为首的西方发达国家将物质财富与自由主义意识形态挂钩，将现代化与西方民主制度挂钩，鼓吹自由市场在效率和创新方面的优势。对于政治制度不同的国家，西方舆论则致力于宣传其落后、腐败和低效的一面。在美国霍普金斯大学2019年发布的《全球卫生安全指数》中，美国以83.5的得分（满分100分）位列第一，而中国则以48.2分排在第51位。在新冠疫情暴发初期，部分西方媒体和亲西方舆论格外兴奋，《明镜周刊》声称中国需要的药方是“自由和民主”，多家媒体认为新冠疫情将成为中国的“切尔诺贝利时刻”。但最终结果是，以中韩为代表的“举国体制”在抗疫效率上远高于西方国家，反倒是美国未能控制住疫情。

而且当疫情在全球蔓延，西方国家内部缺乏团结合作。意大利是西方国家较早进入疫情暴发阶段的国家，当该国呼吁国际社会援助的时候，近邻没有任何一个国家施以援手，一些欧洲国家如法国、德国等国还下达医疗物资的出口禁令，还有很多国家纷纷关闭边界，欧盟委员会主席冯德莱恩无奈地表示：“当欧盟需要展示其不仅仅是晴好天气的伙伴的时候，太多的国家却不愿意与其他国家共担风雨。”在危难之际，只有中国向意大利伸出了援手。美国作为世界超级大国，在疫情暴发之后却完全没有展示出合作担当的精神，美国在采取降低银行利率、禁止来自欧洲的航班等管制措施的时候也完全没有和其盟友欧盟商量，2020年3月初美国总统特朗普甚至要高价收购德国一公司研发的新冠病毒疫苗专有权。而忙于“脱欧”的英国也因为脱欧与欧盟合作不畅。

另一方面是中国的影响力将相对上升。一国面对疫情的实际表现不仅对外展示了其国家治理能力与水平，更成为其国际影响力强弱以及国际行为正当性有无的重要衡量维度。当新冠疫情在欧美等国家急速扩散时，欧美各国仓促应对不但未能制止疫情蔓延，反而导致了民众的普遍恐慌。中国采取的部分城市封城以及一定时期内限制人员流动等措施，使得疫情逐渐得到缓解，这与西方经济私有化以及政治分权制衡的模式形成了鲜明对比。一国应对疫情的表现生动地展示出不同外交理念的利弊得失，启迪众多国家进行外交重心的调整和优化。在抗疫成为各国外交的首要议题时，中国积极参与国际合作、与各国分享抗疫经验，且提供力所能及的抗疫资源，便成为相关国际规范塑造力和解决国际议题感召力的重要合法性资源。当下各国开展的抗疫行动将会促使人们改变处理重大国际外交议题的传统思路，进而为塑造一个与以往不同的外交新格局创造条件。

共同体意识与实践将在外交领域得到进一步体现和增强。疫情的扩散将导致各国经济运转迟缓，对全球经济造成沉重打击，而破产潮、失业潮等将冲击社会稳定。因此，各国应协调推动经济各要素在全球范围内流动，切实完善公共卫生安全国际合作机制建设。新冠病毒突然在大范围内肆虐，使得人们认识到通力合作的重要性，而各国守望相助将加速推进国际社会对“共同体”的认同和支持。比如，中国为意大利提供援助，在改进该国民众“中国观”的同时，促进了欧洲其他国家对中国外交理念的理解与认同。

中国在疫情抗击中所作的贡献，彰显了中国治理模式的影响力。大致而言，外界对疫情困扰下的中国经历了从警觉到疏离再到合作的过程。2020年1月到2月，限制中国人员、物资、航行的国家数目不断增多。到了2020年3月，中国疫情控制效果显现，而疫情在全球迅猛扩散，越来越多的国家亲眼见证了中国抗疫经验与医疗资源的重要性和有效性，因而纷纷调整政策，对中国抗疫模式的认同增多，寻求中国帮助以缓解疫情的意愿更强烈。可以说，疫情对中国而言是场危机，但同样也创造了重塑与他国关系的机遇。在抗疫初期，中国获得了日本、韩国等国家的物质援助，因而当疫情在全球扩散时，中国为日本、韩国等国家提供了物资与经验援助，这不仅推进了东亚各国良性互动的进程，实质性地提高了中国的影响力，也为深受地缘政治角逐与联盟对抗观念影响的国家提供了反省和改造的可能性。而东亚国家间的有力互动，为人类命运共同体理念的实践奠定了基础。

卓有成效的应对措施使得中国成为全球抗疫的可靠基地。随着疫情的发展，外界对中国抗疫政策与发展模式的认识经历了一个过山车式的过程。曾经，某些国家抨击中国以牺牲健康与环境为代价达成经济猛进的

“中国发展模式不可持续论”，宣扬中国强力抗疫而隔离与外界联系必将导致全球制造业中心衰败的“中国制造模式终结论”，这些都在扭曲着其他国家的“中国观”。而中国对疫情卓有成效的控制已经彻底打破了这些谣言污蔑，新冠疫情暴发之初欧美国家对中国的冷眼旁观已经转变为对自身深陷疫情的忧虑乃至恐惧。可以说，疫情扭转了外界对中国曾有的极端认识，更催生了迫切寻求与中国合作的动力。韩国、日本、意大利、西班牙、塞尔维亚等越来越多的国家陆续与中国展开系列的务实抗疫合作。

得当的应对举措不仅确保了中国在全球经济中的重要地位，也确保了世界继续践行贸易自由化与多边主义发展之路。新冠疫情暴发与中美贸易摩擦叠加，加快了国际贸易生产链与供应链的转移，增加了中国的外部经济挑战。疫情严重的国家通常采取旅行禁令或者隔离举措，而这必然影响其自身在国际贸易产业链与供应链优化布局中的地位。当下中国面对疫情采取的有效措施，增强了世界对中国的信心，巩固了中国在世界经济中的地位，发挥了中国促进全球经济深度融合的作用。可以说，面临很可能即将到来的全球性经济危机，中国处在推动各国合作化解新冠疫情对全球经济冲击的有利位置。而国际关系格局再塑造为中国核心外交理念被外界普遍接受创造了良好条件。

五、新冠疫情加速逆全球化趋势，但对东亚区域化具有一定促进作用

新冠疫情将导致现有全球化进程的再界定，为当前国际关系格局带来不确定性。国际关系稳定的必要前提是全球化进程顺畅运转，而新冠疫情将迫使传统的强调以经济为核心关注，旨在促进人员、资金、信息等要素顺畅流动的全球化进行再平衡。公共卫生与生态环境如果不能够得到保障，聚焦经济繁荣的全球化将迷失方向且不再具有可持续性。可以说，新冠疫情直接导致了目前全球化进程“暂停”的现实。比如，大多数国家防治准备不足，导致疫情快速大规模蔓延；而各国实施的封城、断航等举措，将改变全球商品生产与供应链的分布格局。欧盟各国面对疫情时各自为政，甚至相互排斥，几近成为分解全球化的力量；股市暴跌乃至反复熔断，将美国拖入金融危机旋涡，并很有可能导致全球范围的经济危机。全球化进

程大动荡、大调整，不仅会导致全球化各构成要素优化配置运作模式的调整，也会导致一些国家回归自我封闭与民粹主义之路。

事实上，一国应对新冠疫情的政策将直接影响其在当下与未来全球资源再配置格局中的地位。公共卫生机制完善、社会稳定富有活力、生态环境保护严格的国家，必然会成为全球优质资源的流动汇集之地，进而能够稳步提升自身在国际关系中的地位和声望。相比而言，深受疫情危害且无法有效应对的国家，必然要面临公共卫生安全与生态环境恶化以及优质资源流失等局面。

需要注意的是，新冠疫情对东亚区域化具有促进作用，疫情过后的世界经济存在新的希望。如前所述，疫情降低了国际市场对出口型企业的需求，而东亚、东南亚国家以及地区大多是出口导向型发展模式，即面向世界出口商品。在这种发展模式的引导下，区域内国家覆盖了不少领域的高、中、低端产业，在劳工素质和制造业完备性上具有优势。如今欧美等国家深受疫情困扰，其国内市场的消费能力下降，生产能力下降同样明显，而从疫情中恢复较快的东亚、东南亚各国则能够从相互贸易中寻找经济恢复的新引擎，为国内出口型企业创造商机。

第三节　中国与疫情后的国际经济关系

作为突发公共卫生事件，新冠疫情给中国经济的生产和物流以及零售业、航空运输业等实体行业带来了较大损失。但新冠疫情的蔓延也给中国经济调整的机遇，如何重复中国和世界经济是需要直面的问题。

一、防止产生金融危机

从各国采取的经济政策的影响上看，为防止企业资金链断裂引发金融危机，以美国为首的西方国家和地区出台了力度空前的经济救助方案，包括宽松的货币政策和积极的财政政策。在货币政策上，多国央行相继宣布降息和量化宽松，其中美联储甚至推出无限量化宽松政策，向市场注入巨量流动性，为金融体系提供支撑；在财政政策上，多国政府都出台了包括减税降费、专项贷款、资金支持等在内的一系列支持疫情防控和稳定经济的财政政策。虽然各国所采取的经济政策对疫情防控有一定的作用，但是在对经济的影响上有三点值得特别关注：一是在发达国家政府债务占GDP比重平均已超过100%的背景下，继续实行积极的财政政策会增加各国的财政赤字，如果疫情在短期内无法得到控制，可能会引发主权债务危机，增加未来全球经济和社会面临的风险；二是由于新冠疫情是有别于经济周期原因的外生冲击，在疫情没有得到全面控制、各国尚未开始复工的时期，宽松的经济政策释放出来的巨量流动性只能缓解资金链困难，并不具备生产性，如果各国在疫情结束前将扩张性政策的"弹药"用尽，进入复工复产阶段后可能会面临政策空间狭窄甚至无政策可用的境地；三是当前发达国家的整体政府债务水平已经与第二次世界大战前后持平，疫情过后靠什么来实现去杠杆是一个值得深思的问题。

为应对疫情而重新启动量化宽松政策，美联储的负债从4万亿美元突增到7万亿美元，一手发债、一手印钞的做法，势必导致全球美元流动性泛滥，加剧了美国和全球经济长期衰退的风险，影响美国巨额债务偿还的可持续性，如果美国国债违约，将会严重削弱美元的信用基础。其次，美国贸易长期处于逆差的地位决定了美元能成为全球使用的货币。特朗普政府的"制造业回归"和"再工业化"政策，虽是国际贸易平衡的产物，但是"特里芬难题"的存在，也会影响将来在国际贸易中美元的使用，美元的衰弱不可避免。

从疫情对国际资本流动和汇率的影响上看，由于一些国家在应对疫情上没有取得积极成效，国内和国际投资者降低了对其经济前景的预期，并在避险和流动性的目标下集体抛售该国风险资产，造成资本从该国流出并恐慌性地涌入风险较低的美国国债市场，致使美国十年期国债收益率跌破2008年金融危机时期的最低点。资本流出会造成一国的货币贬值，以及国内资产价格下跌，对于一些负债率较高、经济表现较差的新兴经济体来说，出现债务违约的可能性陡增。

因此，面对世界范围内的经济政策调整，中国要积极应对，防止出现系统性金融危机。

二、推动国际防疫合作

虽然逆全球化成为一种现象，但并不是说国际合作就一定会倒退，在某些领域反而还会加强。中国不失时机地在一些领域推动全球化，如国际防疫合作。中国的制造业已深度嵌入全球产业链中，若全球疫情得不到控制，中国的外贸企业接不到订单，将对中国的就业和消费造成较大影响，因此在疫情之下中国无法独善其身，需要在外防输入的同时加强与国际防疫合作，与世界共度危机。公共卫生安全是人类共同面临的挑战，中国拥有应对2003年“非典”疫情的丰富经验并有效遏制了此次新冠疫情在国内的蔓延，中国的防疫经验值得全球借鉴。此外，若其他国家无法控制住国内疫情，将处于非常被动的局面，因此要在医药研发上积极开展国际合作。抵御疫情离不开人类命运共同体，在面临共同的灾难时，世界各国要休戚与共，只有放下偏见与成见，才能取得抗击疫情的最终胜利。

新冠疫情是在全球经济下行压力加大、部分国家资本市场出现严重泡沫的背景下暴发的，疫情使世界经济雪上加霜，但即使没有疫情出现，世界经济在近几年内也很有可能会出现危机。一些国家的政客为转移国内失业率上升、贫富差距扩大等矛盾，借此机会将世界经济出现问题的主要原因归结为经济全球化，并提出贸易保护政策与鼓励产业回流，这是不负责任的行为。虽然产业链的全球布局使得一些国家受到疫情影响，出现重要物资短缺以及国内部分企业因原材料供给不足而生产中断的情况，但因此而放弃全球分工与合作对各国自身的经济发展整体弊大于利。因此，要正确认识经济全球化，它在增进一国福祉的同时也会产生一些负面影响，正确的做法是更好地思考如何弥补经济全球化的不足，努力协调各国在全球化进程中的各种利益关系，而不是简单地反对或者限制经济全球化。

三、坚决抵制国际经济体系“去中国化”的严峻风险

特朗普政府的“美国优先”战略对“二战”以后形成的国际经济合作体系造成了巨大的冲击，同包括中国在内的各主要经济体掀起贸易战，多边贸易体系被美国的双边贸易协议所替代，WTO的运转处于半瘫痪状态，全球的产业链和供应链被迫调整。中国是经济全球化的受益者，2019年中

国出口总额占国际市场的13.1%，中国已成为世界第二大外资流入国和对外投资大国。相比之下，2008年全球金融危机削弱了美国的整体经济实力，国内贫富差距加剧、产业空心化以及失业严重等社会问题，被美国的政客们归罪于中国的崛起，中国的强大已经威胁到美国的国家安全和在国际治理体系中的老大地位。中美在贸易、科技、外交领域的矛盾和冲突造成了中美脱钩的危险，这是当前国际关系最主要的背景和不稳定因素。

中国的发展受到“去全球化”影响。一是2020年疫情在全球大暴发造成了全球范围内的“美元荒”，凸显了美元作为避险货币的重要性，美联储在3月份与14个国家央行建立了美元流动性互换，总计4500亿美元，人民币被排除在外。二是中国正面临美国金融制裁的严峻挑战，美国利用其美元霸权和长臂管辖权，对中国特定个人和机构的制裁不断升级，冻结其在美国的账户和资产，禁止使用美元交易，严格限制美国机构投资中国市场和中国企业到美国上市融资等。更为严重的是，将香港踢出SWIFT系统的说法屡见不鲜。三是美国重新考虑加入跨太平洋伙伴关系协定（TPP），与其“印太军事”战略“一唱一和”，目的就是要把中国排斥在美国所构建的新的贸易投资联盟之外。中国只有持续深化与世界经贸的交往和联系，坚定推进人民币国际化，才能打破美元体系的包围和垄断。

四、以科技创新引领人民币国际化

当前，世界科学技术发展迅速，重大技术突破层出不穷。物联网、云计算、大数据等新技术创新耳熟能详，但在这些创新背后，影响最深、渗透最广的基础性技术无疑是数字技术。移动支付工具的创新有利于中国引领新一轮数字全球化，物理空间的“逆全球化”阻挡不住信息社会数字全球化的潮流方向。数字全球化是“数字技术+传统国际贸易+创新产品服务+全球化”，不仅是将传统产品贸易的线下跨境流动部分转移至线上，还挖掘出数字产品出口等服务贸易的广阔空间，更是通过手机App等网络平台服务和产业物联网的平台企业推动数字全球化。未来的国际贸易竞争主要表现为平台和流量的竞争，未来的合作体现为数据的有偿合作。

以5G和物联网作为技术支撑的、以信用为核心的产业互联网新生态正在成为下一个发展方向。目前我国有60余个万亿级的产业集群，仅在航空、电力、医疗保健、铁路、油气这五个领域启动数字化转型，估计可以拓展10%的产业价值空间，每年就可以多创造2000亿美元以上的价值。人工智能和区块链的率先应用能够帮助中国银行业成为与中国制造相关的全球产业链金融、供应链金融服务提供商，助力中资银行国际化，为人民币国际化提供金融服务支撑。

平台经济模式的成功有利于中国经济的持续增长。一国货币的国际化最终取决于国家的经济实力，互联网平台经济已经成为中国市场经济的重要组成部分。平台企业能够很好地整合消费者、服务企业、支付机构等不同组织的信息，促进主体间的信息流动并形成和创造海量数据，通过大数据算法能够显著降低产品和服务在供给与需求之间的匹配成本，影响中国人的消费模式，也创造出更多的价值增值。目前我国市值超100亿美元的平台公司就有20多家，证明了国家扩大内需战略对中国经济的巨大推动作用。

平台公司创造的消费生态系统提升了中国普惠金融水平。得益于生物特征识别、人工智能、区块链等技术贯穿消费金融贷前、贷中、贷后的全生命周期风险管理，互联网消费金融放贷规模从2014年的0.02万亿元增长至2018年的7.8万亿元，增幅近400倍，信用卡发卡量到2018年末累积9.7亿张，创历史新高，激发了新中产、年轻一代群体的巨大消费潜力。

在数字全球化经营过程中，相比传统的收购或新设机构的方式跨国经营，通过开放API接口与业务拓展国家的服务平台进行无缝对接更加高效，可以帮助中国科技企业拓展全球电子商务版图，推动移动支付工具在全球范围的使用。部分企业已基本建成全新的跨境支付网络，解决了行业痛点，为全球金融体系建立新的小额支付解决方案，也为人民币在更大范围、更多客户群体中使用提供了便利。

数字货币的跨境流通有利于推动中国加快金融市场开放。相较于第三方支付机构的银行账户模式，人民银行数字货币只需开立DC/EP钱包，如果双方的手机里都有数字货币钱包，只要手机有电，无须网络，手机碰一碰，就可以方便地完成转账或支付，而且是直接持有中国人民银行的负债，方便、快捷、安全且匿名。配备了DC/EP的中国移动支付服务商将在海外市场如虎添翼，极大地方便国外用户使用人民币的兴趣和意愿。DC/

EP对离岸人民币市场的建设也有积极意义，不但可以替代纸币，缓解境外人民币现金调运的矛盾；同账户模式相比，能够更好地预防和监控各种跨境洗钱行为，对于人民银行的货币政策执行和调控而言，也更为有利和可控。

一旦DC/EP的境外流通被官方、企业和居民认可并自愿持有以后，就会对DC/EP的可兑换提出需求，境外金融机构和企业在使用DC/EP的过程中，激发这些机构和企业对人民币数字资产的兴趣，其中一些具有创新精神的企业还会尝试持有数字货币的资产，这可能会衍生出更多的人民币数字业务模式，而且对债券、股票等资产交易的金融基础设施也提出了新要求，推动中国监管部门不断完善DC/EP的境外流通政策，深化境内外人民币金融市场的广度和深度。

结　论

中国国际经济关系的展望

第一节　亚洲地区的基本盘

一、东盟

东盟成立于1967年，目前包括文莱、柬埔寨、印度尼西亚、老挝、马来西亚、缅甸、菲律宾、新加坡、泰国和越南共十个成员国。东盟十国的整体经济发展水平较低，特别是服务贸易竞争力总体相对薄弱，因此东盟主导的FTA更侧重于货物贸易领域，对服务贸易则采取比较谨慎的态度。在东盟内部，各国的经济发展水平差距同样较大，2018年GDP总量居首位的马来西亚（10422亿美元）是位于末位的文莱（136亿美元）的76倍，人均GDP位于首位的新加坡（64570美元）是位于末位的缅甸（1330美元）的48倍。成员国之间发展水平的巨大差异也使得东盟一体化存在总体水平偏低、内部向心力不足等问题。

从20世纪90年代开始，借助于区域大国之间对东亚自由贸易区主导权的角逐，以及自身"大国平衡"的外交战略，东盟在一系列区域合作机制中逐渐占据中心地位，并先后与RCEP的其他六个谈判成员国签订了五个"10+1"FTA（东盟分别与中、日、韩印签订的FTA以及与澳、新两国共同签订的FTA）。在当前以5个"10+1"FTA为"轮辐"形成的区域性"轮轴—轮辐"结构下，东盟本身作为"轮轴"中心国只有保持现状才能实现利益最大化，因此东盟缺乏主动整合多方双边FTA的动力。2009年美国宣布加入跨太平洋伙伴协定（TPP）谈判后，TPP引起世界各国的高度关注。东盟成员国新加坡和文莱本身就是跨太平洋战略经济伙伴关系协议（TPSEP）（TPP的前身）的初始成员国，越南和马来西亚也于2010年加入了TPP谈判，但是其余6个东盟国家由于达不到TPP的高标准而无法加入谈判，使东盟成员国内部面临被分化的危险。为了应对这一不利局面，东盟不得以推出一个能够覆盖所有十个成员国的多边FTA来增强其内部凝聚力，即RCEP。

由于东盟十国在国家体量、人口数量和经济发展水平等方面存在较大国情差异，因此东盟各国对待RCEP的立场也不尽相同。但总体而言，东盟仍希望在以自身为主导的情况下完成5个“10+1”FTA向“10+6”（包括印度退出后的“10+5”）FTA的整合，这样一方面能最大限度地控制自身在整合过程中所带来的利益损失，另一方面也能通过这个巨型自贸区（Mega-FTA）将东盟十国更紧密地捆绑在一起，从而有效对冲其他FTA对东盟内部产生的分化影响。

《区域全面经济伙伴关系》（RCEP）是由东盟十国于2012年发起，旨在达成一个现代、全面、高质量和互惠的经济伙伴关系的协定，这个倡议得到了中国、日本、韩国、印度、澳大利亚和新西兰六国的积极响应。RCEP谈判的16国人口约占全球半数人口，其产出涵盖全球产出的31.6%，其贸易额占全球贸易额的28.5%，吸引全球近1/5的外国直接投资。是目前全球涵盖人口最多、成员国构成最多元、最具发展潜力的自由贸易区。

二、印度与RCEP的关系

印度拥有庞大的人口规模、廉价的劳动力成本和巨大的市场空间等区位优势，但受限于基础设施落后、能源资源匮乏、缺乏完善基础教育和强有力的政府调控等软硬件缺陷，印度的制造业发展水平依然十分落后，制造业占GDP的比重低于20%。受到低水平制造业的拖累，印度不得不大量进口工业制成品，造成国内收支连年入超，而且入超幅度增长迅速。2018年印度货物贸易逆差已经高达1874.5亿美元，同比增长24.7%。

2014年，莫迪政府推出“印度制造”计划，希望利用人口红利和对外开放政策大力发展印度制造业，并计划到2025年将生产部门在GDP中的贡献度提高到25%。为了保护和扶持脆弱的印度本土制造业，莫迪政府大幅提升关税保护力度，控制外来商品流入，鼓励进口替代发展战略。然而，受限于印度复杂的国内环境，印度制造业的发展困难重重，短时间内根本无法形成有效的竞争力，只能依赖于印度政府的政治和经济保护艰难求生。

当前中国和印度尚未签订FTA，印度对中国的贸易逆差就已连年增长，2018年印度对中国的贸易逆差高达572.16亿美元，几乎占印度贸易逆差来源的1/3。不仅如此，印度从中国大规模进口的工业产品与其刚刚起步的制造业之间存在激烈的竞争关系，一旦中印之间建立更为自由的贸易伙伴关系，中国廉价的工业产品可能会对印度制造业带来毁灭性的打击。因此，印度并不希望在短期内大幅降低其工业产品的进口关税水平，这就与签订RCEP消除成员国之间的关税和贸易配额、减少政府行政干预的初衷相违背。

但是基于政治上的考虑，印度又有着不得不加入RCEP的理由。RCEP谈判涵盖16个国家，覆盖全球近半数的人口以及三分之一的经济总量，如果印度错失了这一机遇，则很可能被长期隔绝在这一巨型自贸区之外，从而彻底丧失在东亚的政治和经济影响力。从长远经济利益考虑，利用RCEP加入东亚区域一体化进程，印度未来必定会从世界最具活力的东亚经济板块中获得巨大的经济福利，反之则有可能面临投资贸易转移、经济利益受损等风险。此外，莫迪政府的制造业战略、知识产权规则和数据本地化等政策举措严重触及美国利益，引发日益严重的美印贸易摩擦。随着特朗普政府一项又一项的经济制裁措施，印度对美贸易条件正在恶化，美国商品大举进入印度市场，而印度商品的对美出口却逐渐萎缩。加入RCEP有利于印度调整其外贸结构，提升印度出口在亚太地区其他国家的比重，规避其在商品和服务领域对美国的过度依赖。

基于上述原因，印度对RCEP谈判始终处于一种十分纠结的心态之中，一方面迫切希望搭上东亚区域一体化的经济列车，另一方面又无法割舍刚刚起步尚需扶持的印度制造业。印度政府在谈判中强烈要求各国开放服务贸易市场，就是希望通过自身具备竞争优势的服务贸易出口获利来缓解商品关税降低可能给印度制造业带来的阵痛，这也与东盟发起RCEP时追求货物贸易自由化、服务贸易适度宽松的目标相背离，从而引发了巨大的谈判分歧。此外，印度国内民粹主义抬头，反对党大肆炒作RCEP可能给印度小企业、零售商和农民造成的“致命打击”，就连莫迪政府的政治盟友和支持财团也纷纷对印度加入RCEP的前景充满质疑，使得莫迪政府在RCEP谈判中腹背受敌。最终，在经过漫长的谈判拉锯战却无法与其他谈判成员国达成一致后，印度不得不暂时退出RCEP。

中国是东盟最重要、最紧密的经济合作伙伴之一，中国已连续10年成为东盟最大的贸易伙伴，东盟也于2019年超过美国成为中国第二大贸易伙伴。东盟十国已分别与中国签署双边共建“一带一路”合作文件，“一带一路”倡议与《东盟互联互通总体规划2025》也正在实施积极对接。在RCEP的进一步推动下，中国—东盟之间正在建立更紧密的“经济命运共同体”。中国作为区域内的大国，不仅要在经济上与东盟共同发展，也要在安全领域和文化领域积极开展更深入的对话和交流，坚持“国之交在于民相亲”的理念，为中国—东盟合作提供更坚实的民意基础，为世界范围内的南南合作提供可借鉴的方案。

印度作为东亚地区重要的贸易合作伙伴，虽然暂时退出了RCEP，但考虑到中印关系仍在多个层面上存在分歧，日本依然可能会通过积极推动印度重回RCEP，并利用其间的磋商给中国制造麻烦。印度当前注重服务贸易的诉求与目前RCEP的合作宗旨存在一定程度的分歧，因此短期内重回RCEP较难实现。但是从长远来看，印度与东亚区域国家的合作仍然具有很大潜力。对此中国应该保持开放的态度，欢迎印度以各种形式继续开展双边或多边经济合作，以诚意和诚心寻求共同发展的契机。

中国还应善于抓住RCEP发展的历史机遇，正视RCEP发展历程的复杂性和艰难性，积极推进RCEP历史发展进程，推动高质量的RCEP在2020年按期签署，维护自由贸易和多边主义。虽然中国早在2011年发布《中国的和平发展》白皮书时就已向世界宣告，“中国不谋求地区霸权和势力范围，不排挤任何国家，中国的繁荣发展和长治久安对周边邻国是机遇而不是威胁”，但是部分国家受冷战思维的惯性影响，对中国的民族复兴进程始终保持警惕心理，这也在一定程度上加剧了RCEP合作过程中的复杂博弈性。中国积极参与和推动以东盟为主导的RCEP，不仅符合中方的自身利益，也符合区域内各参与方的共同利益，有利于展现中国在发展过程中合作共赢、互惠互利的观念，化解部分国家对中国的误解。因此，中国在充分尊重各国在RCEP谈判中的合理诉求以外，还应该针对各方基于不同立场的利益博弈采取针对性策略，与各成员国加强沟通，以更加灵活和有弹性的原则，求同存异，用创造性的思维方式，共同寻求智慧的解决方案。

三、中国与RCEP其他成员国经济联系紧密

RCEP的15个成员国的总人口、经济体量、贸易总额均占全球总量约30%，是世界上人口数量最多、成员国结构最多元、发展潜力最大的自由贸易区。在疫情导致世界经济普遍衰退的情况下，东亚经济圈展现出强大的韧性、恢复的动力和增长的潜力。东亚经济圈作为世界人口最多、制造业规模最大的区域，成员国相互之间的商品、人员、资本往来频繁密集，产业链供应链相对完备，总体上建立了从金融融资、科技研发、原材料供应、生产加工到消费的经济循环圈，其所构成的RCEP是世界贸易体系中的重要板块。RCEP其他成员国多为我国重要贸易伙伴，经济联系紧密，企业往来频繁，合作成果丰硕。2019年，我国与RCEP其他成员国的总贸易额超过1.43万亿美元，占我国对外贸易总额的31.2%。2020年上半年，尽管受疫情影响，但我国与RCEP其他成员国贸易总额达6644亿美元，仍占我国对外贸易总额的约1/3；我国吸引其他RCEP成员国实际直接投资72亿美元，占我国实际吸引外资总额的10%。

东盟在区域合作中居于中心地位，在RCEP谈判中发挥了主导和核心作用。作为重要贸易伙伴，中国与东盟经贸合作尤其亮眼。2002年，中国与东盟启动自贸区谈判，是中国对外商谈的第一个自贸区。2010年，中国—东盟自贸区建成，双边经贸关系快速发展。伴随着中国—东盟自贸区全面建成10周年和自贸区升级议定书全面生效，中国与东盟之间的经济融合无论在规模上还是在质量上，都已经提升到更高水平。2020年，东盟超越欧盟，历史性地成为我国第一大贸易伙伴，形成中国与东盟互为第一大贸易伙伴的良好格局。

中国、日本、韩国三国互为重要经贸合作伙伴，近年来始终持续推进

经贸合作，不断扩大共同利益，形成事实上的经济共同体和利益共同体，经济融合程度日益加深。中国已是日本、韩国最大贸易伙伴，日本是中国第二大贸易伙伴和第一大投资来源国，韩国是中国第三大贸易伙伴和第二大投资来源国。同时，中国、日本、韩国经贸合作还是亚洲区域、次区域合作的发动机，无论是东盟与中国、日本、韩国（10+3）合作，还是东北亚经济合作，都离不开中国、日本、韩国经贸合作的引领推动。其中，中国和韩国此前已签有自贸协定，通过RCEP客观上使得日本首次与主要贸易伙伴中国和韩国也签署了自贸协定，势必极大促进中国、日本、韩国三国的经贸关系发展，并在RCEP基础上共同加快推进中国、日本、韩国自贸协定谈判。

澳大利亚和新西兰均是我国的重要贸易伙伴，其中澳大利亚是我国第八大贸易伙伴，我国是澳大利亚和新西兰的第一大贸易伙伴、出口市场和进口来源地。2019年中澳双边货物贸易额为1696亿美元，中新双边货物贸易额为183亿美元。中澳、中新此前均签有自贸协定。澳新两国农产品和矿产品出口在经济中占重要地位，签署RCEP将重构区域内的供应链和价值链，促进区域内的相互贸易投资。

第二节　欧盟是连横的基础

在多边主义的竞争框架下，欧洲是影响中美博弈和中、美、欧三边关系走向的关键变量。对于欧盟来讲，基于自身的体量和利益欧盟注定会采取“不选边”的策略，其战略就是在中美间发挥调节作用，以期降低风险并最大限度地维护自身利益。然而，在注重自身利益的同时，也要注意到欧盟对待中、美并非不偏不倚，美国仍是其传统盟友，并在政策上靠近。尤其是在拜登执政后，美国和欧洲关系得到一定程度的修复，加上双方共同的短期利益等因素，使得美国和欧洲对华协调联动的可能性上升。今后美国和欧洲联手应对中国的战略会更加清晰，双方在诸多领域的对华协调联动将会进一步增强。然而，美国和欧洲结构性矛盾以及涉华利益不对称将使双方的合作具有局限性。归根结底，欧盟在中美博弈中采取平衡策略的根本目的是避免使自己“选边站队”。此外，对欧盟而言，美国和欧洲协调主要是手段而非目的，并不意味着双方要建立“反华联盟”。

一、欧盟加强战略自主的定位

欧盟的战略自主需要以拥有自主能力为基础和保障。2017年启动的“永久结构性合作”（Permanent Structured Cooperation，PESCO）是欧盟强化自主防务能力的一项重大举措。该机制启动四年多来已取得初步成果，包括制定了更清晰的防务产业政策和合作行动项目，其未来发展潜力不容小觑。此外，大国间的科技、数字经济竞争也刺激了欧盟追求经济自主、产业自主、数字自主的雄心。欧盟委员会政治策略中心提出，欧盟应致力于数字技术自主，为此需要建立更强大的技术部门（尤其是在落后的人工智能领域），并加强对关键技术以及关键基础设施和基本服务提供商的控制。新冠疫情暴露了欧盟在多个领域自主能力的缺失，也促使其采取了一系列加强自身经济安全和供应链安全的新举措。

然而，欧盟实现战略自主的过程不会一帆风顺。除了受到美国和北约的制约之外，欧洲内部的阻碍因素更为突出，尤以欧盟领导力不足为甚。“法德轴心”作用正面临挑战。一方面，后默克尔时代德国政治的不确定性以及新总理的权力与威望的可能弱化，将对德国在欧盟内的领导地位产生不利影响；德国对外战略思想总是介于欧洲主义和大西洋主义之间，这种摇摆在后默克尔时代可能会变得更加明显，从而对德国参与并领导欧洲形成一定制约。另一方面，法国实力有限且国内政治复杂，也使其领导欧盟战略自主面临不少困难。此外，法德两国对欧盟战略自主的认知并不完全一致，尤其在欧盟与北约的关系问题上存在一定分歧，这不可避免地会影响双方合作。

欧盟的自主定位决定了其自身利益的独特性，决定了其不可能完全跟随美国的脚步。2021年9月发生的美国、英国、澳大利亚私下打造“小集团”、无情牺牲法国的巨额订单的案例，显示了美国与欧盟以及欧盟内部的利益分歧，也决定了中国和欧盟在一定限度内的合作基础。

二、中欧经贸关系利益广泛

经贸关系是中欧关系的“推进器”和“压舱石”，也是中欧之间最紧密的利益纽带。在中欧建交45周年之际，中欧经贸关系经受住美国经济封锁危机和新冠疫情公共卫生危机的双重打击，实现了更高质量的发展、更紧密的合作和更高水平的开放，取得举世瞩目的成果。

1. 中国首次跃升为欧洲第一大贸易伙伴

2020年全球贸易遭受新冠疫情、单边主义、保护主义的干扰与冲击，出现20世纪30年代大萧条以来最大幅度的萎缩，全球经济秩序也因此陷入严重危机。但与之形成鲜明对比的是，2020年欧盟与中国贸易额持续增长，其中，欧盟对华出口增长2.2%，进口增长5.6%，中国首次取代美国，成为欧盟最大的贸易伙伴。与此同时，欧盟对美国的出口和进口总额分别下降8.2%和13.2%，欧盟与其第三大贸易伙伴——英国的出口总额下降13.2%，进口下降13.9%。在欧盟十大贸易伙伴中，欧盟仅与中国实现贸易双向正增长。

2. 中欧投资协定开创双方平衡、高水平、互利共赢的合作先河

2020年12月30日，中欧宣布完成投资协定谈判。这是中欧经贸史上一项平衡的、高水平的、互利共赢的双边协定。平衡体现在中欧双方在协定中都做出开放承诺，同时也注重保留必要的监管权；高水平体现在谈判成果丰富，涵盖市场准入承诺、公平竞争规则、可持续发展和争端解决四方面，涉及领域远远超越传统双边投资范围；互利共赢体现在双方都拿出了高水平和互惠的市场准入承诺，中方首次明确国有企业行为义务和补贴透明规则，所有规则均双向适用，惠及中欧双方企业乃至全球企业。双方为达成这一合作历经7年35轮谈判，跨越三届欧盟领导层，可谓来之不易，本应倍加珍惜。但事与愿违的是，欧盟在美国挑起的所谓对华制裁中将协定作为制裁中国的砝码，以“中国对等制裁无法接受”为由取消中欧投资协定的审议会议。但从长远看，在多边主义受到挑战、全球贸易和投资受阻的情况下，中国与欧洲都需要在体系建设、规则和科技创新等方面进行合作，共同面对后疫情时代的各种挑战。中国在协定中提高了自己的承诺标准与开放程度，也解决了欧盟投资者进入中国市场后可能遇到的技术转让等问题，在经济利益面前欧盟方面不会长期被美国“绑架”，将中欧经贸关系政治化。

3. 中欧签署具有里程碑意义的中欧地理标志协定

作为一项独立的知识产权，地理标志是识别产品来源于某一地区的标记，用于证明此类产品的产地、质量、声誉与某一独特的地理区域具有密切联系。中国和欧盟的地理标志资源都很丰富，为加强地理标志保护与合作，促进地理标志产品贸易，双方于2011年启动了中欧地理标志协定谈判。历经8年22轮正式谈判和上百次非正式磋商后，双方于2021年3月1日正式签署中欧地理标志协定，这是一项全面的、高水平的协定。之所以说全面，在于受到该协定保护的地理标志数量众多、种类丰富。中欧依据协定分两个阶段互认550个久负盛名、家喻户晓的地理标志，如我国的绍兴酒、六安瓜片、安溪铁观音，欧洲的香槟、巴伐利亚啤酒、帕尔玛火腿等，种类不仅涉及酒类、茶叶、农产品、食品等，还涉及代表中国传统文化的宣纸、蜀锦等中国特色地理标志。协定的高水平表现在保护待遇高，双方纳入协定的地理标志不仅可在对方国家范围内获得高水平保护，还可使用对方的地理标志，这一规定不但有利于相关产品开拓市场，也可有效阻止假冒和伪造地理标志产品。

三、美国和欧洲利益分歧的存在

一方面，美国优先加剧美国和欧洲矛盾。让美国更加“孤独”指的是，近几年美国特朗普政府在“美国优先”理念主导下，采取了种种破坏国际规则、损害盟友利益、冲击世界秩序等单边行为，特别是在贸易、安全及多边外交方面频频向欧洲盟友发难，指责欧盟在安全事务上“搭便车”，提出“北约过时论”，在贸易问题上称欧盟是比中国和俄罗斯更可怕的“敌人”。这些举动无疑破坏了美国和欧洲同盟关系，降低了欧洲国家及人民对美国的信任和支持，大西洋联盟基础进一步松动，美国在国际社会变得越来越“孤立无援”。

特朗普政府打破了美国70年外交传统，以支持英国脱欧结束对欧盟的支持，与欧洲右翼政党保持密切联系以寻求瓦解欧洲（一体化）计划。在北约问题上，也不再将美国和欧洲安全联盟视为公共产品，关于从叙利亚撤军问题，也是美国在没有告知欧洲盟友的前提下私自做出的决定。以“美国优先”为基调的政策环境中，联盟的战略重要性下降。

另一方面，美国的事实衰落决定了二者之间的不同走向。欧洲国家的窃听门事件、华为5G的反应以及南海问题等都显示了美国和欧洲之间利益的分歧。如欧盟介入“印太”事务有着多重利益诉求和目标，在“印太”地区新的地缘政治形势下，欧盟将扩大在该地区的贸易和投资，保护基于民主、人权、法治、公平贸易和社会市场经济的“自由国际秩序”不受破坏。欧盟战略的核心是强调可持续、全面和基于规则的互联互通，试图借此提升其在“印太”地区的影响力，维护欧盟在规则和规范领域的话语主导权。此外，这一战略背后也有着防范“一带一路”以及“17+1”合作的潜在政治风险的地缘政治考量。《欧盟印太合作战略报告》进一步表明了欧盟决定加强其在“印太”地区的影响力，并维护其在安全、经贸、卫生等各领域的利益。

第三节　中美的竞争与合作

中美国际秩序博弈有双方实力对比变化的原因，但更体现了双方深层次的理念分歧。中国积极参与和引领全球治理，但遭到美国越来越蛮横的阻挠和打压。美国在现有国际秩序内部削弱中国影响，并出现了“另起炉灶”的动向。面对中国主动塑造国际秩序、中国理念的影响力扩大，美国竭力维护美国理念的正统性和垄断性。中美博弈将对国际秩序的未来产生深远影响。回归求同存异、和而不同、相互尊重、共担责任，应是化解分歧、管控中美国际秩序博弈的出路。

一、中美竞争是由两国的实力对比决定的

改革开放40年，中国经济总量从不到4000亿元增长至101.6万亿元，从低收入国家迈入中等偏上收入国家行列。1978年中国GDP仅3679亿元，2020年GDP为约101.6万亿元，增长约275倍，年均名义增速为14.3%；实际增长39倍，年均实际增速为9.4%。以美元现价计价，1978年中国GDP为1495亿美元，2020年为14.7万亿美元，年均增速为11.6%，而同期美国和日本为5.3%和4.0%。从世界排名看，1978年中国经济总量居世界第11位，此后于2005年超过法国，2006年超过英国，2008年超过德国，2010

年超过日本并跃升为全球第二大经济体。从占比看，1978年中国GDP总量占世界比重为1.8%，2020年占超17%（如图4所示）。

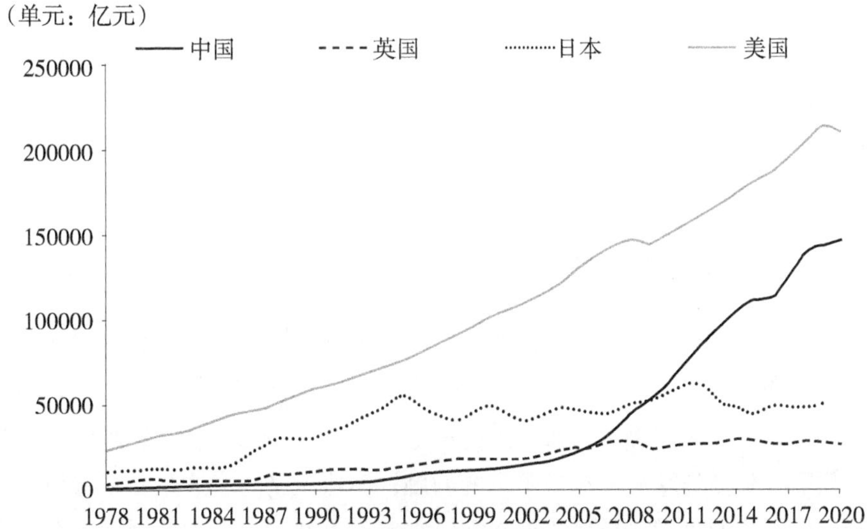

图4　1978年以来主要经济体总量变化

中国与美国GDP规模差距快速缩小，2020年相当于美国的70%，预计2030年中国GDP总量赶超美国。2020年中国经济规模达14.7万亿美元，经济增速2.3%，占世界生产总值的17%；美国经济规模为20.9万亿美元，经济增速-3.5%，占世界生产总值的24%。如果中国按照5%左右的增速增长，预计到2030年前后，中国有望成为世界第一大经济体。中美之间的经济差距决定了二者在发展心态中的变化，也决定了双方的发展战略。

二、价值观分歧加剧了竞争

中美价值观的分歧对中美竞争起到了推波助澜的作用。共同价值观是美国和欧洲关系的重要基础之一，虽然冷战后美国和欧洲政治分歧增多，但这种分歧不会超出西方代议制民主与资本主义市场经济的框架。维护这一框架既是双方的历史共识，也是在当今世界变局下维系西方所谓“制度优势”乃至“文明优势”的根基。美国及其盟友都对中国崛起及其背后所体现的中国特色社会主义制度的日益成熟和自信倍感忧虑，因此它们之间在具体利益方面博弈乃至冲突的同时，仍将共同的价值观作为双边关系的

“装饰品”。特朗普执政后，美国和欧洲对华“他者”负面认知同步深化，这成为双方加强对华政策协调的动因之一。特朗普政府提出的“对华战略方针”将“价值观挑战”列为中国对美国的三大挑战之一，拜登执政后更加强调对华价值观竞争。欧盟将中国定义为“制度性对手”，旨在强调欧盟“社会市场经济模式”与欧盟认知的、由国家主导的中国经济模式之间的对立。新冠疫情发生后，美国和欧洲更是将对华竞争视为中、西两种模式之间的一场战略较量。

三、中美竞争的持续性决定了世界的整体走向

从现实情况看，美国在特朗普政府时期出现社会混乱和民众自信降低的状况，而中国则取得了一系列发展成果，成功应对了重大危机的挑战。特朗普执政下的美国再次暴露了其政治上的两党制与三权分立使国内国际发展政策频频受到掣肘和摇摆不定的问题，单边主义与多边主义、保护主义与自由贸易的摇摆不定将长期存在。在新冠疫情冲击下，美国经济严重衰退。2020年美国GDP萎缩了3.5%，创下美国自“二战”结束后最差的记录，贫富悬殊问题未能得到切实解决，政治分裂加速与政策实施停滞形成恶性循环并激化了社会矛盾。2020年美国大选以“闹剧”收场，特朗普的支持者暴力闯入国会大厦，警方与示威者爆发冲突，造成多人死伤。这些都反映了美国政治制度的深层问题。制度失灵、民主失真、社会失序、经济失速以及精英失智成为美国发展的实时写照。上升大国与相对衰落大国之间的竞争，尤其是二者之间的体量决定了世界趋势的走向。

四、中美合作影响全球的和平稳定和繁荣发展

中美合作不仅对两国自身的发展具有重要意义，而且对全球的和平稳定和繁荣发展也有着深远影响。首先，美国是中国最大的贸易伙伴之一，发展中美贸易关系既是两国互利共赢的需要，也有助于稳定全球经济。两国已在多个领域开展了广泛和深入的经贸合作，包括科技创新、能源、财税金融等。中国与美国是全球最大的两个经济体，在双边贸易中扮演着重要的角色，两国互相支持，加强贸易合作，能够带来巨大的经济效益。合作不仅可以扩大中美两国市场规模，增加贸易量，还可以降低贸易摩擦

的风险，实现互利共赢。其次，人文交流是增进民间友谊和互相了解的重要渠道。两国相互学习、相互借鉴，在教育、文化、旅游等领域加强合作，不仅有助于打破陈旧的误解，更有利于深化中美关系。第三，中美在WTO、联合国等国际组织中合作，共同应对全球性挑战，如气候变化、世界和平等。两国在这些领域的合作，不仅有利于解决相关问题，而且也无疑是全球和平与繁荣的重要保障。第四，中美两国是世界第一和第二大军事大国，在维护地区和世界和平方面担负着重要职责。加强中美两国的军事交往和合作，不仅能增进相互理解，而且也可以增强两国在应对国际和平与安全挑战方面的合作。

第四节　自身发展是决定因素

"十四五"时期，我国将进入新的发展阶段，我国发展仍然处于重要的战略机遇期，但机遇和挑战都有新的发展变化。面对新的发展阶段、发展环境和发展条件，"十四五"时期经济社会发展要以推动高质量发展为主题，这对于明确"十四五"时期的发展思路和重点任务，实现开好局、起好步具有重大意义。高质量发展是一场事关全局的深刻变革，也是一项艰巨的历史任务。"十四五"时期，我国要贯彻新发展理念，构建国内国际双循环相互促进的新发展格局，建设现代化经济体系，推动观念、制度、体制、动力的深刻变革和发展格局、经济体系、经济结构的深刻调整，为推动高质量发展提供战略支撑。

加快形成以国内大循环为主体、国内国际双循环相互促进的新发展格局是根据我国发展阶段、环境、条件变化作出的战略决策，是事关全局的系统性深层次变革，是"十四五"时期高质量发展的发展格局。

一、推动形成高质量发展新格局

坚持扩大内需这个战略基点，充分发挥超大规模市场优势和积极提高内需潜力，把实施扩大内需战略同深化供给侧结构性改革有机结合起来，加快构建以内需体系、市场体系、产业体系为主体框架的国内循环体系，推动形成国内循环高质量发展新格局。一是扭住国内循环体系的战略基点。

以扩大内需为战略基点，更加重视国内需求和国内市场对国民经济的支撑作用，使生产、分配、流通、消费更多依托国内市场，提升供给体系对国内需求的适配性，形成需求牵引供给、供给创造需求的更高水平的动态平衡。二是夯实国内循环体系的体制基础。以完善的产权制度和要素市场化配置为重点，坚决破除深层次体制机制障碍，在更高起点、更高层次、更高目标上推进经济体制改革及其他各方面体制改革，构建更加系统完备、更加成熟定型的高水平社会主义市场经济体制，使市场在资源配置中起决定性作用，更好地发挥政府作用，以深化改革激发新发展活力。三是畅通国内循环体系的基本环节。着力打通生产、分配、流通、消费各个环节，加快形成生产高效、分配公平、流通顺畅、消费强劲的生产关系，充分释放产业创造力、分配推动力、流通保障力、消费拉动力，畅通产业链和产业循环、价值链和价值循环、供应链和市场循环。四是优化国内循环体系的空间布局。以京津冀、长三角、粤港澳大湾区等开放高地、发展高地为重点，布局战略性新兴产业和未来产业，加强区域、城乡等不同级次产业链融合，形成世界级产业集群和循环体系。五是筑牢国内循环体系的产业根基。积极调整国内外产业链布局，形成以国内产业链为基础、努力向国外中高端产业链延伸、以内为主、内外兼顾的国内国外产业链新布局。实施产业基础再造和产业链提升工程，积极构建以我国为中心的产业供应链生产组织网络，平衡好制造业产业链外迁和向中西部地区转移的关系，着力提高产业配套发展能力，全面提升我国在重要链条和关键环节的控制力和影响力，增强产业链的稳定性和竞争力。此外，要充分发挥举国体制的制度优势，加强集体攻关，强化创新能力和保障能力，逐步实现在关键环节、关键领域、关键产品的进口替代。

二、加快构建更高水平开放型经济新体制

新发展格局绝不是封闭的国内循环，而是开放的国内国际双循环。“十四五”时期，不管国内国际形势发生多大变化，我们决不能被“逆风”和“回头浪”所阻，要站在历史正确的一边，坚定不移扩大对外开放，增强国内国际经济联动效应，加快构建新型国际产业体系、新型国际贸易体系、新型国际货币体系、新型国际标准体系、新型国际治理体系，以高水

平对外开放打造国际合作和竞争新优势。为实现以上目标，要做到以下几点：一是合力营造全球化的有利环境。始终站在历史正确的一边，坚决反对保守主义、孤立主义和逆全球化思潮，引导促进全球化朝着有利的方向发展，切实维系我国加入WTO后形成的全环价值链产业链体系。二是营造更具国际竞争力的营商环境。推进新一轮高水平对外开放，推动由商品和要素流动型开放向规则等制度型开放转变，进一步推进简政放权改革和负面清单制度，吸引先进国际资源来华投资发展。三是构建对外开放新格局。坚持互利共赢的开放战略，以“一带一路”为重点，依托开发区、自贸区、自贸港，促进商品、资金、技术、人员更大范围的流通，加快形成陆海内外联动、东西双向互济的开放格局。四是加快推动区域经济合作。以抗疫互动为契机，以产业链调整为抓手，以加强同东北亚、东南亚的区域合作及推进区域全面经济伙伴关系协定、中日韩自贸区作为区域经济一体化的重点，形成合理分工、有竞争力的区域一体化布局。五是积极参与全球经济治理。努力开创中国特色大国外交新局面，坚定维护以联合国宪章宗旨和原则为核心的国际秩序，推动IMF、世界银行、WTO等治理机制改革，推动金砖国家、上合组织等机制在全球治理中发挥更大作用，加强新兴经济体和发展中国家的代表性和发言权，积极参与全球经济治理体系改革，推动完善更加公平合理的国际经济治理体系，引领国际规则体系向更公平合理的方向转变，拓展国际循环的发展空间，按照互利共赢、公平竞争的原则对接世界经济循环体系。

三、促进国内国际双循环相互促进、融合发展

立足国内大循环，发挥比较优势，协同推进强大国内市场和贸易强国建设，以国内大循环吸引全球资源要素，充分利用国内国际两个市场两种资源，积极促进内需和外需、进口和出口、引进外资和对外投资协调发展，促进国际收支基本平衡。完善内外贸一体化调控体系，促进内外贸法律法规、监管体制、经营资质、质量标准、检验检疫、认证认可等相衔接，推进同线同标同质。优化国内国际市场布局、商品结构、贸易方式，提升出口质量，增加优质产品进口，实施贸易投资融合工程，构建现代物流体系。

后 记

国际经济关系的变革是国际经济权力变化的反映。时处“百年未有之大变局”，国际经济关系变革的大局意识尤为重要。本书的内容虽然未能就国际经济关系的变革做出更为深刻和本质性的创新，然而，对于当今国际经济关系面临的主要问题做了较为全面的阐释，呈现出国际经济关系发展的趋势。

“一带一路”倡议作为由中国提出的具有影响力的国际思想，对国际社会的发展起到了补充作用。这个倡议自提出以来，得到了众多沿线国家的积极响应。随着“人类命运共同体”、新兴经济体以及美国等发达国家力量的相对变化，国际经济关系的发展事关全球合作的方向。

偶然事件是催生国际经济关系变革的重要因素。书中对新冠疫情对国际经济关系的影响做了一定的阐述，难免有疏漏，欢迎大家批评指正。

由于作者的认知能力和写作水平的限制，书中所述偶有不当之处，还请读者朋友们多加指教。

谢法浩

2021年7月